Les Services de Tourisme
du Pneu Michelin
vous présentent
leur "Plan de Paris",
ouvrage spécialement destiné
à faciliter
la pratique journalière de Paris.

Cet ouvrage, périodiquement révisé,
tient compte de la situation
au moment de sa rédaction.
Mais certains renseignements
perdent de leur actualité
en raison de l'évolution incessante
de l'activité dans la capitale.
Nos lecteurs sauront le comprendre.

La clé du guide

*The Michelin Tourist Services present
this new edition
of the PLAN DE PARIS
which is intended to facilitate
the visitor's stay in the capital.*

*Information in this section
is the latest available
at the time of going to press;
improvements and alterations may account
for certain discrepancies,
we hope our readers will bear with us.*

●

Key to the guide

Die Touristikabteilung der
Michelin-Reifenwerke stellt Ihnen
ihre Veröffentlichung PLAN DE PARIS vor,
die eine praktische Hilfe
für Ihren Parisaufenthalt sein soll.

Die Ausgabe entspricht dem Stand
zur Zeit der Drucklegung.
Durch die Entwicklung
der sich stetig wandelnden Hauptstadt
können einige Angaben inzwischen veraltet sein.
Wir bitten unsere Leser dafür um Verständnis.

●

Übersicht

Los Servicios de Turismo del Neumático Michelin
le presentan su PLAN DE PARIS
obra especialmente concebida
para desenvolverse fácilmente en París.

Esta edición corresponde a la situación actual,
pero la evolución de la actividad de la capital
puede hacer
que determinadas informaciones caduquen.
Esperamos que nuestros lectores
lo comprendan.

●

La clave de la guía

Tableau d'assemblage – Grands axes de circulation
Layout diagram – Main traffic routes

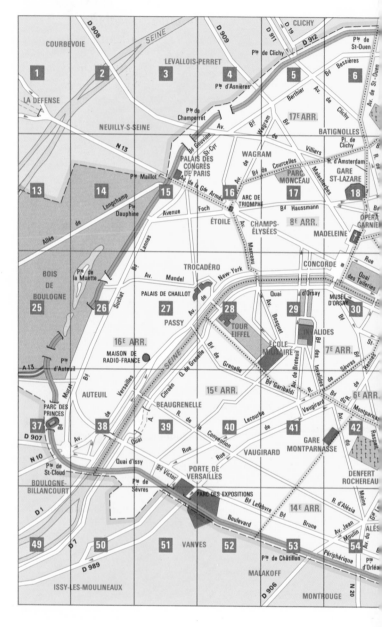

Index des rues de Paris

Les deux premières colonnes indiquent le nom de la rue ainsi que le ou les arrondissements dont elle dépend. Les colonnes suivantes renvoient à la page ou au carroyage qui permettent de localiser la rue sur le plan (découpage cartographique, p. 8 et 9). Dans certains cas, les lettres N (Nord) ou S (Sud) apportent une précision supplémentaire.

L'Association Valentin Haüy, 5, rue Duroc, 75007 Paris, diffuse la liste alphabétique des rues de Paris, transcrite en écriture braille (édition 1992, prix 228 F).

Index to the streets of Paris

The first two columns give the street's name and its arrondissement, or two if the street overlaps into a second. The following columns giving the page and grid reference enable you to locate a street on the plan (key map pp 8 and 9). In some cases the letters N (North) or S (South) indicate the position of the street more precisely.

Straßenverzeichnis

Die beiden ersten Spalten enthalten den Straßennamen und das bzw. die Arrondissements in dem/denen die Straße verläuft. Die nächsten Spalten verweisen auf Seite und Gitter des Plans, wo die Straße genau verzeichnet ist (Seiteneinteilung s. S. 8 und 9). Manchmal wurde zur präziseren Lagebestimmung ein N (Norden) oder S (Süden) hinzugefügt.

Índice de las calles de París

Las dos primeras columnas indican el nombre de la calle y el (o los) distritos de los que depende. Las columnas siguientes remiten a la página del plano y a las coordenas de la cuadrícula que permiten localizar con excactitud la calle en el plano (división cartográfica págs. 8 y 9). En algunos casos las letras N (Norte) o S (Sur) proporcionan una precisión suplementaria.

a

Nom	Arr.	Plan	Repère
Abbaye r. de l'	6	31	J13
Abbé-Basset pl. de l'	5	43-44	L14-L15
Abbé-Carton r. de l'	14	53-54	P10-P11
Abbé-de-l'Épée r. de l'	5	43	L14-L13
Abbé Esquerré sq. de l'	7	29	K10
Abbé-Franz-Stock pl. de l'	16	38	N3
Abbé-Georges-Henocque pl. de l'	13	56	R15
Abbé-Gillet r. de l'	16	27	J6 N
Abbé-Grégoire r. de l'	6	42	K11-L12
Abbé-Groult r. de l'	15	40	L7-N8
Abbé-Jean-Lebeuf pl. de l'	14	42	N11
Abbé-Migne r. de l'	4	32	H16-J16
Abbé-Patureau r. de l'	18	7	C14
Abbé-Roger-Derry r. de l'	15	28	K8
Abbé-Roussel av. de l'	16	26-27	K4-K5
Abbé-Rousselot r. de l'	17	4	C8
Abbé-Soulange-Bodin r. de l'	14	42	N11
Abbesses pass. des	18	19	D13
Abbesses pl. des	18	19	D13
Abbesses r. des	18	7-19	D13
Abbeville r. d'		20	E15
nᵒˢ 1-17, 2-16	10		
nᵒˢ 19-fin, 18-fin	9		
Abel r.	12	45	L18-K18
Abel-Ferry r.	16	38	N3 N
Abel Gance r.	13	45	N18
Abel-Hovelacque r.	13	44-56	N15 S
Abel-Leblanc pass.	12	46	L19
Abel-Rabaud r.	11	21	G18 N
Abel-Truchet r.	17	18	D11
Aboukir r. d'	2	31-20	G14-G15
Abreuvoir r. de l'	18	7	C13 S
Acacias pass. des	17	16	E7
Acacias r. des	17	16	E7 S
Acadie pl. d'	6	31	K13 N
Achille r.	20	35	H21
Achille-Luchaire r.	14	54	R11
Achille-Martinet r.	18	7	C13-B13
Adanson sq.	5	44	M15
Adjudant-Réau r. de l'	20	23-35	G22
Adjudant-Vincenot pl.	20	24	F23 S
Adolphe-Adam r.	4	32	J15
Adolphe-Chérioux pl.	15	40	M8
Adolphe-Focillon r.	14	54	P12 S
Adolphe-Jullien r.	1	31	H14 N
Adolphe-Max pl.	9	18	D12
Adolphe-Mille r.	19	10	C20
Adolphe-Pinard bd	14	53	R9-R10
Adolphe-Yvon r.	16	26	H4-G4
Adour villa de l'	19	22	F20 N
Adrien-Hébrard av.	16	26	J4 S
Adrien-Oudin pl.	9	19	F13
Adrienne cité	20	35	J22 N
Adrienne villa	14	54	N12 S
Adrienne-Lecouvreur allée	7	28-29	J8-J9
Adrienne-Simon villa	14	42	N12 N
Affre r.	18	8	D16-C16
Agar r.	16	27	K5
Agent-Bailly r. de l'	9	19	E14
Agrippa-d'Aubigné r.	4	32-33	K16-K17
d'Aguesseau r.	8	18	G11-F11
Aide-Sociale sq. de l'	14	42	N11
Aimé-Lavy r.	18	7	B14 S
Aimé-Maillart pl.	17	16	D8 S
Aimé-Morot r.	13	56	R15-S15
Aisne r. de l'	19	10	C19 N
Aix r. d'	10	21	G18-F17
Alain r.	14	41	M10-N10
Alain-Chartier r.	15	40	M8 S
Alain-Fournier sq.	14	53	P9
Alasseur r.	15	28	K8
Albéric-Magnard r.	16	27-26	H5-H4
Albert r.	13	57	R18-P18
Albert-Bartholomé av.	15	52	P7-P8
Albert-Bartholomé sq.	15	52	P7
Albert-Bayet r.	13	56	P16-N16
Albert-Camus r.	10	21	E17
Albert Cohen pl.	15	39	M5
Albert-de-Lapparent r.	7	41	K9
Albert-de-Mun av.	16	28	H7 N
Albert-Kahn pl.	18	7	B14
Albert-Londres pl.	13	57	R17
Albert-Malet r.	12	48	M23 N
Albert-Marquet r.	20	35	J22
Albert-1ᵉʳ cours	8	29	G9 S
Albert-1ᵉʳ-de-Monaco av.	16	28	H7
Albert-Robida villa	19	22	E20
Albert-Samain r.	17	4	D7-C7
Albert-Schweitzer sq.	4	32	J16
Albert-Sorel r.	14	54	R11
Albert-Thomas r.	10	21-20	G17-F16
Albert-Willemetz r.	20	48	L24-K24
Albin-Cachot sq.	13	43	N14 S
Albin-Haller r.	13	56	R15
Albinoni r.	12	46	L20-M20
Alboni r. de l'	16	27	J6 N
Alboni sq.	16	27	J6 N
d'Alembert r.	14	54	P13 N
Alençon r. d'	15	42	L11
Alésia r. d'	14	55-53	P14-N10
Alésia villa d'	14	54	P11
Alexander-Fleming r.	19	23	D22-E22
Alexandre pass.	15	41	M10
Alexandre-Cabanel r.	15	40-41	K8-K9
Alexandre-Charpentier r.	17	16	D7
Alexandre-de-Humboldt r.	19	10	C19
Alexandre-Dumas r.		34-35	K20-J21
nᵒˢ 1-59, 2-72	11		
nᵒˢ 61 fin, 74-fin	20		
Alexandre-Lécuyer imp.	18	7	B14 N
Alexandre-Parodi r.	10	21	E17 N
Alexandre-Ribot villa	19	23	D21 S
Alexandre III pont	8	29	H10 N
Alexandrie r. d'	2	20	G15 N
Alexandrine pass.	11	34	J20
Alexis-Carrel r.	15	28	J8 S
Alfred-Bruneau r.	16	27	J5
Alfred-Capus sq.	16	26	K3

Nom	Arrondissement	Plan n°	Repère
Alfred-de-Vigny r.		17	E9
nos 1-9, 2-16	8		
nos 11-fin, 18-fin	17		
Alfred-Dehodencq r.	16	26	H4
Alfred-Dehodencq sq.	16	26	H4
Alfred-Durand-Claye r.	14	53	P9 N
Alfred-Fouillée r.	13	57	S17 N
Alfred-Roll r.	17	4	C8 S
Alfred-Sauvy pl.	15	28	K7 N
Alfred-Stevens pass.	9	19	D13 S
Alfred-Stevens r.	9	19	D13 S
Alger r. d'	1	30	G12 S
Algérie bd d'	19	23	E22-D21
Alibert r.	10	21	F17
Alice sq.	14	53	P10 S
d'Aligre pl.	12	46	K19 S
d'Aligre r.	12	46	K19 S
Aliscamps sq. des	16	26	K3 N
Allard r.		48	M23
nos 29-fin, 30-fin	12		
autres nos	Saint-Mandé		
Allent r.	7	30	J12 N
Alleray hameau d'	15	40-41	M8-M9
Alleray pl. d'	15	41	N9 N
Alleray r. d'	15	40-41	M8-N9
Allier quai de l'	19	10	A19
Alma cité de l'	7	28	H8 S
Alma pl. de l'		28	G8 S
nos 1 et 1 bis	16		
nos 2, 3-fin	8		
Alma pont de l'	16	28	H8
Alouettes r. des	19	22	E20
Alpes pl. des	13	56	N16 S
Alphand av.	16	15	F6 N
Alphand r.	13	56	P15
Alphonse-Allais pl.	20	22	F 19
Alphonse-Aulard r.	19	23	E21 N
Alphonse-Baudin r.	11	33	H18
Alphonse-Bertillon r.	15	41	N10
Alphonse-Daudet r.	14	54	P12 S
Alphonse-de-Neuville r.	17	5-4	D9 N
Alphonse-Deville pl.	6	30	K12
Alphonse-Humbert pl.	15	39	L6 N
Alphonse-Karr r.	19	10	B19
Alphonse-Laveran pl.	5	43	M14 N
Alphonse-Penaud r.	20	24-23	G23-G22
Alphonse-XIII av.	16	27	J6
Alsace r. d'	10	20	E16
Alsace villa d'	19	23	E21 N
Alsace-Lorraine cour d'	12	46	L20
Alsace-Lorraine r. d'	19	23-22	D21-D20
Amalia villa	19	22-23	D20-E21
Amandiers r. des	20	22-34	H20-G20
Amboise r. d'	2	19	F13
Ambroise-Paré r.	10	20	D15 S
Ambroise-Rendu av.	19	11-23	D21
Ambroise-Thomas r.	9	20	F15 N
Ambroisie r. de l'	12	46	N20
Amélie r.	7	29	H9-J9
Amélie villa	20	23	F22
Amelot r.	11	33	J17-G17
Ameublement cité de l'	11	34	K20
Amiens sq. d'	20	36	H23 S
Amiral-Bruix bd de l'	16	15	F5-E6
Amiral-Cloué r. de l'	16	39	L5 N
Amiral-Courbet r. de l'	16	15	G6 N
Amiral-de-Coligny r. de l'	1	31	H14 N

Nom	Arrondissement	Plan n°	Repère
Amiral-de-Grasse pl.	16	28	G8
Amiral-d'Estaing r. de l'	16	28-16	G7
Amiral-La-Roncière-Le-Noury r. de l'	12	48	N23 N
Amiral-Mouchez r. de l'		55	P14-R14
nos impairs	13		
nos pairs	14		
Amiral-Roussin r. de l'	15	40	L8-M8
Amiraux r. des	18	8	B15
Ampère r.	17	5-4	D9-D8
Amphithéâtre pl. de l'	14	41-42	M10-M11
Amsterdam cour d'	8	18	E12
Amsterdam imp. d'	8	18	E12
Amsterdam r. d'		18	E12-D12
nos impairs	8		
nos pairs	9		
Amyot r.	5	44-43	L15-L14
Anatole-de-la-Forge r.	17	16	F7-E7
Anatole-France av.	7	28	J8
Anatole-France quai	7	30	H12-H11
Ancienne-Comédie r. de l'	6	31	J13-K13
Ancre pass. de l'	3	32	H15-G15
Andigné r. d'	16	27-26	J5-H4
André-Antoine r.	18	19	D13
André-Barsacq r.	18	7-19	D14
André-Bréchet r.	17	6	A12-A11
André-Breton allée	1	31	H14
André-Citroën parc	15	39	L 5-M 5
André-Citroën quai	15	39-38	K6-M4
André-Colledebœuf r.	16	26	K4 N
André-Danjon r.	19	10-22	D19 N
André-del-Sarte r.	18	7	D14 N
André Derain r.	12	47	M22
André Dreyer sq.	13	55	P14 S
André-Dubois r.	19	22	D19
André-Gide r.	15	41	M10-N10
André-Gill r.	18	19	D14
André-Honnorat pl.	6	43	L13
André Lefèbvre r.	15	39	L5
André-Lichtenberger sq.	14	53	P10
André-Malraux pl.	1	31	H13 N
André-Masson pl.	13	56	P15-P16
André-Maurois bd	16	15	E5
André-Mazet r.	6	31	J13 S
André-Messager r.	18	7	B14
André-Pascal r.	16	26	H4
André-Rivoire av.	14	55	S13 N
André Suarès r.	17	5	B10
André-Tardieu pl.	7	29	K10
André-Theuriet r.	15	52	P8
Andrezieux allée d'	18	8	B15 S
Andrieux r.	8	18	E11-D11
Androuet r.	18	7	D13 N
Angélique-Compoint r.	18	7	B13 N
Angers imp. d'	18	7	B13 N
Anglais imp. des	19	9	C18
Anglais r. des	5	32	K15
Angoulême cité d'	11	33	G18
Anjou quai d'	4	32	K16
Anjou r. d'	8	18	G11-F11
Ankara r. d'	16	27	J6 S
Annam r. d'	20	23-35	G21
Anne-de-Beaujeu allée	19	21	E18
Annelets r. des	19	22	E20
Annibal cité	14	55	P13 S
Annonciation r. de l'	16	27	J6-J5
Anselme-Payen r.	15	41	M10

Nom	Arrondissement	Plan n°	Repère
Antilles pl. des	11	47	K21
d'Antin cité	9	19	F13 N
d'Antin imp.	8	29	G10-G9
d'Antin r.	2	19	G13 N
Antoine-Arnauld r.	16	27-26	J5-J4
Antoine-Arnauld sq.	16	27-26	J5-J4
Antoine-Bourdelle r.	15	42-41	L11-L10
Antoine-Carême pass.	1	31	H14
Antoine-Chantin r.	14	54	P11 S
Antoine-Dubois r.	6	31	K14-K13
Antoine-Hajje r.	15	39	L6 N
Antoine-Loubeyre cité	20	22	F20 S
Antoine-Roucher r.	16	38	L4 N
Antoine-Vollon r.	12	33	K18
Antonin-Mercié r.	15	52	P8
Anvers pl. d'	9	19	D14 S
Apennins r. des	17	6	C11 N
Aqueduc r. de l'	10	20-21	E16-D17
Aquitaine sq. d'	19	11	D21-C21
Arago bd		44-43	N15-N13
nos 1-73, 2-82	13		
nos 75-fin, 84-fin	14		
Arago sq.	13	43	N14 N
Arbalète r. de l'	5	44-43	M15-14
Arbre-Sec r. de l'	1	31	H14 S
Arbustes r. des	14	53	P9
Arc-de-Triomphe r. de l'	17	16	E7 S
Arcade r. de l'	8	18	F11
Archereau r.	19	9	C18-B18
Archevêché pont de l'	4	32	K15
Archevêché quai de l'	4	32	K15 N
Archives r. des		32	J15-H16
nos 1-41, 2-56	4		
nos 43-fin, 58-fin	3		
Arcole pont d'	4	32	J15
Arcole r. d'	4	32	J15 S
Arcueil porte d'	14	55	R13
Arcueil r. d'	14	55	R14-S14
Ardennes r. des	19	10	C20
Arènes r. des	5	44	L15
Arènes de Lutèce sq. des	5	44	L 15
Argenson r. d'	8	17	F10 N
Argenteuil r. d'	1	31	H13-G13
Argentine cité de l'	16	15	G6 N
Argentine r. d'	16	16	F7 N
Argonne pl. de l'	19	10	B19
Argonne r. de l'	19	10	B20-B19
Argout r. d'	2	31	G14 S
Arioste r. de l'	16	37	M2 N
Aristide-Briand r.	7	30	H11
Aristide-Bruant r.	18	7-19	D13 N
Aristide-Maillol r.	15	41	M10
Armaillé r. d'	17	16	E7
Armand villa	18	6	B12 S
Armand-Carrel pl.	19	22	D19 S
Armand-Carrel r.	19	22-21	D19-D18
Armand-Fallières villa	19	22	E20 N
Armand-Gauthier r.	18	7	C13
Armand-Moisant r.	15	41-42	L10-M11
Armand-Rousseau av.	12	48	N23-M23
Armée-d'Orient r. de l'	18	7	C13 S
Armenonville r. d'		15	D6-D5
nos 1-11 bis, 2-10	17		
nos 13-fin, 12-fin Neuilly-s-Seine			
Armorique r. de l'	15	41	M10
Arnault-Tzanck pl.	17	6	A11 S
Arquebusiers r. des	3	33	H17 S
Arras r. d'	5	44	L15 N
Arrivée r. de l'	15	42	L11 S
Arsenal port de l'	12	33-45	K17
Arsenal r. de l'	4	33-45	K17
Arsène-Houssaye r.	8	16	F8
d'Arsonval r.	15	41	M10
d'Artagnan r.	12	46	L20
Arthur-Brière r.	17	6	B12
Arthur-Groussier r.	10	21	F18
Arthur-Honegger allée	19	11	C21
Arthur-Ranc r.	18	7	A13 S
Arthur-Rozier r.	19	22	E20
Artistes r. des	14	55	P13 S
Artois r. d'	8	17	F9
Arts av. des	17	15	D6 N
Arts imp. des	12	47	L21 N
Arts pass. des	14	42	N11 N
Arts pont des	1	31	H13-J13
Arts villa des	18	6	C12 S
Asile pass. de l'	11	33	H18 S
Asile-Popincourt r. de l'	11	33	H18 S
Asnières porte d'	17	4	B8-C8
Assas r. d'	6	42-43	K12-M13
Asseline r.	14	42	N11
Assommoir pl. de l'	18	20	D15
Assomption r. de l'	16	27-26	K5-J4
d'Astorg r.	8	18	F11
Astrolabe imp. de l'	15	42	L11
Athènes r. d'	9	18	E12
Atlas pass. de l'	19	21	F18 N
Atlas r. de l'	19	21	F18-E18
Auber r.	9	18	F12
Aubervilliers imp. d'	19	9	C17-D17
Aubervilliers porte d'	19	9	A18
Aubervilliers r. d'		9	D17-A18
nos impairs	18		
nos pairs	19		
Aublet villa	17	16	D7-D8
Aubrac r. de l'	12	46	N20
Aubriot r.	4	32	J16 N
Aubry cité	20	35	J21 N
Aubry-le-Boucher r.	4	32	H15 S
Aude r. de l'	14	55	P13 S
Audran r.	18	7-19	D13 N
Audubon r.	12	45	L17-L18
Auger r.	20	35	K21
Augereau r.	7	28-29	J8-J9
Auguste-Barbier r.	11	21	G18
Auguste-Baron pl.	19	10	A20
Auguste-Bartholdi r.	15	28	K7-K8
Auguste-Blanqui bd	13	56-55	P15-N14
Auguste-Blanqui villa	13	57	P17 N
Auguste-Cain r.	14	54	P11 S
Auguste-Chabrières r.	15	40	N7
Auguste-Chabrières sq.	15	40	N7
Auguste Chapuis r.	20	36	J23
Auguste-Comte r.	6	43	L13
Auguste-Dorchain r.	15	40	L8
Auguste-Lançon r.	13	55	R14
Auguste-Laurent r.	11	34	J19 N
Auguste-Maquet r.	16	38	M4
Auguste-Métivier pl.	20	34	H20
Auguste-Mie r.	14	42	M11 S
Auguste-Perret r.	13	56	R16 N
Auguste-Renoir sq.	14	53	P9
Auguste-Vacquerie r.	16	16	F8-G7

Nom	Arrondissement	Plan n°	Repère
Auguste-Vitu r.	15	39	L5
Augustin-Thierry r.	19	23	E21 S
Aumale r.	9	19	E13
Aumont r.	13	56	P16 S
Aumont-Thiéville r.	17	16	D7
d'Aurelle-de-Paladines bd	17	15	D6 S
Austerlitz pont d'	12	45	L17
Austerlitz port d'	13	45	M18-L17
Austerlitz quai d'	13	45	M18-L17
Austerlitz r. d'	12	45	L18 N
Austerlitz villa d'	5	44-45	M16-M17 N
Auteuil bd d'		37	L2-L1
nºs 1-7 et 4	16		
autres nºs	Boulogne		

Nom	Arrondissement	Plan n°	Repère
Auteuil cimetière d'	16	38	M3
Auteuil pl. d'	16	38	L4 N
Auteuil port d'	16	39-38	K5-M4
Auteuil porte d'	16	37	K2
Auteuil r. d'	16	38	L4-K3
Ave Maria r. de l'	4	32	K16 N
Avenir cité de l'	11	34	G19 S
Avenir r. de l'	20	23	F21 S
Avenue-du-Bois sq. de l'	16	16-15	F7-F6
Avenue-Foch sq. de l'	16	15	F5
Aveyron sq. de l'	17	4	C8
Avre r. de l'	15	40	K8 S
Avron r. d'	20	35-36	K21-J23
Azaïs r.	18	7	D14 N

b

Nom	Arrondissement	Plan n°	Repère
Babylone r. de	7	30-29	K12-K10
Bac r. du	7	30	H12-K11
Bachaumont r.	2	31	G14 S
Bachelet r.	18	7	C14
Bagnolet porte de	20	36	G23
Bagnolet r. de	20	35-36	J21-H23
Baigneur r. du	18	7	C14
Baillet r.	1	31	H14 S
Bailleul r.	1	31	H14
Baillou r.	14	54	P11
Bailly r.	3	32	G16 S
Balard pl.	15	39	M5 S
Balard r.	15	39	L5-M5
Baleine imp. de la	11	22-34	G19
Balkans r. des	20	35	H22
Ballu r.	9	18	D12 S
Ballu villa	9	18	D12 S
Balny-d'Avricourt r.	17	16	D8
Baltard r.	1	31	H14
Balzac r.	8	16-17	F8-E9
Banque r. de la	2	19-31	G14
Banquier r. du	13	44	N16-N15
Baptiste-Renard r.	13	57	P17
Barbanègre r.	19	10	C19-B19
Barbès bd	18	20-8	D15-C15
Barbet-de-Jouy r.	7	30	J11-K11
Barbette r.	3	32	J16-H16
Barbey-d'Aurevilly av.	7	28	J8
Barcelone pl. de	16	39	K5-L5
Bardinet r.	14	53	P10 N
Bargue r.	15	41	M9-M10
Baron r.	17	6	B11
Baron Le Roy r.	12	46	N20
Barrault pass.	13	56	P15
Barrault r.	13	56-55	P15-R14
Barrelet-de-Ricou r.	19	22	E19 S
Barres r. des	4	32	J16
Barrier imp.	12	46	K19 S
Barthélemy pass.	10	21	D17
Barthélemy r.	15	41	L10
Barye r.	17	17	D9 S
Basfour pass.	2	32	G15 S
Basfroi pass.	11	34	J19
Basfroi r.	11	34	J19
Basilide-Fossard imp.	20	23	F22-G22

Nom	Arrondissement	Plan n°	Repère
Bassano r. de		16	G8-F8
nºs 1-21, 2-32	16		
nºs 23-fin, 34-fin	8		
Basse-des-Carmes r.	5	44	K15 S
Bassompierre r.	4	33	K17
Baste r.	19	21	E18-D18
Bastien-Lepage r.	16	38	K4 S
Bastille bd de la	12	45-33	L17-K17
Bastille pl. de la		33	J17-K17
nºs impairs	4		
nºs 2, 4, 6	12		
nºs 8-14	11		
Bastille r. de la	4	33	J17
Bataille de Stalingrad pl. de la		21	D18-D17
nºs impairs	10		
nºs pairs	19		
Bataillon-du-Pacifique pl. du	12	46	M19
Bataillon-Français-de-l'O.N.U.-en-Corée pl. du	4	32	J16 S
Batignolles cimetière des	17	5	B10
Batignolles bd des		18	D12-D11
nºs impairs	8		
nºs pairs	17		
Batignolles r. des	17	6-18	D11
Batignolles sq. des	17	5	C 10
Bauches r. des	16	27	J5
Baudelique r.	18	8	B15 S
Baudoin r.	13	57	N17 S
Baudoyer pl.	4	32	J16
Baudran imp.	13	56	R16 N
Baudricourt imp.	13	57-56	R17-P16
Baudricourt r.	13	57-56	P17-R16
Bauer cité	14	54	N11 S
Baulant r.	12	46	M20 N
Baumann villa	20	23	G22 N
Bausset r.	15	40	M8
Bayard r.	8	29	G9
Bayen r.	17	16	E8-D7
Bazeilles r. de	5	44	M15
Béarn r. de	3	33	J17
Béatrix-Dussane r.	15	28-40	K7
Beaubourg imp.	3	32	H15
Beaubourg r.		32	H15-G16
nºs 1-19 et 2-20	4		
nºs 21-fin et 22-fin	3		

Nom	Arrondissement	Plan n°	Repère
Beauce r. de	3	32	H16 *N*
Beaucour av.	8	16-17	E8-E9
Beaufils pass.	20	35	K22 *N*
Beaugrenelle r.	15	39	K6-L6
Beauharnais cité	11	34	J20 *S*
Beaujolais galerie de	1	31	G13 *S*
Beaujolais pass. de	1	31	G13
Beaujolais r. de	1	31	G13
Beaujon r.	8	16	F8 *N*
Beaujon sq.	8	17	F10-E10
Beaumarchais bd		33	J17-H17
n°s 1-31	4		
n°s 33-fin	3		
n°s pairs	11		
Beaune r. de	7	30	H12-J12
Beaunier r.	14	54	R12 *N*
Beauregard r.	2	20	G15 *N*
Beaurepaire cité	2	32	G15 *S*
Beaurepaire r.	10	21	G17-F17
Beauséjour bd de	16	26	J4 *N*
Beauséjour villa de	16	26	J4 *N*
Beautreillis r.	4	33	K17-J17
Beauvau pl.	8	17	F10 *S*
Beaux-Arts r. des	6	31	J13
Beccaria r.	12	46	L19-K19
Becquerel r.	18	7	C14
Beethoven r.	16	28-27	J7-H6
Bel-Air av. du	12	47	L21 *N*
Bel-Air cour du	12	33	K18
Bel-Air villa du	12	48	L23-M23
Béla-Bartok sq.	15	27	K6
Belfort r. de	11	34	J19-J20
Belgrade r. de	7	29-28	J9-J8
Belgrand r.	20	35-36	G21-G23
Belhomme r.	18	20	D15
Belidor r.	17	15	E6 *N*
Bellart r.	15	41	L9 *N*
Bellechasse r. de	7	30	H12-J11
Bellefond r. de	9	20-19	E15-E14
Belles-Feuilles imp. des	16	15	G6 *N*
Belles-Feuilles r. des	16	27-15	G6-F5
Belleville bd de		34-22	G19-F19
n°s impairs	11		
n°s pairs	20		
Belleville cimetière de	20	23	F22
Belleville parc de	20	22	F 19-F 20
Belleville r. de		22-23	F19-E22
n°s impairs	19		
n°s pairs	20		
Bellevue r. de	19	23	E21
Bellevue villa de	19	23	E21 *N*
Belliard r.	18	8-6	A15-B12
Belliard villa	18	6	B12
Bellier-Dedouvre r.	13	56	R15 *N*
de Bellièvre r.	13	45	M18 *S*
Bellini r.	16	27	H6
Bellot r.	19	9	D17 *N*
de Belloy r.	16	16	G7 *N*
Belvédère av. du	19	11	D21
de Belzunce r.	10	20	E15
Ben-Aïad pass.	2	31	G14 *S*
Bénard r.	14	54	N11 *S*
Benjamin-Constant r.	19	10	B19
Benjamin-Franklin r.	16	27	H6
Benjamin-Godard r.	16	27	G5 *S*
Benouville r.	16	15	G5 *N*
Béranger hameau	16	27	K5 *N*

Nom	Arrondissement	Plan n°	Repère
Béranger r.	3	33	G17 *S*
Bérard cour	4	33	J17 *S*
Berbier-du-Mets r.	13	44	N15 *N*
Bercy allée de	12	45-46	L18-M19
Bercy bd de	12	45-46	M18-20
Bercy cimetière de	12	47	N21
Bercy pont de	12	45	M18
Bercy port de	12	58-45	P20-M18
Bercy porte de	12	58-59	P20-P21
Bercy quai de	12	58-45	P20-M18
Bercy r. de	12	46-45	N20-K17
Bercy Expo	12	58	N20
Champagne terrasse de			
Levant cour du			
Midi cour du			
Négociants terrasse des			
Ponant cour du			
Bergame imp. de	20	35	J21-K21
Berger r.	1	32-31	H15-H14
Bergère cité	9	19	F14
Bergère r.	9	20-19	F15-F14
Bergers r. des	15	39	L6-M6
Bérite r. de	6	42	K11-L11
Berlioz r.	16	15	F6-E6
Bernard-de-Clairvaux r.	3	32	H15
Bernard-de-Ventadour r.	14	41	N10
Bernard Dimey r.	18	6	B12
Bernard-Halpern pl.	5	44	M15
Bernard-Lacache r.	12	48	L23-L24
Bernard Lafay promenade	17	15	D 6-C 8
Bernard-Palissy r.	6	31-30	K13-K12
Bernardins r. des	5	32-44	K15
Berne r. de	8	18	E11-D11
Bernoulli r.	8	18	E11 *N*
Berri r. de	8	17	F9
Berri-Washington galerie	8	17	F9
Berryer r.	8	17	F9-F9
Berthaud imp.	3	32	H15
Berthe r.	18	7	D14-D13
Berthie-Albrecht av.	8	16	F8-E8
Berthier bd	17	5-4	B10-D7
Berthier villa	17	4	D7 *N*
Berthollet r.	5	43	M14
Bertin-Poirée r.	1	31	J14-H14
Berton r.	16	27	J6
Bertrand cité	11	34	H19 *N*
Bervic r.	18	20	D15
Berzélius pass.	17	6	B11
Berzélius r.	17	6	C11-B11
Beslay pass.	11	33	H18 *N*
Bessières bd	17	6-5	B12-B10
Bessières r.	17	5	B10
Bessin r. du	15	53	N9-P9
Béthune quai de	4	32	K16
Beudant r.	17	18	D11 *S*
Bezout r.	14	55-54	P13-P12
Bichat r.	10	21	G17-F17
Bidassoa r. de la	20	35-22	G21-G20
Bidault ruelle	12	46	L19
Bienfaisance r. de la	8	18-17	E11-E10
Bienvenüe pl.	15	42	L11 *S*
Bièvre r. de	5	32-44	K15
Bignon r.	12	46	M20
Bigorre r. de	14	54	P12
Bigot sente à	19	10	A20
Binder pass.	19	22	D19
Biot r.	17	18	D12

Nom	Arrondissement	Plan n°	Repère
Brady pass.	10	20	F16-F15
Brahms r.	12	47	M21
Brancion porte	15	52	P8
Brancion r.	15	41-52	N9-P8
Brancion sq.	15	52	P8
Branly quai		28	H8-J7
n°s 1-17	7		
n°s 73-fin	15		
Brantôme pass.	3	32	H15
Brantôme r.	3	32	H15
Braque r. de	3	32	H16 S
Brazzaville pl. de	15	27	K6
Bréa r.	6	42	L12 S
Brèche-aux-Loups r.	12	47	N21-M21
Bréguet r.	11	33	J18
Brémontier r.	17	17	D9
Brésil pl. du	17	17	D9
Bresse sq. de la	16	38	M3 S
Bretagne r. de	3	33-32	H17-G16
Breteuil av. de		29-41	K10-L10
n°s 1-69, 2-76	7		
n°s 71-fin, 78-fin	15		
Breteuil pl. de		41	L10 N
n°s 1-11, 2 seulement	7		
n°s 13-fin, 4-fin	15		
Bretonneau r.	20	23-35	G22
Bretons cour des	10	21	F18 S
Bretonvilliers r. de	4	32	K16
Brey r.	17	16	E8 S
Brézin r.	14	54	P12-N12
Briare imp.	9	19	E14 S
Bridaine r.	17	6	D11 N
Brie pass. de la	19	21	E18 N
Briens sentier	12	47	L22
Brignole r.	16	28	G8 S
Brillat-Savarin r.	13	56-55	R15-R14
Briquet pass.	18	19	D14
Briquet r.	18	19	D14
Briqueterie r. de la	14	53	P9 S
Brisemiche r.	4	32	H15
Brissac r. de	4	45	K17 S
Brizeux sq.	20	23	F21-G21
Broca r.		44-43	M15-N14
n°s 1-49, 2-52	5		
n°s 51-fin, 54-fin	13		

Nom	Arrondissement	Plan n°	Repère
Brochant r.	17	5-6	C10-C11
Brongniart r.	2	19	G14 N
de Brosse r.	4	32	J15
Brouillards allée des	18	7	C13
Broussais r.	14	55	P13
Brown-Séquard r.	15	41	M10 N
Bruant r.	13	45	N17 N
Bruller r.	14	55	P13
Brulon pass.	12	34-46	K19
Brune bd	14	53-54	P9-R12
Brune villa	14	54	P11 S
Brunel r.	17	16	E7
Bruneseau r.	13	58	R20-R19
Brunet porte	19	23	D21
Brunetière av.	17	4	C8
Brunoy pass.	12	46	L19
Bruxelles r. de	9	18	D12
Bucarest r. de	8	18	E12 N
Bûcherie r. de la	5	32-31	K15-K14
de Buci carr.	6	31	J13 S
de Buci r.	6	31	J13 S
Budapest pl. de	9	18	E12
Budapest r. de	9	18	E12 S
Budé r.	4	32	K16
Buenos Aires r. de	7	28	J7
Buffault r.	9	19	F14-E14
Buffon r.	5	45-44	L17-M16
Bugeaud av.	16	15	G6-F5
Buis r. du	16	38	L4 N
Buisson-St-Louis pass.	10	21	F18
Buisson-St-Louis r. du	10	21	F18
Bullourde pass.	11	33-34	J18-J19
Buot r.	13	56	P15 S
Bureau imp. du	11	35	K21-J21
Bureau pass. du	11	35	J21 S
Burnouf r.	19	21	F18-E18
Burq r.	18	7	D13-C13
Butte-aux-Cailles r.	13	56	P15
Butte du Chapeau Rouge sq. de la	19	23	D 21
Buttes Chaumont parc des	19	22	E 19
Buttes Chaumont villa des	19	22	E20
Buzelin r.	18	9	C17
Buzenval r. de	20	47-35	K22-J21

C

Nom	Arrondissement	Plan n°	Repère
Cabanis r.	14	55	P14-P13
Cacheux r.	13	55	R14 S
Cadet r.	9	19	F14-E14
Cadix r. de	15	40	N7
Cadran imp. du	18	19	D14
Caffarelli r.	3	32-33	H16-H17
Caffieri av.	13	56	R15-S15
Cahors r. de	19	11	D21 N
Cail r.	10	20	D16
Caillard imp.	11	33	J18 S
Caillaux r.	13	56	R16
Cailletet r.	12	48	L23-M24
Caillié r.	18	9-21	D17 N
Caire pass. du	2	20	G15

Nom	Arrondissement	Plan n°	Repère
Caire pl. du	2	20	G15
Caire r. du	2	32-20	G15
Calais r. de	9	18	D12
Calmels imp.	18	7	B13
Calmels r.	18	7	B14-B13
Calmels prolongée r.	18	7	B13 S
Calvaire pl. du	18	7	D14 N
Calvaire r. du	18	7	D14
Cambacérès r.	8	18	F11
Cambo r. de	19	23	E21
Cambodge r. du	20	35	G21 S
Cambon r.	1	18-30	G12
Cambrai r. de	19	10	B19
Cambronne pl.	15	40	K8-L8

19

Nom	Arrondissement	Plan n°	Repère
Château-Rouge pl. du	18	8	C15 *S*
Chateaubriand r.	8	17-16	F9-F8
Châteaudun r. de	9	19	E14-E13
Châtelet pass.	17	6	B11-B12
Châtelet pl. du		32-31	J15-J14
n^os impairs	1		
n^os pairs	4		
Châtillon porte de	14	53	R10
Châtillon r. de	14	54	P11
Châtillon sq. de	14	54	P11 *S*
Chauchat r.	9	19	F13-F14
Chaudron r.	10	21	D17
Chaufourniers r. des	19	21	E18
Chaumont porte	19	11	D21 *N*
Chaumont r. de	19	21	D18 *S*
Chauré sq.	20	23-35	G22
Chaussée-d'Antin r. de la	9	19-18	F13-E12
Chaussin pass.	12	47	M22
Chausson imp.	10	21	F17-E17
Chauveau-Lagarde r.	8	18	F11 *S*
Chauvelot r.	15	52-53	P8-P9
Chazelles r. de	17	17	E9 *N*
Chef-d'escadron-de-Guillebon allée du	14	42	M11
Chemin-de-Fer r. du		10-11	A20-A21
n°s 1-13, 2-12 bis	19		
n°s 15-fin, 14-fin	Pantin		
Chemin-Vert pass. du	11	33	H18 *S*
Chemin-Vert r. du	11	33-34	J17-H20
Cheminets r. des	19	11	C21 *S*
Chêne-Vert cour du	12	33-45	K18
Chénier r.	2	20	G15 *N*
Cher r. du	20	35	H22-G21
Cherbourg r. de	15	53	N9-P9
Cherche Midi r. du		30-42	K12-L11
n°s 1-121, 2-130	6		
n°s 123-fin, 132-fin	15		
Chéreau r.	13	56	P15 *S*
Chernoviz r.	16	27	J6 *N*
Chéroy r. de	17	18	D11 *S*
Chérubini r.	2	19-31	G13
Cheval-Blanc pass. du	11	33	J18-K18
Chevaleret r. du	13	58-45	R19-N17
Chevalier-de-la-Barre r. du	18	7	C14 *S*
Chevaliers imp. des	20	23	F21
Chevert r.	7	29	J9
de Cheverus r.	9	18	E12 *S*
Chevet r. du	11	21	G18 *N*
Chevreul r.	11	34-46	K20
Chevreuse r. de	6	42	M12 *N*
Cheysson villa	16	38	M3 *N*
Chine r. de la	20	35-23	G22-G21
Choderlos de Laclos r.	13	58	N19
Choiseul pass.	2	19	G13
de Choiseul r.	2	19	G13-F13
Choisy av. de	13	57-56	R17-P16
Choisy parc de	13	56	P 16
Choisy porte de	13	57	R17 *S*
Chomel r.	7	30	K12 *N*
Chopin pl.	16	27	J5
Choron r.	9	19	E14
Chrétien-de-Troyes r.	12	46	L19
Christian-Dewet r.	12	47	L21 *N*
Christiani r.	18	8	D15 *N*
Christine r.	6	31	J14-J13
Christine de Pisan r.	17	5	C9
Christophe-Colomb r.	8	16	F8-G8
Cicé r. de	6	42	L12 *S*
Cimarosa r.	16	16	G7
Cimetière chemin du	12	60	R23
Cimetière-des-Batignolles av. du	17	5	B10
Cimetière-St-Benoît r. du	5	43	K14 *S*
Cino-Del-Duca r.	17	3-15	D6
Cinq-Diamants r. des	13	56	P15
Cinq-Martyrs-du-Lycée-Buffon pl. des	15	41-42	M10-M11
Cirque r. du	8	17	G10-F10
Ciseaux r. des	6	31	K13 *N*
Cité r. de la	4	32-31	J15-J14
Cité-Universitaire r. de la	14	55	R14 *S*
Cîteaux r. de	12	46	L19-K19
Civiale r.	10	21	F18
Civry r. de	16	38	L3 *S*
Clairaut r.	17	6	C11
Clapeyron r.	8	18	D11 *S*
Claridge galerie du	8	17	F9
Claude-Bernard r.	5	44-43	M15-M14
Claude-Chahu r.	16	27	J6-H6
Claude-Debussy r.	17	16-4	D7 *N*
Claude-Debussy sq.	17	17	D10
Claude-Decaen r.	12	47	N22-M21
Claude-Farrère r.	16	37	L2 *S*
Claude-Garamond r.	15	52	P8 *S*
Claude-Lorrain r.	16	38	M3 *N*
Claude-Lorrain villa	16	38	M3 *N*
Claude-Monet villa	19	22	D20 *S*
Claude-Pouillet r.	17	17	D10
Claude-Regaud av.	13	57	R18 *S*
Claude-Terrasse r.	16	38	M3 *S*
Claude-Tillier r.	12	46	L20-K20
Claude-Vellefaux av.	10	21	F17-E18
Clauzel r.	9	19	E13
Clavel r.	19	22	F20-E19
Clef r. de la	5	44	M15-L15
Clémence-Royer r.	1	31	H14 *N*
Clemenceau pl.	8	17-29	G10
Clément r.	6	31	K13 *N*
Clément-Ader pl.	16	27	K5
Clément-Marot r.	8	17-29	G9
Clément-Myionnet r.	15	39	L5
Cler r.	7	29	H9-J9
Cléry pass. de	2	20	G15 *N*
Cléry r. de	2	19-20	G14-G15
Clichy av. de		18-5	D12-B10
n°s 1-fin, 86-fin	17		
n°s 2-64	18		
Clichy bd de		19-18	D13-D12
n^os impairs	9		
n^os pairs	18		
Clichy pass. de		18	D12
Clichy pl. de		18	D12
n°s 1 seulement, 2-10 bis	9		
n° 3 seulement	8		
n°s 5-fin (impairs)	17		
n°s 12-fin (pairs)	18		
Clichy porte de	17	5	B10
Clichy r. de	9	18	E12-D12
Clignancourt porte de	18	7	A14
Clignancourt r. de	18	19-8	D14-B15
Clignancourt sq. de	18	7	B14 *S*
Clisson imp.	13	57	N17 *S*
Clisson r.	13	45-57	N17-P17

Nom	Arrondissement	Plan n°	Repère
Cloche-Perce r.	4	32	J16
Clodion r.	15	28	K7 *N*
Cloître-Notre-Dame r. du	4	32	K15-J15
Cloître-St-Merri r. du	4	32	J15-H15
Clos r. du	20	35	J22
Clos-Bruneau pass. du	5	44	K15 *S*
Clos-Feuquières r. du	15	40	M7-N7
Clotaire r.	5	43	L14
Clotilde r.	5	43	L14
Clotilde-de-Vaux r.	11	33	J17
Clôture r. de la	19	11	B21 *N*
Clouet r.	15	41	L9 *N*
Clovis r.	5	44	L15
Clovis-Hugues r.	19	21	D18 *S*
Cloys imp. des	18	7	B13-C13
Cloys pass. des	18	7	C13-B13
Cloys r. des	18	7	B14-B13
Cluny jardin du musée	5	31	K 14
Cluny r. de	5	31-43	K14
Cochin r.	5	32-44	K15
Coëtlogon r.	6	30-42	K12
Cœur-de-Vey villa	14	54	P12 *N*
Cognacq-Jay r.	7	29	H9
Colbert galerie	2	31	G13
Colbert r.	2	19	G13
Colette pl.	1	31	H13 *N*
Colisée r. du	8	17	F9-F10
Collégiale r. de la	5	44	M15 *S*
Collet villa	14	53	P10 *S*
Collette r.	17	6	B12 *S*
Collin pass.	9	19	D13 *S*
Colmar r. de	19	10	C19 *S*
Colombe r. de la	4	32	J15 *S*
Colombie pl. de	16	26	H4
Colonel-Bonnet av. du	16	27	J5
Colonel-Bourgoin pl. du	12	46	L19
Colonel-Colonna d'Ornano r.	15	41	L9
Colonel-Combes r. du	7	29	H9
Colonel-Dominé r. du	13	56	R16-S16
Colonel-Driant r. du	1	31	H14-H13
Colonel-Fabien pl. du		21	E18-E17
nᵒˢ impairs	10		
nᵒˢ pairs	19		
Colonel-Manhès r. du	17	6	B11
Colonel-Moll r. du	17	16	E7
Colonel-Monteil r. du	14	53	P9 *S*
Colonel-Oudot r. du	12	47-48	N22-M23
Colonel Pierre Avia r. du	15	51	N5-P5
Colonel-Rozanoff r. du	12	46	L20
Colonels-Renard r. des	17	16	E7
Colonie r. de la	13	55-56	R14-R15
Colonnes r. des	2	19	G13 *N*
Colonnes-du-Trône r. des	12	47	L21
Combattants-en-Afrique-du-Nord pl. des	12	45	L18
Comète r. de la	7	29	H9-J9
Commaille r. de	7	30	K12-K11
Commandant-Charles-Martel pass.	17	18	D11
Commandant-Guilbaud r. du	16	37	M2
Commandant-Lamy r. du	11	33	J18
Commandant-Léandri r. du	15	40	M7
Commandant-L'Herminier r. du	20	48	L24-K24
Commandant-Marchand r. du	16	15	E6 *S*
Commandant-Mortenol r. du	10	21	E17
Commandant-René-Mouchotte r. du		42	M11
nᵒˢ impairs	14		
nᵒˢ pairs	15		
Commandant-Rivière r. du	8	17	F10-F9
Commandant-Schlœsing r. du	16	27	H6
Commanderie bd de la	19	10	A20
Commandeur r. du	14	54	P12
Commerce imp. du	15	40	L7
Commerce pl. du	15	40	L7
Commerce r. du	15	40	K8-L7
Commerce St-André cour	6	31	J13-K13
Commerce-St-Martin pass.	3	32	H15
Commines r.	3	33	H17
Compans r.	19	23-22	E21-D20
Compiègne r. de	10	20	E15 *N*
Compoint villa	17	6	C11 *N*
Comtesse-de-Ségur allée	8	17	E9-E10
Concorde pl. de la	8	30	G11 *S*
Concorde pont de la	8	30	H11 *N*
Concorde port de la	8	30	H11 *N*
de Condé r.	6	31-43	K13
Condillac r.	11	34	H19 *N*
Condorcet cité	9	19	E14 *N*
Condorcet r.	9	20-19	E15-E14
Conférence port de la	8	29	H9 *N*
Congo r. du	12	46	M20 *N*
Conseiller-Collignon r. du	16	27	H5 *S*
Conservatoire r. du	9	19	F14
Constance r.	18	7	D13 *N*
Constant-Berthaut r.	20	22	F20 *N*
Constant-Coquelin av.	7	41-42	K10-K11
Constantin-Brancusi pl.	14	42	M11 *S*
Constantin-Pecqueur pl.	18	7	C13
Constantine r. de	7	29	H10-J10
Constantinople r. de	8	18-17	E11-D10
Conté r.	3	32	G16 *S*
de Conti imp.	6	31	J13
de Conti quai	6	31	J14-J13
Contrescarpe pl. de la	5	44	L15
Convention r. de la	15	39-40	L5-N8
Conventionnel-Chiappe r.	13	57	S17 *N*
Copenhague r. de	8	18	E11 *N*
Copernic r.	16	16-15	G7-G6
Copernic villa	16	16	F7-G7
Copreaux r.	15	41	L9-M9
Coq av. du	9	18	E12-F12
Coq cour du	11	33	H17 *S*
Coq-Héron r.	1	31	H14-G14
Coquillière r.	1	31	H14-G14
Corbera av. de	12	46	L19
Corbineau r.	12	46	M19
Corbon r.	15	41	N9 *N*
Cordelières r. des	13	44	N15
Corderie r. de la	3	33	G17 *S*
Cordon-Boussard imp.	20	35	G21 *S*
Corentin-Cariou av.	19	10	B19-B20
Coriolis r.	12	46	N20-M20
Corneille imp.	16	38	L3
Corneille r.	6	43	K13 *S*
Corot r.	16	38	L4 *N*
Corot villa	14	55	R14 *S*

d

Nom	Arrondissement	Plan n°	Repère
Eaux pass. des	16	27	J6
Eaux r. des	16	27	J6
Ebelmen r.	12	46	L20
Eblé r.	7	41	K10 S
Échaudé r. de l'	6	31	J13 S
Échelle r. de l'	1	31	H13 N
Échiquier r. de l'	10	20	F15
Écluses-St-Martin r. des	10	21	E17 S
École imp. de l'	9	19	E14
École pl. de l'	1	31	J14 N
École-de-Médecine r. de l'	6	31	K14
École-Militaire pl. de l'	7	29	J9 S
École Polytechnique r. de l'	5	44	L15-K15
Écoles cité des	20	35	G21 S
Écoles r. des	5	44-43	L15-K14
Écoliers pass. des	15	40	L7
Écosse r. d'	5	43	K14 S
Écouffes r. des	4	32	J16
Écrivains-Combattants-Morts-pour-la-France sq.	16	26	H4 S
Écuyers sentier des	20	35	J22 S
Edgar Faure r.	15	28	J7-K8
Edgar-Poë r.	19	22-21	E19-E18
Edgar-Quinet bd	14	42	M12-M11
Edgar-Varèse r.	19	10	C20
Edimbourg r. d'	8	18	E11
Edison av.	13	57-56	P17-P16
Édith-Piaf pl.	20	35	G22 S
Edmond-About r.	16	27	H5
Edmond-Flamand r.	13	45	M18 S
Edmond-Gondinet r.	13	56	P15 N
Edmond-Guillout r.	15	41	L10 S
Edmond-Michelet pl.	4	32	H15
Edmond-Roger r.	15	40	L7
Edmond-Rostand pl.	6	43	L14 N
Edmond-Rousse r.	14	54	R11
Edmond-Valentin r.	7	29-28	H9-H8
Édouard-Colonne r.	1	31	J14 N
Édouard-Detaille r.	17	17	D9
Édouard-Fournier r.	16	27-26	H5-H4
Édouard-Jacques r.	14	42	N11 N
Édouard-Lartet r.	12	48	M23
Édouard-Lockroy r.	11	33	G18 S
Édouard-Manet r.	13	44	N16 S
Édouard-Pailleron r.	19	21-22	E18-D19
Édouard-Quénu r.	5	44	M15
Édouard-Renard pl.	12	48	N23
Édouard-Robert r.	12	47	N22-M21
Édouard-VII pl.	9	18	F12 S
Édouard-VII r.	9	18	F12 S
Édouard-Vaillant av.		37	M2-N1
sans nᵒˢ	16		
nᵒˢ 23 fin, 18-fin	Boulogne		
Edouard-Vaillant sq.	20	35	G 22
Edward-Tuck av.	8	30-29	G11-G10
Égalité r. de l'	19	23	D21-E21
Eginhard r.	4	32	J16 S
Église imp. de l'	15	40	L7 S
Église r. de l'	15	39-40	L6-L7
Église-de-l'Assomption pl. de l'	16	26	J4
Eiders allée des	19	10	B19
El Salvador pl.	7	29	K10
Elie-Faure r.	12	48	L24
Elisa-Borey r.	20	34	G20
Elisa-Lemonnier r.	12	46	M20
Elisée-Reclus av.	7	28	J8 N
Élysée r. de l'	8	17-18	G10-F11
Élysée-Ménilmontant r.	20	22	G20 N
Élysées 26 galerie	8	17	F9
Élysées-La Boétie galerie	8	17	F9 S
Élysées-Rond-Point galerie	8	17	F9-G9
Elzévir r.	3	32	J16 N
Emélie r.	19	10	C19
Emeriau r.	15	28-39	K7-K6
Émile-Acollas av.	7	28	K8 N
Émile-Allez r.	17	16	D7
Émile-Augier bd	16	27	J5-H5
Émile-Bergerat av.	16	27-26	K5-K4
Émile-Bertin r.	18	9	A17
Émile-Blémont r.	18	7	B14
Émile-Borel r.	17	6	A11
Émile-Chaîne r.	18	8	B15 S
Émile-Deschanel av.	7	28-29	J8-J9
Émile-Deslandres r.	13	44	N15 N
Émile-Desvaux r.	19	23	E21
Émile-Deutsch-de-la-Meurthe r.	14	55	R13
Émile-Dubois r.	14	55	N13 S
Émile-Duclaux r.	15	41	L9-M9
Émile-Duployé r.	18	8	C16
Émile-et-Durkheim r.	13	57-58	N18-N19
Émile-et-Armand-Massar av.	17	4	C8 S
Émile-Faguet r.	14	54	R12 S
Émile-Gilbert r.	12	45	L18 N
Émile-Goudeau pl.	18	7	D13 N
Émile-Landrin pl.	20	35	H22 N
Émile-Landrin r.	20	35	H21 N
Émile-Laurent av.	12	48	M23
Émile-Lepeu r.	11	34	J20
Émile-Levassor r.	13	57	R17 S
Émile-Level r.	17	6	B11
Émile-Loubet villa	19	23	E21 N
Émile-Mâle pl.	5	44	L15
Émile-Ménier r.	16	15	G5 N
Émile-Meyer villa	16	38	M3
Émile-Pierre-Casel r.	20	35	G22 S
Émile-Pouvillon av.	7	28	J8 N
Émile-Reynaud r.		10	A20
nᵒˢ impairs	19		
nᵒˢ pairs	Aubervilliers		
Émile-Richard r.	14	42	M12-N12
Émile-Zola r.	15	39-40	L5-L8
Émile-Zola sq.	15	40	L7 N
Emilio-Castelar r.	12	45	K18 S
Emmanuel-Chabrier sq.	17	5-17	D10
Emmanuel-Chauvière r.	15	39	L5-L6
Emmanuel-Fleury sq.	20	24	F 23

Nom	Arrondissement	Plan n°	Repère
Emmery r.	20	22-23	F20-F21
Encheval r. de l'	19	22	E20
Enfant-Jésus imp. de l'	15	41	L10
Enfer pass. d'	14	42	M12
Enghien r. d'	10	20	F15
Entrepreneurs pass. des	15	40	L7
Entrepreneurs r. des	15	39-40	L6-L7
Entrepreneurs villa des	15	39	L6 N
Envierges r. des	20	22	F20
Épée-de-Bois r. de l'	5	44	M15 N
Éperon r. de l'	6	31	K14 N
Épinettes imp. des	17	6	B11-B12
Épinettes pass. des	14	42	L12 S
Épinettes r. des	17	6	B11
Épinettes sq. des	17	6	B 12
Équerre r. de l'	19	22	F19 N
Erard imp.	12	46	L19
Erard r.	12	46	L19-L20
Erasme r.	5	43	L14 S
Erckmann-Chatrian r.	18	8	D15 N
Erik Satie r.	19	22	D20
Erlanger av.	16	38	L3 N
Erlanger r.	16	38	L3
Erlanger villa	16	38	L3 N
Ermitage av. de l'	16	38	L4 S
Ermitage cité de l'	20	23	G21-F20
Ermitage r. de l'	20	22-23	G20-F21
Ermitage villa de l'	20	22-23	F20-F21
Ernest-Cresson r.	14	42-54	N12 S
Ernest-Denis pl.	6	43	M13 N
Ernest et Henri-Rousselle r.	13	56	R16-R15
Ernest-Goüin r.	17	6	B11
Ernest-Hébert r.	16	26	H4
Ernest Hemingway r.	15	39	M5
Ernest-Lacoste r.	12	47	N22
Ernest-Lavisse r.	12	48	M23 N
Ernest-Lefébure r.	12	48	M23 S
Ernest-Lefèvre r.	20	23	G22 N
Ernest-Psichari r.	7	29	J9
Ernest-Renan av.	15	52-51	N7-P6
Ernest-Renan r.	15	41	L9-L10
Ernest-Reyer av.	14	54	R11
Ernest-Roche r.	17	6	B11
Ernestine r.	18	8	C15
Escadrille-Normandie-Niemen pl. de l'	13	57	N18
Escaut r. de l'	19	9	B18 S
Esclangon r.	18	7	B14 N
Escoffier r.	12	59	P21 S
Espérance r. de l'	13	56-55	P15-R14
Esquirol r.	13	44	N16
Essai r. de l'	5	44	M16
Est r. de l'	20	23	F21 S
Este villa d'	13	57	R17
Esterel sq. de l'	20	48	K23 S
d'Estienne-d'Orves pl.	9	18	E12 S
d'Estienne-d'orves sq.	9	18	E12 S
Estrapade pl. de l'	5	43	L14
Estrapade r. de l'	5	44-43	L15-L14
d'Estrées r.	7	29	K10-K9
États-Unis pl. des	16	16	G7-G8
Etex r.	18	6	C12
Etex villa	18	6	C12
Étienne-Dolet r.	20	22-34	G19-G20
Étienne-Jodelle r.	18	6	C12 S
Étienne-Marcel r.		32-31	H15-G14
n°s impairs	1		
n°s pairs	2		
Étienne-Marey r.	20	23-35	G22
Étienne-Marey villa	20	23-35	G22
Étienne-Pernet pl.	15	40	L7 S
Étoile r. de l'	17	16	E8 S
Étoile-d'Or cour de l'	11	33	K18 N
Eugène-Atget r.	13	56	P15
Eugène-Beaudoin pass.	16	26	J4
Eugène-Carrière r.	18	6-7	C12-B13
Eugène-Delacroix r.	16	27	H5 N
Eugène-Flachat r.	17	4	C8 S
Eugène-Fournière r.	18	7	A14 S
Eugène-Gibez r.	15	40	N7-N8
Eugène-Jumin r.	19	11-10	D21-C20
Eugène-Labiche r.	16	26	H4
Eugène-Leblanc villa	19	23	E21 N
Eugène-Manuel r.	16	27	H6 S
Eugène-Manuel villa	16	27	H6 S
Eugène-Millon r.	15	40	M7 S
Eugène-Oudiné r.	13	57	P18-R18
Eugène-Pelletan r.	14	42	N12 N
Eugène-Poubelle r.	16	27	K5
Eugène-Reisz r.	20	36	J23
Eugène-Spuller r.	3	32-33	H16-G17
Eugène-Sue r.	18	7-8	C14-C15
Eugène-Varlin r.	10	21	E17
Eugénie-Cotton r.	19	23	E21
Eugénie-Eboué r.	12	46	L20
Eugénie-Legrand r.	20	35	H21
Euler r.	8	16	F8 S
Eupatoria r. d'	20	22	G20 N
Eure r. de l'	14	42-54	N11 S
Europe pl. de l'	8	18	E11
Euryale-Dehaynin r.	19	10	D19 N
Évangile r. de l'	18	8-9	C16-B18
Évariste-Galois r.	20	24	F23
Eveillard imp.	20	35	G22 S
Evette r.	19	10	C19
Exelmans bd	16	38	M4-L3
Exelmans hameau	16	38	L3 S
Exposition r. de l'	7	29	J9 N
Eylau av. d'	16	27	H6-G6
Eylau villa d'	16	16	F7 S

f

Nom	Arrondissement	Plan n°	Repère
Fabert r.	7	29	H10-J10
Fabre-d'Églantine r.	12	47	L21 N
Fabriques cour des	11	33	G18
Fagon r.	13	44-56	N16 S
Faidherbe r.	11	34	K19-J19
Faisanderie r. de la	16	15-27	F5-G5
Falaise cité	18	7	B13 N
Falaises villa des	20	35	G22
Falconet r.	18	7	C14 S
Falguière cité	15	41	M10 N
Falguière pl.	15	41	N10 N
Falguière r.	15	42-41	L11-M10
Fallempin r.	15	40	K7 S
Fantin-Latour r.	16	38	M4
Faraday r.	17	16	D7 S
Faubourg-du-Temple r. du		21	G17-F18
n°ˢ impairs	10		
n°ˢ pairs	11		
Faubourg-Montmartre r. du	9	19	F14-E13
Faubourg-Poissonnière r. du		20	F15-D15
n°ˢ impairs	9		
n°ˢ pairs	10		
Faubourg-St-Antoine r. du		33-47	K18-K21
n°ˢ impairs	11		
n°ˢ pairs	12		
Faubourg-St-Denis r. du	10	20	F15-D16
Faubourg-St-Honoré r. du	8	18-16	G11-E8
Faubourg-St-Jacques r. du	14	43	M13-N13
Faubourg-St-Martin r. du	10	20-21	G16-D17
Faucheur villa	20	22	F20
Fauconnier r. du	4	32	K16-J16
Faustin-Hélie r.	16	27	H5 S
Fauvet r.	18	6	C12
Favart r.	2	19	F13 S
Favorites r. des	15	41	M9
Fécamp r. de	12	47	N21-M22
Fédération r. de la	15	28	J7-K8
Federico-Garcia-Lorca allée	1	31	H14
Félibien r.	6	31	K13 N
Félicien-David r.	16	27-39	K5 S
Félicien-Rops av.	13	56	S15 N
Félicité r. de la	17	5	D9-C10
Félix d'Hérelle av.	16	37	N2 N
Félix-Eboué pl.	12	47	M21
Félix-Faure av.	15	40-39	L7-M5
Félix-Faure r.	15	39	M6
Félix-Faure villa	19	23	E21 N
Félix-Huguenet r.	20	47	K22 S
Félix-Pécaut r.	17	6	B12
Félix-Terrier r.	20	36	J23 N
Félix-Voisin r.	11	34	J20 N
Félix-Ziem r.	18	7	C13
Fénélon cité	9	19	E14
Fénelon r.	10	20	E15
Fenoux r.	15	40	M8
Fer-à-Moulin r. du	5	44	M16-M15
Ferdinand-Brunot pl.	14	42-54	N12 S
Ferdinand-Buisson av.	16	37	N2-M2
Ferdinand-de-Béhagle r.	12	59	N21 S
Ferdinand-Duval r.	4	32	J16
Ferdinand-Fabre r.	15	40	M8
Ferdinand-Flocon r.	18	7	C14 N
Ferdinand-Gambon r.	20	35	K22-J22
Ferdousi av.	8	17	E9
Férembach cité	17	16	E7
Fermat pass.	14	42	M11-N12
Fermat r.	14	42	N12 N
Ferme-St-Lazare cour	10	20	E16-E15
Ferme-St-Lazare pass.	10	20	E16 S
Fermiers r. des	17	5	C10 S
Fernand-Braudel r.	13	45	N18
Fernand-Cormon r.	17	5-4	C9-C8
Fernand-de-la-Tombelle sq.	17	5-17	D10
Fernand-Forest pl.	15	39	K6
Fernand-Foureau r.	12	48	L23 N
Fernand-Holweck r.	14	41	N10
Fernand-Labori r.	18	7	A14 S
Fernand-Léger r.	20	34	H20 N
Fernand-Pelloutier r.	17	6	A11 S
Fernand Raynaud r.	20	22	F20
Fernand-Widal r.	13	56	S16 N
Férou r.	6	43	K13
Ferronnerie r. de la	1	32-31	H15-H14
Ferrus r.	14	55	N14-P14
Fessart r.	19	22	E20-E19
Fêtes pl. des	19	23	E21 S
Fêtes r. des	19	22	E20
Feuillantines r. des	5	43	M14-L14
Feutrier r.	18	7	D14-C14
Feydeau galerie	2	19	F14 S
Feydeau r.	2	19	F14-G13
Fidélité r. de la	10	20	F16 N
Figuier r. du	4	32	J16 S
Filles-du-Calvaire bd des		33	H17
n°ˢ impairs	3		
n°ˢ pairs	11		
Filles-du-Calvaire r. des	3	33	H17
Filles-St-Thomas r. des	2	19	G13 N
Fillettes imp. des	18	9	A17
Fillettes r. des	18	9	B17
Finlande pl. de	7	29	H10
Firmin-Gémier r.	18	6	B12
Firmin-Gillot r.	15	40-52	N7 S
Fizeau r.	15	53	N9-P9
Flandre av. de	19	9-10	D17-B19
Flandre pass. de	19	9	C18 S
Flandrin bd	16	27-15	G5-F5
Flatters r.	5	43	M14 S
Fléchier r.	9	19	E13 S
Fleurs cité des	17	6	C11-B11
Fleurs quai aux	4	32	K15-J15
Fleurus r. de	6	42	L12 N
Fleury r.	18	20	D15
Florale cité	13	55	R14
Flore villa	16	26-38	K4
Floréal r.	17	6	A11
Florence r. de	8	18	D12 S
Florence-Blumenthal r.	16	27-39	K5

Nom	Arrondissement	Plan n°	Repère
Florentine cité	19	22	E20
Florentine-Estrade cité	16	38	L4 *N*
Florian r.	20	35	J22-H22
Florimont imp.	14	53	N10 *S*
Flourens pass.	17	6	B12 *N*
Foch av.	16	16-15	F7-F5
Foin r. du	3	33	J17
Folie-Méricourt r. de la	11	33-21	H18-G17
Folie-Regnault pass.	11	34	H20
Folie-Regnault r. de la	11	34	J20-H20
Fondary r.	15	40	K7-L8
Fondary villa	15	40	L8 *N*
Fonderie pass. de la	11	33	G18
Fonds-Verts r. des	12	46	M20 *S*
Fontaine r.	9	19	E13-D13
Fontaine-à-Mulard r. de la	13	56	R15
Fontaine-au-Roi r. de la	11	21-22	G17-G19
Fontaine-du-But r. de la	18	7	C13
Fontainebleau allée de	19	10-11	D20
Fontaines-du-Temple r. des	3	32	G16 *S*
Fontarabie r. de	20	35	J22 *N*
Fontenay villa de	19	22	E20 *N*
Fontenoy pl. de	7	29	K9
Forceval r.	19	10	A20
Forest r.	18	6	D12 *N*
Forez r. du	3	33	H17 *N*
Forge-Royale r. de la	11	34	K19
Forges r. des	2	20-32	G15
Fort-de-Vaux bd du	17	5-4	B9-B8
Fortin imp.	8	17	F9
Fortuny r.	17	17	D9 *S*
Forum-des-Halles	1	31	H14
Arc-en-Ciel r. de l'			
Basse pl.			
Basse r.			
Berger porte			
Bons-Vivants r. des			
Boucle r. de la			
Boule r. de la			
Brève r.			
Carrée pl.			
Equerre-d'Argent r. de l'			
Grand-Balcon			
Grande Galerie			
Lescot porte			
Oculus pl.			
Oculus r. de l'			
Orient-Express r. de l'			
Piliers r. des			
Pirouette r.			
Pocquelin r.			
Pont-Neuf porte			
Rambuteau porte			
Réale pass. de la			
Rotonde pl. de la			
St-Eustache balcon			
Verrières pass. des			
Fossés-St-Bernard r. des	5	44	K16-L15
Fossés-St-Jacques r. des	5	43	L14
Fossés-St-Marcel r. des	5	44	M16
Fouarre r. du	5	32	K15
Foubert pass.	13	56	R15-P15
Foucault r.	16	28	H8 *N*
Fougères r. des	20	24	F23
Four r. du	6	31-30	K13-K12

Nom	Arrondissement	Plan n°	Repère
Fourcade r.	15	40	M8 *S*
Fourcroy r.	17	16	E8-D8
Fourcy r. de	4	32	J16 *S*
Fourneyron r.	17	6	C11
Fours-à-Chaux pass. des	19	21	E18
Foyatier r.	18	19	D14
Fragonard r.	17	5-6	B10-B11
Fraisiers ruelle des	12	45	L18
Franc-Nohain r.	13	57	R18 *S*
Française r.		32	H15-G15
nᵒˢ 1-5, 2-6	1		
nᵒˢ 7-fin, 8-fin	2		
France av. de	13	45	N18
Franche-Comté r. de	3	33	G17 *S*
Franchemont imp.	11	34	J19 *S*
Francis-Carco r.	18	8	C16
Francis-de-Croisset r.	18	7	A14
Francis-de-Miomandre r.	13	56	S15
Francis-de-Pressensé r.	14	41	N10
Francis-Garnier r.	17	6	A12 *N*
Francis-Jammes r.	10	21	E17
Francis-Picabia r.	20	22	F19-F19
Francis Ponge r.	19	23	D21
Francis-Poulenc pl.	19	22	D20
Francis-Poulenc sq.	6	43	K13 *S*
Francisque-Gay r.	6	31	K14 *N*
Francisque-Sarcey r.	16	27	H6 *S*
Franco-Russe av.	7	28	H8
Francœur r.	18	7	C14
François-Bonvin r.	15	41	L9
François-Coppée r.	15	40	M7
François-de-Neufchâteau r.	11	34	J19
François-Gérard r.	16	38	K4 *S*
François-Mauriac quai	13	45-46	N18-N19
François-Millet r.	16	27	K5
François-Miron r.	4	32	J15-J16
François-Mouthon r.	15	40	M7
François-Pinton r.	19	22	D20 *S*
François-Ponsard r.	16	27	J5-H5
François-1ᵉʳ pl.	8	29	G9 *S*
François-1ᵉʳ r.	8	29-16	G9-F8
François Truffaut r.	12	46	N20
François-Villon r.	15	40	M8 *S*
Francs-Bourgeois r. des		33-32	J17-H16
nᵒˢ impairs	4		
nᵒˢ pairs	3		
Franklin-D.-Roosevelt av.	8	29-17	G10-F10
Franquet r.	15	41	N9
Franqueville r. de	16	27-26	H5-H4
Franz-Liszt pl.	10	20	E15
Fraternité r. de la	19	23	D21 *S*
Frédéric-Bastiat r.	8	17	F9
Frédéric Brunet r.	17	6	A12 *N*
Frédéric-Le-Play av.	7	29	J9 *S*
Frédéric-Loliée r.	20	47	K22 *N*
Frédéric-Magisson r.	15	40	L7-M7
Frédéric-Mistral r.	15	39	M6
Frederic Mistral villa	15	39	M 6
Frédéric-Mourlon r.	19	23	E21-E22
Frédéric-Sauton r.	5	32	K15
Frédéric-Schneider r.	18	7	A13 *S*
Frédéric-Vallois sq.	15	41	N9 *S*
Frédérick-Lemaître r.	20	22-23	F20-F21
Frémicourt r.	15	40	L8-K8
Frémiet av.	16	27	J6 *N*

Nom	Arrondissement	Plan n°	Repère
Fréquel pass.	20	35	J22
Frères-d'Astier-de-la-Vigerie r. des	13	57	R17
Frères-Flavien r. des	20	24	F23-E23
Frères-Morane r. des	15	40	L7-M7
Frères-Périer r. des	16	28	H8-G8
Frères-Voisin allée des	15	50-51	P4-P5
Frères-Voisin bd des	15	50-51	P4-P5
La-Fresnaye villa	15	41	M9
Fresnel r.	16	28	H8-H7
Freycinet r.	16	28	G8 S
Friant r.	14	54	P12-R11
Friedland av. de	8	17-16	F9-F8
Frochot av.	9	19	E13-D13
Frochot r.	9	19	E13-D13
Froidevaux r.	14	42	N12-M11
Froissart r.	3	33	H17
Froment r.	11	33	J18 N
Fromentin r.	9	19	D13 S
Fructidor r.	17	6	A12
Fulton r.	13	45	M18 S
Furstemberg r. de	6	31	J13 S
Furtado-Heine r.	14	54	P11 N
Fustel-de-Coulanges r.	5	43	M13-M14

g

Nom	Arrondissement	Plan n°	Repère
Gabon r. du	12	48	L23
Gabriel av.	8	30-17	G11-G10
Gabriel villa	15	42	L11 S
Gabriel-Fauré sq.	17	17-5	D10
Gabriel Lamé r.	12	46	N20
Gabriel-Laumain r.	10	20	F15
Gabriel-Péri pl.	8	18	F11 N
Gabriel-Vicaire r.	3	32	G16 S
Gabrielle r.	18	7	D14-D13
Gabrielle-d'Estrées allée	19	22	F19
Gaby-Sylvia r.	11	33	J18-H18
Gager-Gabillot r.	15	41	M9 S
Gagliardini villa	20	23	F22-E22
Gaillon pl.	2	19	G13 N
Gaillon r.	2	19	G13 N
Gaîté imp. de la	14	42	M11-M12
Gaîté r. de la	14	42	M11
Galande r.	5	32-31	K15-K14
Galilée r.		16	G7-F8
nos 1-53, 2-50	16		
nos 55-fin, 52-fin	8		
Galleron r.	20	35	J22-H22
Gallieni bd	15	50	P4
Galliera r. de	16	28	G8 S
Galvani r.	17	16	D7
Gambetta av.	20	34-23	H20-E22
Gambetta pass.	20	23	F22
Gambetta pl.	20	35	G21 S
Gambey r.	11	33	G18 S
Gandon r.	13	56	R16-S16
Ganneron pass.	18	6	C 12
Ganneron r.	18	6	D12-C12
Garance villa	9	20	D15
Garancière r.	6	31-43	K13
Gardes r. des	18	8	D15-C15
Gare port de la	13	46-45	N19-M18
Gare porte de la	13	58	P19-20
Gare quai de la	13	45	M18-N18
Gare r. de la	19	9	A18
Gare-de-Reuilly r. de la	12	47	M21-L21
Garibaldi bd	15	41	L9
Garigliano pont du	16	38	M4
Garnier villa	15	42	L11
Garreau r.	18	7	D13 N
Gascogne sq. de la	20	36	J23 S
Gasnier-Guy r.	20	35	G21 S
Gassendi r.	14	42	N12
Gaston-Bachelard allée	14	53	P10
Gaston-Bertandeau sq.	17	16	E7
Gaston-Boissier r.	15	52	P8-P7
Gaston-Couté r.	18	7	C14
Gaston-Darboux r.	18	9	A18-A17
Gaston-de-Caillavet r.	15	39	K6
Gaston-de-St-Paul r.	16	28	H8-G8
Gaston-Pinot r.	19	22	D20
Gaston Rébuffat r.	19	9	D17
Gaston-Tessier r.	19	9	B18
Gaston-Tissandier r.	18	9	A17
Gatbois pass.	12	46	L19
Gâtines r. des	20	35	G21 S
Gaudelet imp.	11	34	G19 S
Gauguet r.	14	55	P13 S
Gauguin r.	17	4	C8
Gauthey r.	17	6	C11-B11
Gauthier pass.	19	22	F19-E19
Gavarni r.	16	27	J6-H6
Gay-Lussac r.	5	43	L14-M14
Gazan r.	14	55	R14
Geffroy-Didelot pass.	17	17	D10-D11
Général-Anselin r. du	16	15	E5-F5
Général-Appert r. du	16	15	G5 N
Général-Archinard r. du	12	48	M23
Général-Aubé r. du	16	27	J5
Général-Balfourier av. du	16	38	L3
Général-Baratier r. du	15	28	K8
Général-Bertrand r. du	7	41	K10-L10
Général-Beuret pl. du	15	41	M9 N
Général-Beuret r. du	15	41-40	M9-M8
Général-Blaise r. du	11	34	H19
Général-Brocard pl. du	8	17	E9
Général-Brunet r. du	19	22-23	E20-D21
Général-Camou r. du	7	28	H8 S
Général-Catroux pl. du	17	17	D10-D9
Général-Clavery av. du	16	38	N3 N
Général-Clergerie r. du	16	15	G6-F6
Général-Cochet pl. du	19	11	D21 N
Général-de-Castelnau r. du	15	28-40	K8
Général-de-Langle-de-Cary r. du	12	59-58	P21-P20
Général-de-Larminat r. du	15	28	K8
Général-de-Maud'huy r. du	14	53	R10 N
Général-Delestraint r. du	16	38-37	L3-M2
Général-Denain allée du	15	28	K7-K8
Général-Détrie av. du	7	28	J8-K8

h

Nom	Arrondissement	Plan n°	Repère
Haie-Coq r. de la	19	9	A18
Haies r. des	20	35	K21-J22
Hainaut r. du	19	10	D20-C20
Halévy r.	9	19	F13
Hallé r.	14	55-54	P13-P12
Hallé villa	14	54	P12-N12
Halles jardin des	1	31	H 14
Halles r. des	1	31	H14 S
Hameau r. du	15	40-39	N7-N6
Hamelin r.	16	16-28	G7
Hanovre r. de	2	19	F13 S
Hardy villa	20	35	H22
de Harlay r.	1	31	J14
Harmonie r. de l'	15	53	N9 S
Harpe r. de la	5	31	K14 N
Harpignies r.	20	36	J23 N
Hassard r.	19	22	E19
Haudriettes r. des	3	32	H16
Haussmann bd		19-17	F13-F9
nᵒˢ 1-53, 2-70	9		
nᵒˢ 55-fin, 72-fin	8		
Haut-Pavé r. du	5	32	K15
Hautefeuille imp.	6	31	K14 N
Hautefeuille r.	6	31	K14 N
Hauterive villa d'	19	22	D20 S
Hautes-Formes r. des	13	57	P17
d'Hauteville cité	10	20	E15 S
d'Hauteville r.	10	20	F15-E15
d'Hautpoul r.	19	10-22	E20-C20
Hauts-de-Belleville villa des	20	23	F22
Havre cour du	8	18	E12 S
Havre pl. du		18	E12-F12
nᵒˢ impairs	8		
nᵒˢ pairs	9		
Havre r. du		18	F12 N
nᵒˢ impairs	8		
nᵒˢ pairs	9		
Haxo imp.	20	23-24	G22-G23
Haxo r.		23	G22-E22
nᵒˢ 1-113, 2-110	20		
nᵒˢ 115-fin, 112-fin	19		
Hébert pl.	18	9	B17
Hébrard pass.	10	21	F18
Hébrard ruelle des	12	46	L19 S
Hector-Guimard r.	19	22	F19
Hector-Malot r.	12	45	L18
Hégésippe-Moreau r.	18	6	C12 S
Helder r. du	9	19	F13
Hélène r.	17	6	D12-D11
Héliopolis r. d'	17	16-4	D7 N
Henard r.	12	46	L 20-M 20
Hennel pass.	12	46	L19
Henner r.	9	19	E13 N
Henri-Barboux r.	14	54	R12
Henri-Barbusse r.		43	L13-M13
nᵒˢ 1-53, 2-60	5		
nᵒˢ 55-fin, 62-fin	14		
Henri-Becque r.	13	55	R14 N
Henri-Bergson pl.	8	18	E11 S
Henri-Bocquillon r.	15	40	M7 N
Henri-Brisson r.	18	7	A13 S
Henri-Chevreau r.	20	22	G20-F20
Henri-de-Bornier r.	16	26	H4
Henri-Delormel sq.	14	54	N12 S
Henri Desgrange r.	12	46	M19
Henri-Dubouillon r.	20	23	F22
Henri-Duchêne r.	15	40	L7 N
Henri-Duparc sq.	17	5-17	D10
Henri-Duvernois r.	20	36	H23
Henri-Feulard r.	10	21	F18 N
Henri-Gaillard souterrain	16	15	F5
Henri-Heine r.	16	26	K4 N
Henri-Huchard r.	18	7-6	A13-A12
Henri-Langlois pl.	13	56	P16 N
Henri-Martin av.	16	27-26	H5-H4
Henri-Matisse pl.	20	34	G20
Henri-Michaux r.	13	56	P15
Henri-Moissan r.	7	29	H9
Henri-Mondor pl.	6	31	K13 N
Henri-Murger r.	19	21	E18
Henri-Pape r.	13	56	R16-R15
Henri-Poincaré r.	20	23	G22-F22
Henri-IV bd	4	32-33	K16-K17
Henri-IV port	4	45-32	L17-K16
Henri-IV quai	4	45-32	L17-K16
Henri-Queuille pl.	15	41	L10
Henri-Ranvier r.	11	34	J20-H20
Henri-Regnault r.	14	54	R12 N
Henri-Ribière r.	19	23	E21
Henri-Robert r.	1	31	J14
Henri-Rochefort r.	17	17	D9 S
Henri-Rollet pl.	15	40	N7 N
Henri-Tomasi r.	20	36	K23
Henri-Turot r.	19	21	E18 S
Henry-Bataille sq.	16	26	J3
Henry-de-Bournazel r.	14	53	R10 N
Henry-de-Jouvenel r.	6	31	K13
Henry-de-La-Vaulx r.	16	38	N3
Henry-de-Montherlant pl.	7	30	H12
Henry-Dunant pl.	8	16	F8-G8
Henry-Farman r.	15	38-39	N4-N5
Henry-Monnier r.	9	19	E13 N
Henry-Paté sq.	16	38-39	K4-K5
Hérault-de-Séchelles r.	17	6	A11
Héricart r.	15	39	K6 S
Hermann-Lachapelle r.	18	8	B15
Hermel cité	18	7	C14 N
Hermel r.	18	7	C14-B14
Herold r.	1	31	G14 S
Héron cité	10	21	F17 N
Herran r.	16	27	G6 S
Herran villa	16	27	G5 S
Herschel r.	6	43	L13 S
Hersent villa	15	41	M9 S
Hesse r. de	3	33	H17 S
Hippolyte-Lebas r.	9	19	E14-E13
Hippolyte-Maindron r.	14	42-54	N11-P11
Hirondelle r. de l'	6	31	J14 S
Hittorff cité	10	20	F16 S
Hittorff r.	10	20	F16

Nom	Arrondissement	Plan n°	Repère
Hiver cité	19	21-22	E18-E19
Hoche av.	8	17-16	E9-F8
Honoré-Chevalier r.	6	43-42	K13-K12
Hôpital bd de l'		45-44	L17-N16
nᵒˢ 1-fin, 44-fin	13		
nᵒˢ 2-42	5		
Hôpital-St-Louis r. de l'	10	21	F17 N
Horloge quai de l'	1	31	J14
Horloge-à-Automates pass. de l'	3	32	H15
Hortensias allée des	14	53	P10
Hospitalières-St-Gervais r. des	4	32	J16 N
Hôtel-Colbert r. de l'	5	32	K15
Hôtel-d'Argenson imp. de l'	4	32	J16
Hôtel-de-Ville pl. de l'	4	32	J15
Hôtel-de-Ville port de l'	4	32	K16-J15
Hôtel-de-Ville quai de l'	4	32	J16-J15
Hôtel-de-Ville r. de l'	4	32	J16-J15
Hôtel-St-Paul r. de l'	4	33	J17 S
Houdart r.	20	34	H20 N
Houdart-de-Lamotte r.	15	40	M7
Houdon r.	18	19	D13
Hubert-Monmarché pl.	15	40	M8 N
Huchette r. de la	5	31	K14 N
Huit-Mai 1945 r. du	10	20	E16 S
Huit-Novembre 1942 pl. du	10	20	E15
Hulot pass.	1	31	G13 S
Humblot r.	15	28	K7
Huyghens r.	14	42	M12 N
Huysmans r.	6	42	L12 N

i

Nom	Arrondissement	Plan n°	Repère
Ibsen av.	20	36	G23
Iéna av. d'	16	28-16	H7-F8
Iéna pl. d'	16	28	G7
Iéna pont d'	16	28	H7
Igor-Stravinsky pl.	4	32	H15
Ile-de-la-Réunion pl. de l'	12	47	L21
Ile-de-Sein pl. de l'	14	43	N13
Immeubles-Industriels r. des	11	35-47	K21 S
Indochine bd d'	19	23-11	D21-C21
Indre r. de l'	20	35	H22
Industrie cité de l'	11	34	G19 S
Industrie pass. de l'	10	20	F16-F15
Industrie r. de l'	13	56	R16
Industrielle cité	11	34	J19-H19
Ingénieur-Robert-Keller r. de l'	15	39	K6-L6
Ingres av.	16	26	J4 N
Innocents r. des	1	32-31	H15-H14
Inspecteur-Allès r. de l'	19	23	E21
Institut pl. de l'	6	31	J13 N
Insurgés-de-Varsovie pl. des	15	52	P7
Intendant jardin de l'	7	29	J 10
Intérieure r.	8	18	E12 S
Interne-Loeb r. de l'	13	56	R15
Invalides bd des	7	29-41	J10-L10
Invalides esplanade des	7	29	H10
Invalides pl. des	7	29	J10 N
Invalides pont des	8	29	H10 N
Invalides port des	7	29	H10
Irénée-Blanc r.	20	35-36	G22-G23
Iris r. des	13	55	R14
Iris villa des	19	23	E22
Irlandais r. des	5	43	L14
Isabey r.	16	38	K3 S
Islettes r. des	18	20	D15
Isly r. de l'	8	18	F12 N
Israël pl. d'	17	5	D9 N
Issy-les-Moulineaux porte d'	15	39	N6
Issy-les-Moulineaux quai d'	15	38	M4-N4
Italie av. d'	13	56	P16-S16
Italie pl. d'	13	56	N16 S
Italie porte d'	13	56	S16
Italie r. d'	13	56	R16-R15
Italiens bd des		19	F13
nᵒˢ impairs	2		
nᵒˢ pairs	9		
Italiens r. des	9	19	F13
Ivry av. d'	13	57-56	R17-P16
Ivry porte d'	13	57	S18 N
Ivry quai d'	13	58	P20 S

j

Nom	Arrondissement	Plan n°	Repère
Jacob r.	6	31	J13
Jacquard r.	11	33	G18 S
Jacquemont r.	17	6	C11 S
Jacquemont villa	17	6	C11 S
Jacques-Bainville pl.	7	30	H11-J11
Jacques-Baudry r.	15	53	P9
Jacques-Bingen r.	17	17	D10
Jacques-Bonsergent pl.	10	20	F16 S
Jacques-Callot r.	6	31	J13
Jacques-Cartier r.	18	6	B12
Jacques-Cœur r.	4	33	K17 N
Jacques-Copeau pl.	6	31	K13-J13
Jacques-et-Thérèse-Trefouel r.	15	41	L10 S
Jacques-Froment pl.	18	6	C12 N
Jacques-Garnerin allée	8	17	E10
Jacques-Henri-Lartigue r.	5	44	L15
Jacques-Hillairet r.	12	46	L20
Jacques-Ibert r.	17	3-4	C6-C7
Jacques-Kablé r.	18	9-8	D17-D16
Jacques-Kellner r.	17	6	B12-B11
Jacques-Louvel-Tessier r.	10	21	F17-F18
Jacques-Marette pl.	15	40	N8

Nom	Arrondissement	Plan n°	Repère
José-Maria-de-Heredia r.	7	41	K9-L9
José-Marti pl.	16	27	H6
Joseph-Bara r.	6	43	L13-M13
Joseph-Bédier av.	13	57	R18 *S*
Joseph-Bouvard av.	7	28	J8
Joseph-Chailley r.	12	47	N22
Joseph-de-Maistre r.	18	7-6	D13-B12
Joseph-Dijon r.	18	7	B14
Joseph-et-Marie-Hackin r.	16	15	E5
Joseph-Granier r.	7	29	J9 *S*
Joseph Kessel r.	12	46	N19
Joseph-Liouville r.	15	40	L8
Joseph-Python r.	20	36	G23-H23
Joseph-Sansbœuf r.	8	18	F11-E11
Joséphine r.	18	7	B13
Josseaume pass.	20	35	J22 *S*
Josset pass.	11	33	K18 *N*
Joubert r.	9	19-18	F13-F12
Jouffroy pass.	9	19	F14
Jouffroy d'Abbans r.	17	5-16	C10-D8
Jour r. du	1	31	H14 *N*
Jourdain r. du	20	22	F20 *N*
Jourdan bd	14	55-54	S14-R12
Jouvenet r.	16	38	M4-L3
Jouvenet sq.	16	38	L4 *S*
de Jouy r.	4	32	J16
Jouye-Rouve r.	20	22	F19
Joyeux cité	17	6	B11 *N*
Juge r.	15	28-40	K7
Juge villa	15	40	K7 *S*
Juges-Consuls r. des	4	32	J15-H15
Juillet r.	20	22-34	G20
Jules-Bourdais r.	17	4	C8 *S*
Jules-Breton r.	13	44	M16 *S*
Jules-César r.	12	45	K17-K18
Jules-Chaplain r.	6	42	L12 *S*

Nom	Arrondissement	Plan n°	Repère
Jules-Chéret sq.	20	36	J23
Jules-Claretie r.	16	27	H5
Jules-Cloquet r.	18	6-7	B12-B13
Jules-Cousin r.	4	33	K17
Jules-Dumien r.	20	23	G22 *N*
Jules-Dupré r.	15	52	P8 *N*
Jules-Ferry bd	11	21-33	G17
Jules-Guesde r.	14	42	M11-N11
Jules-Hénaffe pl.	14	54	R12 *N*
Jules-Janin av.	16	27	H5 *S*
Jules-Joffrin pl.	18	7	B14 *S*
Jules-Jouy r.	18	7	C14 *N*
Jules Laforgue Villa	19	23	D20 *S*
Jules-Lefebvre r.	9	18	E12 *N*
Jules-Lemaître r.	12	48	L23 *S*
Jules-Pichard r.	12	47	N21
Jules-Renard pl.	17	16	D7
Jules-Romains r.	19	22	F19
Jules-Sandeau bd	16	27-26	H5-H4
Jules-Senard r.	19	23	E22
Jules-Siegfried r.	20	35-36	G22-G23
Jules-Simon r.	15	40	M7 *N*
Jules-Supervielle allée	1	31	H14
Jules-Vallès r.	11	34	K20-J20
Jules-Verne r.	11	21	F18 *S*
Julia-Bartet r.	14	53	P9-R9
Julien-Lacroix r.	20	22	G20-F19
de Julienne r.	13	44-43	N15-N14
Juliette-Dodu r.	10	21	F18-E17
Juliette-Lamber r.	17	5	C9
Junot av.	18	7	C13
Jura r. du	13	44	M16 *S*
Jussienne r. de la	2	31	G14 *S*
Jussieu pl.	5	44	L16-L15
Jussieu r.	5	44	L16-L15
Juste-Métivier r.	18	7	C13
Justice r. de la	20	23-24	G22-G23

k

Kabylie r. de	19	21	D17
Keller r.	11	33	J18
Kellermann bd	13	56-55	S16-S14
Kellermann parc	13	56	S 15
Keppler r.	16	16	F8-G8

Keufer r.	13	56	R16 *S*
Kléber av.	16	16-28	F7-H7
Kléber imp.	16	16	G7
Kossuth pl.	9	19	E14 *S*
Kracher pass.	18	8	B15
Küss r.	13	56	R15

l

La Baume r. de	8	17	F10 *N*
La Boétie r.	8	18-17	F11-F9
de La Bourdonnais av.	7	28-29	H8-J9
de La Bourdonnais port	7	28	H8-H7
La Bruyère r.	9	19-18	E13-E12
La Bruyère sq.	9	19	E13
La Champmeslé sq.	19	10	C20
La Condamine r.	17	6-18	C11-D11

La Fayette r.		19-21	F13-D17
n°s 1-91, 2-92	9		
n°s 93-fin, 94-fin	10		
La Feuillade r.		31	G14 *S*
n°s impairs	1		
n°s pairs	2		
La Fontaine hameau	16	27	K5 *N*
La Fontaine rd-pt	16	38	L3 *S*
La Fontaine r.	16	27-38	K5-K4
La Fontaine sq.	16	26-27	K4-K5

Nom	Arrondissement	Plan n°	Repère
La Frillière av. de	16	38	M3 *N*
de La Jonquière imp.	17	5	B10
de La Jonquière r.	17	6-5	B12-B10
de La Michodière r.	2	19	G13-F13
de La Motte-Picquet av.		29-40	J10-K8
n°s 1-43, 2-46	7		
n°s 45-fin, 48-fin	15		
de La Motte-Picquet sq.	15	28	K8
La Pérouse r.	16	16	G7-F8
de La Planche r.	7	30	J12-K12
La Quintinie r.	15	41	M9
de La Reynie r.		32	H15 *S*
n°s 1-19, 2-22	4		
n°s 21-fin, 24-fin	1		
de La Rochefoucauld r.	9	19	E13
de La Rochefoucauld sq.	7	30	J11-K11
de La Sourdière r.	1	30-31	G12-G13
de La Tour-d'Auvergne imp.	9	19	E14 *N*
de La Tour-d'Auvergne r.	9	19	E14
de La-Tour-Maubourg bd	7	29	H10-J9
de La-Tour-Maubourg sq.	7	29	J9 *N*
de La Trémoille r.	8	28-17	G8-G9
de La Vacquerie r.	11	34	J20-J19
de La Vieuville r.	18	19	D13-D14
La Vrillière r.	1	31	G14 *S*
Labat r.	18	8-7	C15-C14
Labie r.	17	16	E7
Labois-Rouillon r.	19	9	B18 *S*
de Laborde r.	8	18-17	E11-F10
Labrador imp. du	15	53	P9
Labrouste r.	15	41-53	N9
Labyrinthe cité du	20	34	G20
Lac allée du	14	55	R13-R14
Lacaille r.	17	6	B12 *S*
Lacaze r.	14	54	R12 *N*
Lacépède r.	5	44	L15 *S*
Lachambeaudie pl.	12	46	N20 *N*
Lacharrière r.	11	33-34	H18-H19
Lachelier r.	13	57	S17-R17
Lacordaire r.	15	39	L6-M6
Lacretelle r.	15	40	N7
Lacroix r.	17	6	C11
Lacuée r.	12	45	K17-K18
Laferriére r.	9	19	E13
Laffitte r.	9	19	F13-E13
Lagarde r.	5	44	M15 *N*
Lagarde sq.	5	44	M15 *N*
Laghouat r. de	18	8	C16-C15
Lagille r.	18	6	B12
Lagny pass. de	20	48	K23
Lagny r. de	20	47-48	K22-K24
Lagrange r.	5	32	K15
Lahire r.	13	57	P17 *N*
Lakanal r.	15	40	L7-L8
Lalande r.	14	42	N12
Lallier r.	9	19	D14 *S*
Lally-Tollendal r.	19	21	D18 *S*
Lalo r.	16	15	F6-F5
Lamandé r.	17	6	D11-C11
Lamarck r.	18	7-6	D14-C12
Lamarck sq.	18	7	C13 *N*
Lamartine r.	9	19	E13-E14
Lamartine sq.	16	27	G5 *S*
de Lamballe av.	16	27	J6 *S*
Lambert r.	18	7	C14
Lamblardie r.	12	47	M21
Lamennais r.	8	17	F9 *N*

Nom	Arrondissement	Plan n°	Repère
Lamier imp.	11	34	J20 *N*
Lamoricière av.	12	48	L23
Lancette r. de la	12	46-47	M20-M21
Lancret r.	16	38	M4 *N*
Lancry r. de	10	20-21	G16-F17
Landrieu pass.	7	29	H9 *S*
Langeac r. de	15	40	N7 *N*
de Lanneau r.	5	43	K14 *S*
Lannes bd	16	15-26	F5-H4
Lantiez r.	17	6	B11-B10
Lantiez villa	17	6	B11
Laonnais sq. du	19	23	E21 *N*
Laos r. du	15	28-40	K8
Lapeyrère r.	18	7	C14-B14
Laplace r.	5	44-43	L15-L14
de Lappe r.	11	33	J18-K18
Largillière r.	16	27	J5 *N*
Larochelle r.	14	42	M11
Laromiguière r.	5	43	L14
Larrey r.	5	44	M15-L15
Larribe r.	8	18	E11 *N*
Las-Cases r.	7	30	J11-H11
Lasson r.	12	47	L22 *S*
Lassus r.	19	22	F20-E20
de Lasteyrie r.	16	15	F6
Lathuille pass.	18	6-18	D12
Latran r. de	5	43	K14 *S*
Laugier r.	17	16	E8-D7
Laugier villa	17	16	D8 *S*
de Laumière av.	19	22	D19
Laure-Surville r.	15	39	L5 *N*
Laurence-Savart r.	20	23	G21
Laurent-Pichat r.	16	15	F6
Lauriston r.	16	16-27	F7-G6
Lauzin r.	19	22	F19-E19
Lavandières-Ste-Opportune r. des	1	31	J14-H14
Lavoisier r.	8	18	F11
Le Brix-et-Mesmin r.	14	54	R12
Le Brun r.	13	44	M16-N15
Le Bua r.	20	23-35	G22
Le Châtelier r.	17	4	D8 *N*
Le Corbusier pl.	6	30	K12
Le Dantec r.	13	55-56	P14-P15
Le Goff r.	5	43	L14 *N*
Le-Gramat allée	15	39	L5
Le Marois r.	16	38	M3 *S*
Le Nôtre r.	16	28	H7 *S*
Le Peletier r.	9	19	F13-E14
Le Regrattier r.	4	32	K15-K16
Le Sueur r.	16	16	F7-E7
Le Tasse r.	16	27	H6
Le Vau r.	20	36-24	G23-F23
Le Verrier r.	6	43	L13-M13
Léandre villa	18	7	C13
Leblanc r.	15	39	M5-N6
Lebon r.	17	16	E7-D7
Lebouis imp.	14	42	M11
Lebouis r.	14	42	M11-N11
Lebouteux r.	17	17	D10
Lechapelais r.	17	6	D12 *N*
Léchevin r.	11	33	H18 *N*
Leclaire cité	20	35	H22 *S*
Leclerc r.	14	43	N13
Lécluse r.	17	18	D12
Lecomte r.	17	6	C11
Lecomte-du-Noüy r.	16	37	L2 *S*

36

m

Nom	Arrondissement	Plan n°	Repère
Magendie r.	13	43	N14
Magenta bd de	21-20		G17-D15
n⁰ˢ 1-153, 2-fin	10		
n⁰ˢ 155-fin	9		
Magenta cité de	10	20	F16 *S*
Magenta r.	10-11		A20-A21
n⁰ˢ 2-8	19		
autres n⁰ˢ	Pantin		
Maigrot-Delaunay pass.	20	35	K22
Mail r. du	2	31	G14
Maillard r.	11	34	J20 *N*
Maillot porte	17	15	E6
Main-d'Or pass. de la	11	34	K19
Main-d'Or r. de la	11	34	K19
Maine av. du		42-54	L11-P12
n⁰ˢ 1-39, 2-58	15		
n⁰ˢ 41-fin, 60-fin	14		
Maine r. du	14	42	M11 *N*
Maintenon allée	6	42	L11
Maire r. au	3	32	G16 *S*
Mairie cité de la	18	19	D14
Maison-Blanche r. de la	13	56	P16 *S*
Maison-Brûlée cour de la	11	33	K18 *N*
Maison-Dieu r.	14	42	N11 *N*
Maître-Albert r.	5	32	K15
Malakoff av. de	16	15	F6-E6
Malakoff imp. de	16	15	E6 *S*
Malakoff villa	16	27-28	G6-G7
Malaquais quai	6	31	J13 *N*
Malar r.	7	29	H9
Malassis r.	15	40	N7
Malebranche r.	5	43	L14 *N*
Malesherbes bd		18-5	F11-C9
n⁰ˢ 1-121, 2-92	8		
n⁰ˢ 123-fin, 94-fin	17		
Malesherbes cité	9	19	E14-E13
Malesherbes villa	17	17	D9-D10
Maleville r.	8	17	E10
Malher r.	4	32	J16
Malherbe sq.	16	38	K3 *S*
Mallebay villa	14	53	P10
Mallet-Stevens r.	16	26	J4 *S*
Malmaisons r. des	13	57-56	R17-R16
Malte r. de	11	33	H17-G17
Malte-Brun r.	20	35	H21-G21
Malus r.	5	44	L15 *S*
Mandar r.	2	31	G14 *S*
Manin r.	19	22-11	E19-D21
Manin villa	19	23	D21
Mansart r.	9	19	D13-D12 *S*
Manuel r.	9	19	E14
Manutention r. de la	16	28	H8-G8
Maquis-du-Vercors pl.	19	24	E23
Maraîchers r. des	20	48-35	K23-J22
Marais pass. des	10	20	F16
Marbeau bd	16	15	F6-F5
Marbeau r.	16	15	F6 *N*
Marbeuf r.	8	16-17	G8-G9
Marc-Antoine-Charpentier r.	13	57	P18-R18
Marc Chagall allée	13	56	S16 *N*
Marc-Sangnier av.	14	53	P9-R10
Marc-Séguin r.	18	9-8	C17-C16
Marcadet r	18	8-6	C15-B12
Marceau av.		28-16	G8-F8
n⁰ˢ impairs	16		
n⁰ˢ pairs	8		
Marceau villa	19	22	E20 *N*
Marcel-Achard pl.	19	21	F18
Marcel-Aymé pl.	18	7	C13
Marcel-Doret av.	16	38	M3-N3
Marcel-Dubois r.	12	47	N22
Marcel-Duchamp r.	13	57	R17
Marcel-Gromaire r.	11	33	H17
Marcel-Jambenoire allée	13	55	R14
Marcel-Paul r.		5	B9
n⁰ 2	17		
n⁰ˢ 4-fin, n⁰ˢ impairs	Clichy		
Marcel Proust allée	8	29-30	G10-G11
Marcel-Proust av.	16	27	J6
Marcel Rajman sq.	11	34	H20
Marcel-Renault r.	17	16	E7 *N*
Marcel-Sembat r.	18	7	A13 *S*
Marcel-Toussaint sq.	15	40	N8 *N*
Marcelin-Berthelot pl.	5	43	K14
Marcès villa	11	33	H18-J18
Marchais r. des	19	23	D21
Marché pass. du	10	20	F16 *S*
Marché-aux-Chevaux imp.	5	44	M16
Marché-des-Blancs-Manteaux r. du	4	32	J16 *N*
Marché-des-Patriarches r.	5	44	M15 *N*
Marché-Neuf quai du	4	31	J14 *S*
Marché-Ordener r. du	18	7	B13
Marché-Popincourt r. du	11	33	H18 *N*
Marché-St-Honoré pl. du	1	30-31	G12-G13
Marché-St-Honoré r. du	1	30-18	G12
Marché-Ste-Catherine pl. du	4	33-32	J16-J17
Marco-Polo jardin	6	43	M 13
Mare imp. de la	20	22	G20 *N*
Mare r. de la	20	22	G20-F20
Maréchal-de-Lattre-de-Tassigny pl. du	16	15	F5
Maréchal-Fayolle av. du	16	15-26	F5-G4
Maréchal-Franchet-d'Espérey av. du	16	26	J3
Maréchal-Gallieni av. du	7	29	H10-J10
Maréchal-Harispe r. du	7	28	J8 *N*
Maréchal-Juin pl. du	17	16	D8
Maréchal Lyautey av. du	16	26-38	K3
Maréchal Maunoury av.	16	26	H4-J3
Marengo r. de	1	31	H13
Marguerin r.	14	54	P12 *S*
Marguerite-de-Navarre pl.	1	31	H14
Marguerite-Yourcenar allée	15	28	K7-K8
Margueritte r.	17	16	E8 *N*
Marguettes r. des	12	48	L23 *S*
Maria-Deraismes r.	17	6	B12
Marie cité	17	6	B11
Marie pont	4	32	K16 *N*
Marie-Benoist r.	12	47	L21 *N*
Marie-Blanche imp.	18	7	D13 *N*
Marié-Davy r.	14	54	P12 *S*
Marie-de-Miribel pl.	20	36	J23
Marie-et-Louise r.	10	21	F17 *S*
Marie-Laurencin r.	12	47	M22
Marie-Laurent allée	20	35-47	K22
Marie-Madeleine-Fourcade pl.	15	28	K7-K8
Marie-Pape-Carpantier r.	6	30	K12
Marie-Rose r.	14	54	P12 *S*
Marie-Stuart r.	2	32-31	G15-G14
Marietta-Martin r.	16	27	J5
Marignan pass.	8	17	G9 *N*
Marignan r. de	8	17	G9

Nom	Arrondissement	Plan n°	Repère
Marigny av. de	8	17	G10-F10
Mariniers r. des	14	53	P10 S
Marinoni r.	7	28	J8
Mario-Nikis r.	15	41	K9 S
Mariotte r.	17	18	D11
de Marivaux r.	2	19	F13 S
Marmontel r.	15	40	M8 S
Marmousets r. des	13	44	N15 N
Marne quai de la	19	10	C19-C20
Marne r. de la	19	10	C19
Maroc imp. du	19	9	C17 S
Maroc pl. du	19	9	D17 N
Maroc r. du	19	9	D18-C17
Maronites r. des	20	22	G19-G20
Marronniers r. des	16	27	J5 S
Marseillaise r. de la	19	11	C21-D21
Marseille r. de	10	21	F17 S
Marsollier r.	2	19	G13
Marsoulan r.	12	47	L22
Marteau imp.	18	8	A16
Martel r.	10	20	F15 N
Martignac cité	7	30	J11
de Martignac r.	7	30	H11-J11
Martin-Bernard r.	13	56	P15 S
Martin-Garat r.	20	35	H22-G22
Martin-Nadaud pl.	20	35	G21 S
Martini imp.	10	20	G16-F16
Martinique r. de la	18	8	C16 N
Marty imp.	17	6	B12 N
Martyrs r. des		19	E13-D13
nos 1-67, 2-fin	9		
nos 69-fin	18		
Martyrs Juifs du Vélodrome d'Hiver pl. des	15	28	J7
Marx-Dormoy r.	18	8	D16-C16
Maryse-Bastié r.	13	57	R18 S
Maryse-Hilsz r.	20	36-48	K23
Maspéro r.	16	27-26	H5-H4
Masséna bd	13	58-56	P20-S16
Masséna sq.	13	57	R18
Massenet r.	16	27	J6-H5
Masseran r.	7	41	K10 S
Massif-Central sq. du	12	47	N21-N22
Massillon r.	4	32	J15-K15
Massonnet imp.	18	8	B15
Mathieu imp.	15	41	M10 N
Mathis r.	19	9	C18 N
Mathurin-Moreau av.	19	21-22	E18-E19
Mathurin-Régnier r.	15	41	M9
Mathurins r. des		18	F12-F11
nos 1-21, 2-28	9		
nos 23-fin, 30-fin	8		
Matignon av.	8	17	G10-F10
Maubert imp.	5	32	K15
Maubert pl.	5	32-44	K15
Maubeuge r. de		19-20	E14-D16
nos 1-65, 2-84	9		
nos 67-fin, 86-fin	10		
Maubeuge sq. de	9	19	E14
Maublanc r.	15	40	M8
Mauconseil r.	1	32-31	H15-H14
Maure pass. du	3	32	H15
Maurel pass.	5	45	L17 S
Maurice-Barrès pl.	1	30	G12
Maurice Baumont allée	7	28	J8
Maurice-Berteaux r.	20	24	G23
Maurice-Bouchor r.	14	53	P9-P10
Maurice-Bourdet r.	16	27	K5
Maurice-Chevalier pl.	20	22	G20
Maurice-de-Fontenay pl.	12	46	L20
Maurice-de-la-Sizeranne r.	7	41	K10-L10
Maurice-Denis r.	12	46	L19
Maurice-d'Ocagne av.	14	53	R10 N
Maurice-et-Louis-de Broglie r.	13	45	N17-N18
Maurice Gardette sq.	11	34	H 19
Maurice Genevoix r.	18	8	B16
Maurice-Loewy r.	14	55	P13 S
Maurice-Maignen r.	15	41	M10
Maurice-Noguès r.	14	53	P9 S
Maurice-Quentin pl.	1	31	H14
Maurice-Ravel av.	12	48	M23-L23
Maurice-Ripoche r.	14	42	N11
Maurice-Rollinat villa	19	22	D20 S
Maurice-Rouvier r.	14	53	P10-N9
Maurice-Utrillo r.	18	7	D14 N
Mauvais-Garçons r. des	4	32	J16
Mauves allée des	20	36	J23
Mauxins pass. des	19	23	E22
Max-Ernst r.	20	34	G 20
Max-Hymans sq.	15	41-42	M10-M11
Max-Jacob r.	13	56	S16-R15
Mayenne sq. de la	17	4	C8
Mayet r.	6	42	L11 N
Mayran r.	9	19	E14 S
Mazagran av. de	14	55	S14 S
Mazagran r. de	10	20	F15 S
Mazarine r.	6	31	J13
Mazas pl.	12	45	L17
Mazas voie	12	45	L17
Meaux r. de	19	21-10	E18-D19
Méchain r.	14	43	N14-N13
Médéric r.	17	17	E9-D9
Médicis r. de	6	43	K13-K14
Mégisserie quai de la	1	31	J14 N
Méhul r.	2	19-31	G13
Meilhac r.	15	40	L8
Meissonnier r.	17	17	D9
Mélingue r.	19	22	F20-E20
Melun pass. de	19	21	D18
Ménars r.	2	19	G13 N
Mendelssohn r.	20	36	J23
Ménétriers pass. des	3	32	H15
Ménilmontant bd de		34	H20-G19
nos impairs	11		
nos pairs	20		
Ménilmontant pass. de	11	34	G19 S
Ménilmontant pl. de	20	22	G20 N
Ménilmontant porte de	20	24	F23
Ménilmontant r. de	20	22-23	G19-F21
Mercœur r.	11	34	J19-J20
Mérimée r.	16	15	G6-G5
Merisiers sentier des	12	48	L23 S
Merlin r.	11	34	H20-H19
Meryon r.	16	37	L2
Meslay pass.	3	20	G16
Meslay r.	3	21-20	G17-G16
Mesnil r.	16	15	G6
Messageries r. des	10	20	E15 S
Messidor r.	12	47	M22
Messier r.	14	43	N13
Messine av. de	8	17	E10 S
Messine r. de	8	17	E10 S
Métairie cour de la	20	22	F20

41

n

Nom	Arrondissement	Plan n°	Repère
Navier r.	17	6	B12-B11
Necker r.	4	33	J17
Nélaton r.	15	28	J7-K7
Nemours r. de	11	33	G18 *S*
de Nesle r.	6	31	J13
Neuf pont	1	31	J14
Neuilly av. de	16	15	E6
Neuve-de-la-Chardonnière r.	18	8	B15
Neuve de la Garonne r.	12	46	N20
Neuve-des-Boulets r.	11	34	J20 *S*
Neuve-Popincourt r.	11	33	G18-H18
Neuve-St-Pierre r.	4	33	J17 *S*
Neuve-Tolbiac r.	13	57-58	N19-P18
Néva r. de la	8	16	E8
Nevers imp. de	6	31	J13
Nevers r. de	6	31	J13
New-York av. de	16	28	H8-J7
Newton r.	16	16	F8 *S*
Ney bd	18	9-6	A17-B12
Nicaragua pl. du	17	5-17	D9 *N*
Nice r. de	11	34	J20 *S*
Nicolaï r.	12	47	N21-M21
Nicolas imp.	20	36	J23 *N*
Nicolas Appert r.	11	33	H18
Nicolas-Charlet r.	15	41	L10-M10
Nicolas-Chuquet r.	17	5	C9
Nicolas-Flamel r.	4	32	J15-H15
Nicolas-Fortin r.	13	56	P16 *N*
Nicolas-Houël r.	5	45-44	M17-M16
Nicolas-Roret r.	13	44	N15 *N*
Nicolas-Taunay r.	14	54	R11
Nicolay sq.	17	6	C11 *S*
Nicolet r.	18	7	C14
Nicolo hameau	16	27	H 6-H 5
Nicolo r.	16	27	J6-H5
Niel av.	17	16	E8-D8
Niel villa	17	16	D8 *S*
Niepce r.	14	42	N11
Nieuport villa	13	57	R18 *N*
Niger r. du	12	48	L23
Nil r. du	2	20-32	G15
Nobel r.	18	7	C14
Nocard r.	15	28	J7 *S*
Noël cité	3	32	H15-H16
Noël-Ballay r.	20	48	K23 *S*
Noisiel r. de	16	15	G5 *N*
Noisy-le-Sec r. de		24	F23-E24
n°s 1-47, 2-72	20		
autres n^os impairs	Les Lilas		
autres n^os pairs	Bagnolet		
Nollet r.	17	6	D11-C11
Nollet sq.	17	6	C11
Nollez cité	18	7	B13
Nom-de-Jésus cour du	11	33	K18 *N*
Nonnains-d'Hyères r. des	4	32	J16 *S*
Nord pass. du	19	10-22	D19
Nord r. du	18	8	B15 *S*
Normandie r. de	3	33	H17 *N*
Norvins r.	18	7	C14-C13
Notre-Dame pont	4	32	J15
N.-D.-de-Bonne-Nouvelle r.	2	20	G15-F15
N.-D.-de-Lorette r.	9	19	E13
N.-D.-de-Nazareth r.	3	32-20	G16-G15
N.-D.-de-Recouvrance r.	2	20	G15-F15
N.-D.-des-Champs r.	6	42-43	L12-M13
N.-D.-des-Victoires r.	2	19-31	G14
Nouveau-Belleville sq. du	20	22	G19
Nouveau Conservatoire av. du	19	10	C20
Nouvelle villa	8	16	E8 *S*
Nouvelle-Calédonie r. de la	12	48	M23 *N*
Noyer-Durand r. du	19	11	D21-C21
Nungesser-et-Coli r.	16	37	L2
Nymphéas Villa des	20	24	G23 *N*

O

Nom	Arrondissement	Plan n°	Repère
Oberkampf r.	11	33-34	H17-G19
Observatoire av. de l'		43	L13-M13
n°s 1-27, 2-20	6		
n°s 29-47	5		
n°s 49-fin, 22-fin	14		
Octave-Chanute pl.	20	35	G22
Octave-Feuillet r.	16	27-26	H5-H4
Octave-Gréard av.	7	28	J7
Odéon carr. de l'	6	31	K13 *N*
Odéon pl. de l'	6	31	K13
Odéon r. de l'	6	31	K13
Odessa r. d'	14	42	L11-M12
Odiot cité	8	17	F9
Oise quai de l'	19	10	C19-C20
Oise r. de l'	19	10	C19
Oiseaux r. des	3	32	H16 *N*
Olier r.	15	40	N7 *N*
Olive r. de l'	18	8	C16 *N*
Olivet r. d'	7	42	K11
Olivier-de-Serres pass.	15	40	N8 *N*
Olivier-de-Serres r.	15	40-52	M8-N7
Olivier-Métra r.	20	23	F21
Olivier-Métra villa	20	23	F21
Olivier-Noyer r.	14	54	P11-N11
Omer-Talon r.	11	34	H19
Onfroy imp.	13	56	R16 *N*
Onze-Novembre-1918 pl.	10	20	E16 *S*
Opéra av. de l'		31-19	H13-G13
n°s 1-31, 2-26	1		
n°s 33-fin, 28-fin	2		
Opéra pl. de l'		19-18	F13-F12
n°s 1-3, 2-4	2		
n°s 5, 6-8	9		
Opéra-Louis-Jouvet sq.	9	18	F12
Oradour-sur-Glane r. d'	15	51	P6-N6
Oran r. d'	18	8	C15
Oratoire r. de l'	1	31	H14
d'Orchampt r.	18	7	D13-C13
Orchidées r. des	13	55	R14
Ordener r.	18	8-7	C16-B13
Ordener villa	18	7	B14 *S*
Orfèvres quai des	1	31	J14

Nom	Arrondissement	Plan n°	Repère
Orfèvres r. des	1	31	J14 *N*
Orfila imp.	20	35	G21
Orfila r.	20	35-23	G21-G22
Orgues-de-Flandre allée des	19	9	C18
Orillon r. de l'	11	21-22	G18-F19
Orléans galerie d'	1	31	H13 *N*
Orléans porte d'	14	54	R12
Orléans portiques d'	14	54	N12 *S*
Orléans quai d'	4	32	K16-K15
Orléans sq. d'	9	19	E13
Orléans villa d'	14	54	P12
Orme r. de l'	19	23	E22
Ormeaux r. des	20	35	K21-K22
d'Ormesson r.	4	33-32	J17-J16
Ornano bd	18	8-7	C15-B14
Ornano sq.	18	8	B15 *S*
Ornano villa	18	7	B14 *N*
Orsay quai d'	7	30-29	H11-H9
Orsel cité d'	18	19	D14
Orsel r. d'	18	19	D14
Orteaux imp. des	20	35	J21
Orteaux r. des	20	35-36	J21-J23
Ortolan r.	5	44	L15 *S*
Oscar-Roty r.	15	39-40	L6-M7
Oslo r. d'	18	6	C12-B12
Oswaldo-Cruz r.	16	26	J4
Oswaldo-Cruz villa	16	26	J4
Otages villa des	20	23	F22 *N*
Oudinot imp.	7	30	K11
Oudinot r.	7	42-41	K11-K10
Oudry r.	13	44	M16 *S*
Ouessant r. d'	15	28-40	K8
Ouest r. de l'	14	42-41	M11-N10
Ourcq r. de l'	19	10-9	C19-B18
Ours cour de l'	11	33	K18 *N*
Ours r. aux	3	32	H15 *N*
Ozanam pl.	6	42	L12 *S*

p

Nom	Arrondissement	Plan n°	Repère
Pablo-Casals r.	13	57	N18
Pablo-Picasso pl.	14	42	M12 *N*
Pache r.	11	34	J19-H19
Padirac sq. de	16	26	K3 *N*
Paganini r.	20	36	K23
Paillet r.	5	43	L14 *N*
Paix r. de la	2	18	G12 *N*
Pajol r.	18	8-9	D16-B17
Pajou r.	16	27	J5
Palais bd du		31	J14
nos pairs	1		
nos impairs	4		
Palais-Bourbon pl. du	7	30	H11
Palais Royal jardin du	1	31	G 13
Palais-Royal pl. du	1	31	H13
Palais-Royal-de-Belleville cité du	19	22	E20 *S*
Palatine r.	6	31	K13
Palestine r. de	19	22	F20-E20
Palestro r. de	2	32	G15
Pali-Kao r. de	20	22	G19-F19
Panama r. de	18	8	C15 *S*
Paname galeries de	11	33	H18
Panhard et Levassor quai	13	58	P20-N19
Panier-Fleuri cour du	11	33	K18 *N*
Panoramas pass. des	2	19	F14 *S*
Panoramas r. des	2	19	F14 *S*
Panoyaux imp. des	20	34	G19-G20
Panoyaux r. des	20	22-34	G19-G20
Panthéon pl. du	5	43	L14
Pantin porte de	19	11	C21
Papillon r.	9	20-19	E15-E14
Papin r.	3	32	G15
Paradis cité	10	20	F15 *N*
Paradis r. de	10	20	F16-E15
Paraguay pl. du	16	15	F5 *S*
Parc villa du	19	22	E19 *S*
Parc-de-Charonne chemin du	20	35	H22
Parc-de-Choisy allée du	13	56	P16
Parc-de-Montsouris r. du	14	55	R13
Parc-de-Montsouris villa du	14	55	R13
Parc-de-Passy av. du	16	27	J6
Parc-des-Princes av. du	16	37	L2-M2
Parc-Royal r. du	3	33	J17 *N*
Parchappe cité	11	33	K18 *N*
Parcheminerie r. de la	5	31	K14
Parent-de-Rosan r.	16	38	M3
Parme r. de	9	18	D12 *S*
Parmentier av.		34-21	J19-F17
nos 1-135, 2-150	11		
nos 137-fin, 152-fin	10		
Parnassiens galerie des	14	42	L12-M12
Parrot r.	12	45	L18 *N*
Partants r. des	20	34-35	G20-G21
Parvis-du-Sacré-Cœur pl. du	18	7	D14 *N*
Parvis-Notre-Dame pl. du	4	32	J15-K15
Pas-de-la-Mule r. du		33	J17
nos impairs	4		
nos pairs	3		
Pascal r.		44	M15-N15
nos 1-25, 2-30	5		
nos 27-fin, 32-fin	13		
Pasdeloup pl.	11	33	H17 *N*
Pasquier r.	8	18	F11
Passy cimetière de	16	27	H6
Passy pl. de	16	27	J5 *N*
Passy port de	16	28-27	J7-K6
Passy porte de	16	26	J3 *N*
Passy r. de	16	27	J6-J5
Passy-Plaza galerie	16	27	J5
Pasteur bd	15	41	L10-M10
Pasteur r.	11	33	H18
Pasteur sq.	15	41	L 10
Pasteur-Marc-Bœgner r.	16	27	H6
Pasteur-Wagner r. du	11	33	J17-J18
Pastourelle r.	3	32	H16
Patay r. de	13	57	R18-P18

Nom	Arrondissement	Plan n°	Repère
Plantin pass.	20	22	F20 *S*
Plat-d'Étain r. du	1	31	H14S
Platanes villa des	18	19	D13
Plateau pass. du	19	22	E20
Plateau r. du	19	22	E20-E19
Platon r.	15	41	M10 *S*
Plâtre r. du	4	32	H16-H15
Plâtrières r. des	20	22-34	G20
Plélo r. de	15	40-39	M7-M6
Pleyel r.	12	46	M20
Plichon r.	11	34	H20
Plumet r.	15	41	M9
Poinsot r.	14	42	M11 *N*
Point-du-jour porte du	16	38	M3
Point-Show galerie	8	17	F9 *S*
Pointe sentier de la	20	35	J22
Pointe-d'Ivry r. de la	13	57	R17
Poirier villa	15	41	L9
Poirier-de-Narçay r.	14	54	R12-R11
Poissonnerie imp. de la	4	33	J17
Poissonnière bd		19	F14 *S*
nᵒˢ impairs	2		
nᵒˢ pairs	9		
Poissonnière r.	2	20	G15-F15
Poissonnière villa	18	8	D15 *N*
Poissonniers porte des	18	8	A15 *S*
Poissonniers r. des	18	8	D15-B15
Poissy r. de	5	44	K15
Poitevins r. des	6	31	K14 *N*
Poitiers r. de	7	30	H12-J12
Poitou r. de	3	33-32	H17-H16
Pôle-Nord r. du	18	7	B13
Poliveau r.	5	44	M16
Pologne av. de	16	15	G5 *N*
Polonceau r.	18	8	D15
Pomereu r. de	16	15	G5
Pommard r. de	12	46	N20-M19
Pompe r. de la	16	27-15	J5-F6
Ponceau pass. du	2	20-32	G15
Ponceau r. du	2	32	G15
Poncelet pass.	17	16	E8 *N*
Poncelet r.	17	16	E8
Pondichéry r. de	15	28-40	K8
Poniatowski bd	12	58-47	P20-N22
Ponscarme r.	13	57	P17 *S*
Pont-à-Mousson r. de	17	6	A11 *S*
Pont-aux-Biches pass. du	3	20-32	G16
Pont-aux-Choux r. du	3	33	H17
Pont-de-Lodi r. du	6	31	J14 *S*
Pont-Louis-Philippe r. du	4	32	J16
Pont-Mirabeau rd-pt du	15	39	L5 *N*
Pont-Neuf pl. du	1	31	J14
Pont-Neuf r. du	1	31	H14 *S*
Ponthieu r. de	8	17	F10-F9
Pontoise r. de	5	32-44	K15
Popincourt cité	11	33	H18
Popincourt imp.	11	33	H18
Popincourt r.	11	34-33	J19-H18
Port-au-Prince pl. de	13	57	S17 *N*
Port-Mahon r. de	2	19	G13 *N*
Port-Royal bd de		44-43	M15-M13
nᵒˢ 1-93	13		
nᵒˢ 95-fin	14		
nᵒˢ pairs	5		
Port-Royal sq. de	13	43	M14 *S*
Port-Royal villa de	13	43	M14 *S*
Portalis r.	8	18	E11

Nom	Arrondissement	Plan n°	Repère
Pte-Brancion av. de la	15	52	P8
Pte-Brunet av. de la	19	23	D21
Pte-Chaumont av. de la	19	11	D21 *N*
Pte-d'Asnières av. de la	17	5-4	C9-B8
Pte-d'Aubervilliers av.		9	A18
nᵒˢ impairs	18		
nᵒˢ pairs	19		
Pte-d'Auteuil av. de la	16	37	K2-K1
Pte-d'Auteuil pl. de la	16	38	K3 *S*
Pte-de-Bagnolet av. de la	20	36	G23 *S*
Pte-de-Bagnolet pl. de la	20	36	G23-H23
Pte-de-Champerret av. de la	17	3-4	D7-D6
Pte-de-Champerret pl.	17	4	D7 *N*
Pte-de-Charenton av. de la	12	59	N21-P22
Pte-de-Châtillon av. de la	14	54-53	R11-R10
Pte-de-Châtillon pl. de la	14	54	R11 *N*
Pte-de-Choisy av. de la	13	57	S17
Pte-de-Clichy av. de la	17	5	B10
Pte-de-Clignancourt av.	18	7	A14
Pte-de-la-Chapelle av.	18	8	A16
Pte-de-la-Plaine av. de la	15	52	P7
Pte-de-la-Villette av. de la	19	10	A20
Pte-de-Ménilmontant av.	20	24	F23 *S*
Pte-de-Montmartre av.	18	7	A13
Pte-de-Montreuil av. de la	20	36	J23 *S*
Pte-de-Montreuil pl. de la	20	36	J23 *S*
Pte-de-Montrouge av.	14	54	R11
Pte-de-Pantin av. de la	19	11	C21
Pte-de-Pantin pl. de la	19	11	C21
Pte-de-Passy pl. de la	16	26	J3 *N*
Pte-de-Plaisance av.	15	52	P8
Pte-de-Sèvres av. de la	15	39	N5
Pte-de-St-Cloud av. de la	16	37	M2
Pte-de-St-Cloud pl. de la	16	37-38	M2-M3
Pte-de-St-Ouen av. de la		6	A12
nᵒˢ impairs	17		
nᵒˢ pairs	18		
Pte-de-Vanves av. de la	14	53	P9-R9
Pte-de-Vanves pl. de la	14	53	P9 *S*
Pte-de-Vanves sq. de la	14	53	P9-R9
Pte-de-Versailles pl.	15	40-52	N7 *S*
Pte-de-Villiers av. de la	17	3-15	D6
Pte-de-Vincennes av.		48	L24-L23
nᵒˢ 2-24, 143-151	12		
nᵒˢ 1-23, 198	20		
Pte-de-Vitry av. de la	13	58	R19
Pte-des-Lilas av. de la		23-24	E22-E23
nᵒˢ impairs	19		
nᵒˢ pairs	20		
Pte-des-Poissonniers av.	18	8	A15
Pte-des-Ternes av. de la	17	15	D6 *S*
Pte-Didot av. de la	14	53	P10 *S*
Pte-d'Issy r. de la	15	39	N6
Pte-d'Italie av. de la	13	56	S16
Pte-d'Ivry av. de la	13	57	S18-R17
Porte-Dorée villa de la	12	47	N22
Pte-d'Orléans av. de la	14	54	R12 *S*
Pte-du-Pré-St-Gervais av. de la	19	23	E22-D22
Pte-Maillot pl. de la	16	15	E6
Pte-Molitor av. de la	16	37	L2
Pte-Molitor pl. de la	16	37-38	L2-L3
Pte-Pouchet av. de la	17	6	B11-A11
Portefoin r.	3	32	H16 *N*
Portes-Blanches r. des	18	8	C15 *N*
Portugais av. des	16	16	F7 *S*
Possoz pl.	16	27	H5 *S*

q

r

Nom	Arr.	Plan n°	Repère
Rabelais r.	8	17	F10 *S*
Racan sq.	16	38	K3
Rachel av.	18	18-6	D12
Racine imp.	16	38	L3 *S*
Racine r.	6	31-43	K14-K13
Radziwill r.	1	31	G13 *S*
Raffaëlli r.	16	37	L2 *S*
Raffet imp.	16	26	K4
Raffet r.	16	26	K4-K3
Raguinot pass.	12	46	L19
Rambervillers r. de	12	47	M22 *N*
Rambouillet r. de	12	45-46	L18-L19
Rambuteau r.		32-31	H16-H14
n°s 1-73	4		
n°s 2-66	3		
n°s 75-fin, 68-fin	1		
Rameau r.	2	19	G13
Ramey pass.	18	7-8	C14-C15
Ramey r.	18	8-7	C15-C14
Rampal r.	19	22	F19
Rampon r.	11	33	G17
Ramponeau r.	20	22	F19
Ramus r.	20	35	H21
Rançon imp.	20	35	J22
Ranelagh av. du	16	26	J4 *N*
Ranelagh jardin du	16	26	H 4-J 4
Ranelagh r. du	16	27-26	K6-J4
Ranelagh sq. du	16	26	J4
Raoul r.	12	47	M21
Raoul-Dautry pl.	15	42	M11 *N*
Raoul-Dufy r.	20	34	G20
Raoul-Follereau pl.	10	21	E17
Rapée port de la	12	45	M18-L17
Rapée quai de la	12	45	M18-L17
Raphaël av.	16	26	H4-J4
Rapp av.	7	28	H8-J8
Rapp sq.	7	28	J8 *N*
Raspail bd		30-42	J12-N12
n°s 1-41, 2-46	7		
n°s 43-147, 48-136	6		
n°s 201-fin, 202-fin	14		
Rasselins r. des	20	36	J23
Rataud r.	5	43	L14-M14
Rauch pass.	11	34	J19 *S*
Ravignan r.	18	7	D13 *N*
Raymond Aron r.	13	45	N18
Raymond-Losserand r.	14	42-53	M11-P9
Raymond-Pitet r.	17	4	C8
Raymond-Poincaré av.	16	27-15	H6-F6
Raymond-Queneau r.	18	8	B16
Raymond-Radiguet r.	19	9	B18-C18
Raynouard r.	16	27	J6-K5
Raynouard sq.	16	27	J6 *N*
Réaumur r.		32-19	G16-G14
n°s 1-49, 2-72	3		
n°s 51-fin, 74-fin	2		
Rébeval r.	19	21-22	F18-F19
Récamier r.	7	30	K12 *N*
Récollets pass. des	10	20	F16 *N*
Récollets r. des	10	21-20	F17-F16
Recteur-Poincaré av. du	16	27-26	K5-J4
Reculettes r. des	13	56	N15 *S*
Redon r.	17	4-5	C8-C9
Refuzniks allée des	7	28	J7
Regard r. du	6	42	K12 *S*
Régis r.	6	42	K11 *S*
Réglises r. des	20	36	J23 *S*
Regnard r.	6	31-43	K13
Regnault r.	13	58-57	P19-R17
Reilhac pass.	10	20	F15-F16
Reille av.	14	55	P14-R13
Reille imp.	14	55	P14-P13
Reims bd de	17	4	C8
Reims r. de	13	57	P18
Reine cours la	8	30-29	G11-G10
Reine-Astrid pl. de la	8	29	G9 *S*
Reine-Blanche r. de la	13	44	M15-N15
Reine-de-Hongrie pass. de la	1	31	H14 *N*
Rembrandt r.	8	17	E9
Rémi-Belleau villa	19	10	D19
de Rémusat r.	16	39-38	K5-K4
Rémy-de-Gourmont r.	19	22-21	E19-E18
Remy-Dumoncel r.	14	55-54	P13-P12
Renaissance r. de la	8	29-17	G9
Renaissance villa de la	19	23	E21 *N*
Renard r. du	4	32	J15-H15
Renaudes r. des	17	16	E8-D8
Rendez-vous cité du	12	47	L22
Rendez-vous r. du	12	47	L22
René-Bazin r.	16	26	J4-K4
René-Binet r.	18	7	A14-A13
René-Boulanger r.	10	20	G16 *N*
René-Boylesve av.	16	27	J6
René-Cassin pl.	1	31	H14
René-Coty av.	14	43-55	N13-R13
René-Fonck av.	19	24	E23
René-le-Gall sq.	13	56	N 15
René-Panhard r.	13	44	M16
René-Villermé r.	11	34	H20
Rennequin r.	17	16	E8-D8
Rennes r. de	6	31-42	J13-L11
Repos r. du	20	34	J20-H20
République av. de la	11	33-34	G17-H20
République pl. de la		21-33	G17
n°s impairs	3		
n°s 2-10	11		
n°s 12-16	10		
République-de-l'Équateur pl. de la	8	17	E9
République-Dominicaine pl. de la		17	E9 *N*
n°s impairs	8		
n°s pairs	17		
Résal r.	13	57	P18 *S*
Résistance pl. de la	7	28	H8
Retiro cité du	8	18	G11 *N*
Retrait pass. du	20	23	G21 *N*
Retrait r. du	20	23-35	G21
Reuilly bd de	12	46-47	M20-M21
Reuilly porte de	12	47	N22
Reuilly r. de	12	46-47	K20-M21

Nom	Arrondissement	Plan n°	Repère
Réunion pl. de la	20	35	J22
Réunion r. de la	20	35	K22-J21
Réunion villa de la	16	38	L4 *S*
Reynaldo-Hahn r.	20	36-48	K23
Rhin r. du	19	22	D19
Rhin-et-Danube pl. de	19	23	D21 *S*
Rhône sq. du	17	4	C8
Ribera r.	16	26	K4
Riberolle villa	20	35	J21 *N*
Ribet imp.	15	40	L8 *N*
Riblette r.	20	35	H22 *S*
Ribot cité	11	22-34	G19
Riboutté r.	9	19	E14 *S*
Ricaut r.	13	56	P16 *N*
Richard imp.	15	41	N9
Richard-Baret pl.	17	18	D11
Richard-de-Coudenhove-Kalergi pl.	16	16	F8
Richard-Lenoir bd	11	33	J17-G17
Richard-Lenoir r.	11	34	J19
Richelieu pass. de	1	31	G13-H13
Richelieu r. de		31-19	H13-F14
n°ˢ 1-53, 2-56	1		
n°ˢ 55-fin, 58-fin	2		
Richemond r. de	13	57	P17
Richepance r.		18	G11-G12
n°ˢ impairs	8		
n°ˢ pairs	1		
Richer r.	9	20-19	F15-F14
Richerand av.	10	21	F17
Richomme r.	18	8	D15 *N*
Ridder r. de	14	53	N10 *S*
Riesener r.	12	46	L 20 *S*
Rigny r. de	8	18	F11 *N*
Rigoles r. des	20	23-22	F21-F20
Rimbaud villa	19	22	D20 *S*
Rimbaut pass.	14	54	P12 *N*
Rimski-Korsakov allée	18	9	B17
Rio-de-Janeiro pl. de	8	17	E10
Riquet r.		9-8	C18-C16
n°ˢ 1-53, 2-64	19		
n°ˢ 65-fin, 66-fin	18		
Riverin cité	10	20	F16-G16
Rivoli r. de		32-30	J16-G11
n°ˢ 1-39, 2-96	4		
n°ˢ 41-fin, 98-fin	1		
Robert imp.	18	7	B13
Robert-Blache r.	10	21	E17
Robert-Cavelier-de-la-Salle jardin	6	43	L 13
Robert-de-Flers r.	15	27-39	K6
Robert-Desnos pl.	10	21	E17
Robert-Esnault-Pelterie r.	7	29	H10
Robert-Estienne r.	8	17	G9 *N*
Robert et Sonia Delaunay r.	11	35	J21
Robert-Etlin r.	12	58	P20
Robert-Fleury r.	15	40	L8
Robert-Houdin r.	11	21	F18 *S*
Robert-Le-Coin r.	16	27	J5 *S*
Robert-Lindet r.	15	40	N8
Robert-Lindet villa	15	40	N8
Robert-Planquette r.	18	19	D13
Robert-Schuman av.	7	29	H9
Robert-Schuman sq.	16	14	G4-G5
Robert-Turquan r.	16	26	K4 *N*
Roberval r.	17	6	B11
Robiac sq. de	7	29	J9 *N*

Nom	Arrondissement	Plan n°	Repère
Robineau r.	20	35	G21 *S*
Robiquet imp.	6	42	L12 *S*
Rocamadour sq. de	16	26	K3 *N*
Rochambeau pl.	16	28	G8 *S*
Rochambeau r.	9	19	E14
Rochebrune pass.	11	34	H19
Rochebrune r.	11	34	H19
de Rochechouart bd		20-19	D15-D14
n°ˢ impairs	9		
n°ˢ pairs	18		
de Rochechouart r.	9	19	E14-D14
Rocher r. du	8	18	E11
Rockfeller av.	14	55	S14-R13
Rocroy r. de	10	20	E15-D15
Rodenbach allée	14	43	N13
Rodier r.	9	19	E14-D14
Rodin av.	16	27	H5 *N*
Rodin pl.	16	26	J4 *S*
Roger r.	14	42	N12 *N*
Roger-Bacon r.	17	16	D7 *S*
Roger-Bissière r.	20	35	J22
Roger-Verlomme r.	3	33	J17
Rohan cour de	6	31	K13 *N*
Rohan r. de	1	31	H13 *N*
Roi-d'Alger pass. du	18	8	B15
Roi-d'Alger r. du	18	7-8	B14-B15
Roi-de-Sicile r. du	4	32	J16
Roi-Doré r. du	3	33	H17 *S*
Roi-François cour du	2	32	G15
Roland-Dorgelès carr.	18	7	C13-C14
Roland-Garros sq.	20	24-36	G23
Roli r.	14	55	R14 *S*
Rolleboise imp.	20	35	J21-K21
Rollin r.	5	44	L15
Romain-Rolland bd	14	54-53	S12-R10
Romainville r. de	19	23	E21-E22
Rome cour de	8	18	E11 *S*
Rome r. de		18-5	F12-C10
n°ˢ 1-73, 2-82	8		
n°ˢ 75-fin, 84-fin	17		
Rondeaux pass. des	20	35	G21 *S*
Rondeaux r. des	20	35	H21-G21
Rondelet r.	12	46	L20 *N*
Rondonneaux r. des	20	35	H21 *N*
Ronsard r.	18	7	D14 *N*
Ronsin imp.	15	41	L10 *S*
Roquépine r.	8	18	F11
Roquette cité de la	11	33	J18
Roquette r. de la	11	33-34	J18-H20
Rosa-Bonheur r.	15	41	L10-L9
Rosenwald r.	15	41-53	N9
Roses r. des	18	9-8	B17-B16
Roses villa des	18	8	B16 *S*
Rosière r. de la	15	40	L7
Rosiers r. des	4	32	J16
Rosny-Aîné sq.	13	56	S16
Rossini r.	9	19	F14-F13
Rothschild imp.	18	6	C12 *S*
Rotrou r.	6	43	K13 *S*
Rottembourg r.	12	47-48	M22-23
Roubaix pl. de	10	20	E15
Roubo r.	11	34-46	K20
Rouelle r.	15	28-40	K7
Rouen r. de	19	9	C18 *S*
Rouet imp. du	14	54	P12 *N*
Rougemont cité	9	19	F14
Rougemont r.	9	19	F14

Nom	Arrondissement	Plan n°	Repère
Rouget-de-l'Isle r.	1	30	G12 *S*
Roule r. du	1	31	H14 *S*
Roule sq. du	8	16	E8 *S*
Rousselet r.	7	42	K11 *S*
Rouvet r.	19	10	B20-B19
Rouvray av. de	16	38	L4-L3
Roux imp.	17	16	D8 *S*
Roy r.	8	18	F11 *N*
Royal pont	1	30	H12 *S*
Royale galerie	8	18	G11
Royale r.	8	30-18	G11

Nom	Arrondissement	Plan n°	Repère
Royer-Collard imp.	5	43	L14
Royer-Collard r.	5	43	L14
Rubens r.	13	44	N16
Rude r.	16	16	F7 *N*
Ruelle pass.	18	8	C16 *S*
Ruhmkorff r.	17	15	D6 *S*
Ruisseau r. du	18	7	C13-B14
Rungis pl. de	13	55	R14
Rungis r. de	13	55	R14
Rutebeuf pl.	12	46	L19
Ruysdaël av.	8	17	E10

S

Nom	Arrondissement	Plan n°	Repère
Sablière r. de la	14	54	N12-N11
Sablons r. des	16	27	G6-H6
Sablonville r. de	15		E6-E5
n°s 1-4	17		
autres n^os	Neuilly-s-Seine		
Sabot r. du	6	30	K12 *N*
Sacré-Cœur cité du	18	7	C14 *S*
Sadi-Carnot villa	19	23	E21 *N*
Sadi-Lecointe r.	19	21	E18 *N*
Sahel r. du	12	47-48	M22-M23
Sahel villa du	12	47	M22 *N*
Saïd villa	16	15	F6-F5
Saïda r. de la	15	52	N7-N8
Saïgon r. de	16	16	F7 *N*
Saillard r.	14	54	N12 *S*
St-Alphonse imp.	14	54	R12
Saint-Amand r.	15	41	N9
St-Ambroise pass.	11	34-33	H19-H18
St-Ambroise r.	11	33-34	H18-H19
St-André-des-Arts pl.	6	31	K14 *N*
St-André-des-Arts r.	6	31	J14-J13
Saint-Ange pass.	17	6	B12 *N*
Saint-Ange villa	17	6	B12 *N*
St-Antoine pass.	11	33	K18 *N*
St-Antoine r.	4	33-32	J17-J16
St-Augustin pl.	8	18	F11 *N*
St-Augustin r.	2	19	G13 *N*
St-Benoît r.	6	31	J13 *S*
St-Bernard pass.	11	34	K19
St-Bernard port	5	45-44	L17-K16
St-Bernard quai	5	45-44	L17-K16
St-Bernard r.	11	34	K19
St-Blaise pl.	20	35	H22 *S*
St-Blaise r.	20	35-36	H22-J23
St-Bon r.	4	32	J15 *N*
St-Bruno r.	18	8	D16-D15
St-Charles pl.	15	40	K7 *S*
St-Charles rd-pt	15	39	L6-M6
St-Charles r.	15	28-39	K7-M5
St-Charles sq.	12	46	L20 *N*
St-Charles villa	15	39	L6 *N*
St-Chaumont cité	19	21	F18-E18
St-Christophe r.	15	39	L5-L6
St-Claude imp.	3	33	H17 *S*
St-Claude r.	3	33	H17 *S*
St-Cloud porte de	16	37	M2-N2

Nom	Arrondissement	Plan n°	Repère
St-Denis bd		20	G16-G15
n°s 1-9	3		
n°s 11-fin	2		
n^os pairs	10		
St-Denis imp.	2	32	G15 *S*
St-Denis r.		31-20	J14-G15
n°s 1-133, 2-104	1		
n°s 135-fin, 106-fin	2		
St-Didier r.	16	28-27	G7-G6
St-Dominique r.	7	30-28	J11-J8
St-Eleuthère r.	18	7	D14 *N*
St-Eloi cour	12	46	L20 *N*
St-Esprit cour du	11	34	K19
St-Etienne-du-Mont r.	5	44	L15 *N*
St-Eustache imp.	1	31	H14 *N*
Saint-Exupéry quai	16	38	M4-N3
St-Fargeau pl.	20	23	F22 *S*
St-Fargeau r.	20	23-24	F21-F23
St-Ferdinand pl.	17	16	E7
St-Ferdinand r.	17	16-15	E7-E6
St-Fiacre imp.	4	32	H15 *S*
St-Fiacre r.	2	19	G14-F14
St-Florentin r.		30-18	G11
n^os pairs	1		
n^os impairs	8		
St-François imp.	18	7	B14 *N*
St-Georges pl.	9	19	E13
St-Georges r.	9	19	F13-E13
St-Germain bd		44-30	K16-H11
n°s 1-73, 2-100	5		
n°s 75-175, 102-186	6		
n°s 177-fin, 188-fin	7		
St-Germain-des-Prés pl.	6	31	J13 *S*
St-Germain-l'Auxerrois r.	1	31	J14 *N*
St-Gervais pl.	4	32	J15
St-Gilles r.	3	33	J17 *N*
St-Gothard r. du	14	55	P13
St-Guillaume r.	7	30	J12
St-Hippolyte r.	13	44-43	N15-N14
St-Honoré r.		31-18	H14-G11
n°s 1-271, 2-404	1		
n°s 273-fin, 406-fin	8		
St-Honoré-d'Eylau av.	16	15-27	G6
St-Hubert r.	11	34	H19 *N*
St-Hyacinthe r.	1	30	G12 *S*
St-Irénée sq.	11	33	H18
St-Jacques bd	14	43-55	N14-N13
St-Jacques pl.	14	43	N13

Nom	Arrondissement	Plan n°	Repère
Sigmund-Freud r.	19	11-23	D21-D22
Silvestre-de-Sacy av.	7	28	H8-J8
Simart r.	18	8-7	C15-C14
Simon-Bolivar av.	19	22-21	F19-E18
Simon-Dereure r.	18	7	C13
Simon-le-Franc r.	4	32	H15 S
Simone-Weil r.	13	57	R17
Simonet r.	13	56	P15
Simplon r. du	18	8-7	B15-B14
Singer pass.	16	27	J5
Singer r.	16	27	J5
Singes pass. des	4	32	J16 N
Sisley r.	17	5	C9
Sivel r.	14	42	N12
Skanderbeg pl.	19	9	A18
Sœur-Catherine-Marie r.	13	55	P14
Sœur-Rosalie av. de la	13	56	N15 S
Sofia r. de	18	20	D15
Soissons r. de	19	9	D18 N
Soleil r. du	20	23	F21 N
Soleil-d'Or cour du	15	41	M9 N
Soleillet r.	20	34-35	G20-G21
Solférino port de	7	30	H12-H11
Solférino r. de	7	30	H11 S
Solidarité r. de la	19	22-23	D20-21
Solitaires r. des	19	22	E20
Somme bd de la	17	4	C7-D7
Sommeiller villa	16	38	M3 S
du Sommerard r.	5	32-31	K15-K14
Sommet-des-Alpes r. du	15	53	P9 N
Sontay r. de	16	15	F6 S
Sophie-Germain r.	14	54	P12-N12
Sorbier r.	20	22-35	G20-G21
Sorbonne pl. de la	5	43	K14 S
Sorbonne r. de la	5	43	K14 S
Souchet villa	20	23-35	G22
Souchier villa	16	27	H5 N
Soudan r. du	15	28-40	K8
Soufflot r.	5	43	L14 N
Souhaits imp. des	20	35	J21 S
Souham pl.	13	57	P17
Soult bd	12	47-48	N22-L23
Soupirs pass. des	20	23	G21 N
Source r. de la	16	26	K4
Sourdis ruelle	3	32	H16

Nom	Arrondissement	Plan n°	Repère
Souvenir Français esplanade du	7	29	K10
Souzy cité	11	34	K20
Spinoza r.	11	34	H20 N
Spontini r.	16	15-27	F5-G5
Spontini villa	16	15	G5
Square av. du	16	38	K4-K3
Square-Carpeaux r. du	18	7-6	B13-B12
de Staël r.	15	41	L9-L10
Stanislas r.	6	42	L12 S
Stanislas-Meunier r.	20	24	G23 N
Station sentier de la	19	10	B19
Steinkerque r. de	18	19	D14
Steinlen r.	18	7	C13
Stemler cité	19	21	F18-E18
Stendhal pass.	20	35	H22
Stendhal r.	20	35	H22
Stendhal villa	20	35	H22
Stéphane-Mallarmé av.	17	4	C7-D7
Stéphen-Pichon av.	13	44	N16 S
Stephenson r.	18	8	D16-C16
Sthrau r.	13	57	P17
Stinville pass.	12	46	L20
Stockholm r. de	8	18	E11 S
Strasbourg bd de	10	20	G15-E16
Stuart-Merrill pl.	17	4	D7 N
Suchet bd	16	26-38	H4-K3
Sud pass. du	19	22	D19
Suez imp.	20	35	J22 N
Suez r. de	18	8	C15 S
de Suffren av.		28-41	J7-L9
n°s 1-143 bis	7		
n°s 145-fin, n°s pairs	15		
de Suffren port	7	28	H7-J7
Suger r.	6	31	K14 N
Suisses r. des	14	53	N10-P10
Sully ponts de	4	32-44	K16
de Sully r.	4	33	K17
Sully-Prudhomme av.	7	29	H9
Surcouf r.	7	29	H9
Surène r. de	8	18	F11 S
Surmelin pass. du	20	23	G22-F22
Surmelin r. du	20	23-24	G22-F23
Suzanne-Valadon pl.	18	19	D14
Sycomores av. des	16	26-38	K3

t

Nom	Arrondissement	Plan n°	Repère
Tacherie r. de la	4	32	J15
Taclet r.	20	23	F21 S
Tage r. du	13	56	R16
Tagore r.	13	56	R16
Taillade av.	20	23	F21 N
Taillandiers pass. des	11	33	J18 S
Taillandiers r. des	11	33	J18 S
Taillebourg av. de	11	47	K21
Taine r.	12	46-47	M20-21
Taitbout r.	9	19	F13-E13
Taïti r. de	12	47	M21-22
de Talleyrand r.	7	29	H10-J10
Talma r.	16	27	J5 N

Nom	Arrondissement	Plan n°	Repère
Talus imp. du	18	7	B13 N
Tandou imp.	19	10	D19 N
Tandou r.	19	10	D19 N
Tanger r. de	19	9	D17-C18
Tanneries r. des	13	43	N14
Tapisseries r. des	17	5	C9
Tarbé r.	17	5	D10-C10
Tardieu r.	18	19	D14
Tarn sq. du	17	4	C8
Tattegrain pl.	16	26-27	H4-H5
Taylor r.	10	20	G16-F16
Tchaikovski r.	18	9	B17
Téhéran r. de	8	17	E10
Télégraphe pass. du	20	23	F21

Nom	Arrondissement	Plan n°	Repère
Télégraphe r. du	20	23	F22-F21
Temple bd du		33	H17-G17
n°ˢ impairs	3		
n°ˢ pairs	11		
Temple r. du		32-33	J15-G17
n°ˢ 1-63, 2-58	4		
n°ˢ 65-fin, 60-fin	3		
Temple sq. du	3	32	G 16
Tenaille pass.	14	42	N11-N12
Tennis r. des	18	6	B12
Ternaux r.	11	33	H18-G18
Ternes porte des	17	15	E6
Ternes r. des	17	16	E7-D7
Ternes villa des	17	16	D7-E7
Ternes av. des	17	16-15	E8-E6
Ternes pl. des		16	E8
n°ˢ impairs, n° 6	17		
n°ˢ pairs (sauf le 6)	8		
Terrage r. du	10	21-20	E17-E16
Terrasse r. de la	17	17	D10 S
Terrasse villa de la	17	17	D10
la Terrasse du Parc	19	10	B 20
Terre-Neuve r. de	20	35	J21-J22
Terres-au-Curé r. des	13	57	R18 N
Terroirs de France av. des	12	58	N20
Tertre imp. du	18	7	C14 S
Tertre pl. du	18	7	D14 N
Tessier r.	15	41	M9
Tesson r.	10	21	F18 S
Texel r. du	14	42	M11-N11
Thann r. de	17	17	E9-D10
Théâtre r. du	15	39-40	K6-L8
Thénard r.	5	31-43	K14
Théodore-de-Banville r.	17	16	D8 S
Théodore-Deck r.	15	40	M7 S
Théodore-Deck villa	15	40	M7 S
Théodore-Deck prolongée r.	15	40	M7 S
Théodore-Hamont r.	12	47	N21
Théodore-Judlin sq.	15	40	K8 S
Théodore-Rivière pl.	16	38	L4 N
Théodore-Rousseau av.	16	26	J4 S
Théodule-Ribot r.	17	16	E8
Théophile-Gautier av.	16	27-38	K5-K4
Théophile-Gautier sq.	16	38	K4-L4
Théophile-Roussel r.	12	46-45	K19-K18
Théophraste-Renaudot r.	15	40	L8-M8
Thérèse r.	1	31	G13
Thermopyles r. des	14	42-54	N11 S
Thibaud r.	14	54	P12 N
Thiboumery r.	15	41	N9 N
Thiéré pass.	11	33	K18-J18
Thierry-de-Martel bd.	16	15	E5-E6
Thiers r.	16	27	G5
Thiers sq.	16	27	G5
Thimerais sq. du	17	4	C8 S
Thimonnier r.	9	20-19	E15-E14
Thionville pass. de	19	10	C19 S
Thionville r. de	19	10	C19-C20
Tholozé r.	18	7	D13-C13
Thomire r.	13	56	S15 N
Thomy-Thierry allée	7	28	J8
Thorel r.	2	20	G15-F15
Thoréton villa	15	39	M6 S
de Thorigny pl.	3	33	H17 S
de Thorigny r.	3	33	H17 S
Thorins r. de	12	46	N20

Nom	Arrondissement	Plan n°	Repère
Thouin r.	5	44	L15
Thuré cité	15	40	L8
Thureau-Dangin r.	15	52	P7 N
Tibre r. du	13	56	R16
Tilleuls av. des	16	26	K3
Tilsitt r. de		16	F8-F7
n°ˢ 1-5, 2-14	8		
n°ˢ 7-11, 16-34	17		
Tino-Rossi jardin	5	44-45	K 18-L 17
Tiphaine r.	15	40	K8 S
Tiquetonne r.	2	32-31	G15-G14
Tiron r.	4	32	J16
Tisserand r.	15	39	M6
Titien r.	13	44	N16 N
Titon r.	11	34	K20
Tlemcen r. de	20	34	H20-G20
de Tocqueville r.	17	17-5	D10-C9
de Tocqueville sq.	17	5	C9 S
Tolain r.	20	35	K22
Tolbiac pont de	12	46	N19
Tolbiac port de	13	58	P20-N19
Tolbiac r. de	13	55-57	P14-P18
Tolstoï sq.	16	26	K3 N
Tombe-Issoire r. de la	14	55-54	N13-R12
Tombouctou r. de	18	20	D16
de Torcy pl.	18	8	C16 N
de Torcy r.	18	9-8	C17-C16
Torricelli r.	17	16	E7-D7
Toul r. de	12	47	M22
Toullier r.	5	43	L14 N
Toulouse r. de	19	11	D21 N
Toulouse-Lautrec r.	17	6	A12
Tour r. de la	16	27	H6-H5
Tour villa de la	16	27	H5 N
Tour-de-Vanves pass. de la	14	42	N11
Tour-des-Dames r. de la	9	19	E13
Tourelles pass. des	20	23	F22 N
Tourelles r. des	20	23	F22 N
Tourlaque r.	18	7	C13 S
Tournefort r.	5	44	L15-M15
Tournelle pont de la	4	32	K16
Tournelle port de la	5	44-32	K16-K15
Tournelle quai de la	5	44-32	K16-K15
Tournelles r. des		33	J17
n°ˢ 1-29 2-44	4		
n°ˢ 31-fin, 46-fin	3		
Tourneux imp.	12	47	M21 S
Tourneux r.	12	47	M21 S
Tournon r. de	6	31-43	K13
Tournus r.	15	40	L7 N
Tourtille r. de	20	22	F19
de Tourville av.	7	29	J10-J9
Toussaint-Féron r.	13	56	P16 S
Toustain r.	6	31	K13 N
de Tracy r.	2	20	G15
Traëger cité	18	8	B15
Traktir r. de	16	16	F7
Transvaal r. du	20	22	F20
Traversière r.	12	45	L17-K18
Treilhard r.	8	17	E10 S
Trésor r. du	4	32	J16
de Trétaigne r.	18	7	C14-B14
de Trévise cité	9	19	F14-E14
de Trévise r.	9	19	F14-E14
Trinité pass. de la	2	32	G15 S

55

Nom	Arrondissement	Plan n°	Repère
Trinité r. de la	9	18	E12
Tristan-Bernard pl.	17	16	E7
Tristan-Tzara r.	18	9	B17
Trocadéro jardins du	16	28	H 7
Trocadéro sq. du	16	27	H6
Trocadéro et	16	27-28	H6-H7
Onze-Novembre pl. du			
Trois-Bornes cité des	11	33-21	G18
Trois-Bornes r. des	11	33-21	G18
Trois-Couronnes r. des	11	21-33	G18
Trois Couronnes villa des	20	22	G19
Trois-Frères cour des	11	33	K18 N
Trois-Frères r. des	18	19-7	D14-D13
Trois-Portes r. des	5	32	K15
Trois-Sœurs imp. des	11	33	J18 N
Trolley-de-Prévaux r.	13	57	P18
Tronchet r.		18	F12
nos impairs, 2-26	8		
nos 28-fin	9		
Trône av. du		47	K21 S
nos impairs	11		
nos pairs	12		
Trône pass. du	11	47	K21 S
Tronson-du-Coudray r.	8	18	F11

Nom	Arrondissement	Plan n°	Repère
Trousseau r.	11	34	K19
Troyon r.	17	16	E8 S
Trubert-Bellier pass.	13	56	R15 N
Trudaine av.	9	19	D14-E14
Trudaine sq.	9	19	E14
Truffaut r.	17	6-5	D11-C10
Truillot imp.	11	33	H18
Tuileries jardin des	1	30	H 12
Tuileries port des	1	30	H12-H11
Tuileries quai des	1	31-30	H13-H11
Tulipes villa des	18	7	B14 N
Tunis r. de	11	35-47	K21
Tunisie av. de la	14	55	R13
Tunnel r. du	19	22	E20-E19
Turbigo r. de		31-32	H14-G16
nos 1-11, 2-14	1		
nos 13-31, 16-24	2		
nos 33-fin, 26-fin	3		
de Turenne r.		33	J17-H17
nos 1-27, 2-22	4		
nos 29-fin, 24-fin	3		
Turgot r.	9	19	E14-D14
Turin r. de	8	18	E12-D11
Turquetil pass.	11	35	K21

u

Nom	Arrondissement	Plan n°	Repère
Ulm r. d'	5	43	L14-M14
Ulysse-Trélat r.	13	57	P18 N
Union pass. de l'	7	29	J9
Union sq. de l'	16	16-28	G7
Université r. de l'	7	30-28	J12-H8

Nom	Arrondissement	Plan n°	Repère
d'Urfé sq.	16	26-38	K3
Ursins r. des	4	32	J15 S
Ursulines r. des	5	43	L14 S
Uruguay pl. de l'	16	16	G8 N
d'Uzès r.	2	19	F14 S

v

Nom	Arrondissement	Plan n°	Repère
Val-de-Grâce r. du	5	43	M14-M13
Val-de-Marne r. du	13	56-55	S16-S14
Valadon r.	7	29	J9
Valence r. de	5	44	M15 S
Valenciennes pl. de	10	20	E15
Valenciennes r. de	10	20	E16-E15
Valentin Abeille allée	18	9	A17
Valentin-Haüy r.	15	41	L10-L9
Valéry Larbaud r.	13	45	N18
Valette r.	5	43	K14-L14
Valhubert pl.		45	L17
nos 1, 2 et 3	13		
nos 5-21 et 4	5		
Vallée-de-Fécamp	12	47	N21
imp. de la			
Vallet pass.	13	44	N16
Valmy cimetière de	12	59	P21
Valmy imp. de	7	30	J12
Valmy quai de	10	21	G17-D17
de Valois av.	8	17	E10 N
de Valois galerie	1	31	H13-G13
de Valois pl.	1	31	H13 N

Nom	Arrondissement	Plan n°	Repère
de Valois r.	1	31	H13-G13
Van-Dyck av.	8	17	E9
Van-Gogh r.	12	45	L18
Van-Loo r.	16	38	M4 N
Van-Vollenhoven sq.	12	47	N22
Vandal imp.	14	53	P 9
Vandamme r.	14	42	M11
Vandrezanne pass.	13	56	P15 S
Vandrezanne r.	13	56	P16-P15
Vaneau cité	7	30	J11 S
Vaneau r.	7	30-42	J11-K11
Vanne allée de la	14	55	R13
Vanves porte de	14	53	R9
Var sq. du	20	48	K23 S
Varenne cité de	7	30	J11 S
Varenne r. de	7	30-29	J12-J10
Varet r.	15	39	M6
Variétés galerie des	2	19	F14 S
Varize r. de	16	38-37	M3-L2
Varsovie pl. de	16	28	H7 S
Vasco-de-Gama r.	15	39	M6-N6
Vassou imp.	12	48	L23 S

Nom	Arrondissement	Plan n°	Repère
Villette r. de la	19	22	F20-E20
Villette parc de la	19	10	B 20
Basse galerie	19		
Belvédère allée du	19		
Charolais pl. du	19		
Fontaine aux Lions pl. de la	19		
Ourcq galerie de l'	19		
Parvis pl. du	19		
Rond-Point des Canaux pl. du	19		
Rotonde esplanade de la	19		
Villette galerie de la	19		
Zénith allée du	19		
Villiers av. de	17	17-16	D10-D7
Villiers porte de	17	15	D6
Villiers-de-l'Isle-Adam imp.	20	23	G21 N
Villiers-de-l'Isle-Adam r.	20	35-23	G21-G22
Villiot r.	12	45	M18 N
Vimoutiers r.de	13	57	N18
Vinaigriers r. des	10	21-20	F17-F16
Vincennes cours de		47-48	K22-L23
n°s impairs	20		
n°s pairs	12		
Vincennes porte de	12	48	L23-L24
Vincent-Auriol bd	13	45-56	M18-N16
Vincent-Compoint r.	18	7	B13
Vincent-d'Indy av.	12	48	L23
Vincent-Scotto r.	19	9	D18
Vineuse r.	16	27	H6 S
Vingt-Cinq-Août-1944 pl. du	14	54	R12-R11
Vingt-Neuf-Juillet r. du	1	30	G12 S
Vins de France pl. des	12	58	N20
Vintimille r. de	9	18	D12 S

Nom	Arrondissement	Plan n°	Repère
Violet pl.	15	40	L7
Violet r.	15	40	K7-L7
Violet sq.	15	40	L 7
Violet villa	15	40	L7
Viollet-le-Duc r.	9	19	D14 S
Vion-Whitcomb av.	16	26	J4
Virginie villa	14	54	R12 N
Viroflay r. de	15	40	L8 S
Visconti r.	6	31	J13
Visitation pass. de la	7	30	J11
Vistule r. de la	13	56	R16
Vital r.	16	27	H6-J5
Vitruve r.	20	35-36	J22-H23
Vitruve sq.	20	36	H23
Vitry porte de	13	57-58	R18-R19
Vivaldi allée	12	46	M20-M21
Vivarais sq. du	17	16	D7
Vivienne galerie	2	31	G13
Vivienne r.		31-19	G13-F14
n° 1	1		
n°s pairs, n°s 3-fin	2		
Volga r.	20	35-36	K22-K23
Volney r.	2	18	G12 N
Volontaires r. des	15	41	L9-M9
Volta r.	3	32	G16
Voltaire bd	11	33-47	G17-K21
Voltaire cité	11	34	K20 N
Voltaire imp.	16	38	L3 S
Voltaire quai	7	31-30	J13-H12
Voltaire r.	11	34	K20 N
Volubilis r. des	13	55	R14
Vosges pl. des		33	J17
n°s 1-19, 2-22	4		
n°s 21-fin, 24-fin	3		
Vouillé r. de	15	41	N9
Voûte pass. de la	12	48	L23 N
Voûte r. de la	12	47-48	L22-L23
Vulpian r.	13	55	N14 S

Nom	Arrondissement	Plan n°	Repère
Wagram av. de		16-5	F8-C9
n°s impairs, n°s 48-fin	17		
n°s 2-46	8		
Wagram pl. de	17	5	C9 S
Wagram St-Honoré villa	8	16	E8 S
Waldeck-Rousseau r.	17	15	E6 N
Wallons r. des	13	44	M16 S
Washington r.	8	16-17	F8-F9
Wassily-Kandinsky pl.	15	41	M9-M10
Watt r.	13	58	P19

Nom	Arrondissement	Plan n°	Repère
Watteau r.	13	44	N16 N
Wattieaux pass.	19	9	B18
Wattignies imp.	12	47	N21
Wattignies r. de	12	46-47	M20-N22
Wauxhall cité du	10	21	G17 N
Weber r.	16	15	F6-E6
Wilfrid-Laurier r.	14	53	P9 S
Wilhem r.	16	38	L4
Winston-Churchill av.	8	29	G10
Wurtz r.	13	55	P14 S

Nom	Arrondissement	Plan n°	Repère
Xaintrailles r.	13	57	P18-P17
Xavier-Privas r.	5	31	K14 N

y - z

Nom	Arrondissement	Plan n°	Repère
Yéo-Thomas r.	13	57-56	N17-N16
Yser bd de l'	17	4-15	D7-D6
Yvart r.	15	40-41	M8-M9
Yves-du-Manoir av.	17	16	D7 *S*
Yves-Toudic r.	10	21	G17-F17
Yvette r. de l'	16	26	K4-J4

Nom	Arrondissement	Plan n°	Repère
Yvon et Claire-Morandat pl.	17	16	E7 *S*
Yvon-Villarceau r.	16	16	G7 *N*
Yvonne-Le-Tac r.	18	19	D14-D13
Zadkine r.	13	57	N17

Nombreuses sont les artères commerçantes de Paris.
La plupart sont très fréquentées :

Les unes pour leur choix d'articles de luxe et la haute couture :
   avenue Montaigne et Champs-Élysées aux diverses Galeries et Arcades,
   place et avenue de l'Opéra, rue Tronchet,
   rue Royale, d'où part la longue rue du Fbg-St-Honoré.
Les autres pour leur activité principale :
   rue de la Paix et place Vendôme (joaillerie, bijouterie),
   rue St-Lazare et boulevard St-Michel (chaussures et sacs),
   rue de Passy et de Sèvres (habillement),
   rue du Fbg-St-Antoine (bois et meubles),
   rue de Paradis (cristaux et porcelaines).
Sur quelques places ou avenues se tiennent des marchés de plein air :
   marchés aux fleurs et aux oiseaux.

Des adresses utiles

Comment situer ces adresses :

– Dans Paris :

Page du plan	Carroyage		Adresse	Téléphone
32	J15	Mairie de Paris	pl. Hôtel-de-Ville, 4ᵉ	01 42 76 40 40

– En Banlieue :

Utilisez les plans de Banlieue MICHELIN nᵒ 18 à 24 ou la carte MICHELIN nᵒ 101

nᵒ du plan ou de la carte	Carroyage ou pli		Adresse	Téléphone
20	AK65	Parc d'expositions de Paris-Nord-Villepinte	ZAC Paris-Nord II	01 48 63 30 30
101	pli 36	Hippodrome d'Évry (91)	Rte départementale 31	01 60 77 82 80

Useful addresses

Nützliche Adressen

Direcciones útiles

How to locate a street on the map – Lokalisierung dieser Adressen Cómo situar estas direcciones

– In Paris – En París :

Page of plan – Seite des Plans – n° de página del plano

32	J15	Mairie de Paris	✉ pl. Hôtel-de-Ville, 4ᵉ	☎ 01 42 76 40 40

Grid reference – Koordinaten – cuadrícula

– In the suburbs – In den Vororten – En las cercanías :

Use the MICHELIN plans nos 18 to 24 or the MICHELIN map 101
Auf den MICHELIN-Stadtplänen Nr. 18 - 24 oder der MICHELIN-Karte Nr. 101
Utilice los planos de cercanías MICHELIN n° 18 a 24 o el mapa MICHELIN n° 101

No of plan or map – Nr. des Plans oder der Karte – n° del plano o del mapa

20 101	AK65 pli 36	Parc d'expositions de Paris-Nord-Villepinte Hippodrome d'Évry (91)	✉ ZAC Paris-Nord II Rte départementale 31	☎ 01 48 63 30 30 01 60 77 82 80

Grid reference or map fold – Koordinaten oder Falte – cuadrícula o pliego

Téléphones utiles
Useful telephone numbers
Nützliche Telefonnummern, Teléfonos útiles

Renseignements par téléphone, *Information by telephone,*
Telefonische Auskunft, Información por teléfono

Horloge des neiges	01 42 66 64 28
Horloge parlante	36 99
Informations téléphonées	08 36 68 10 33
Information Bourse *(jours ouvr., 12 h 15-18 h)*	08 36 68 84 84
Information Météo	08 36 68 00 00
Météo Ile-de-France	08 36 68 02 75
Météo France	08 36 68 01 01

Divers

SOS Réveil	* 55 * heure (en 4 chiffres) et ≠
Télégrammes téléphonés	3655
Allô Information Voirie (de 9 h à 17 h - stationnement, travaux)	01 42 76 53 53
Fermeture périphérique (24 h/24)	01 42 76 52 52
SOS Dépannage (24 h/24)	01 47 07 99 99

Objets perdus et trouvés

Voie publique 36 rue des Morillons, 15ᵉ	01 55 76 20 00
RATP	01 40 06 75 27
Taxis, aéroports de Roissy et Orly	01 45 31 98 11
Perte ou vol de carte bleue/visa (7 jours/7, 24 h/24)	01 42 77 11 90
Perte ou vol de carte American Express (7 jours/7, 24 h/24)	01 47 77 72 00

Tourisme

Office du Tourisme et des Congrès de Paris

16 F8 Accueil de France (7 jours/7) 127 av. des Champs-Élysées, 8ᵉ	01 49 52 53 54
32 J16 Accueil de la Ville de Paris 29 r. de Rivoli, 4ᵉ	01 42 76 43 43
19 G13 La Boutique Michelin 32 av. de l'Opéra, 2ᵉ	Fax 47 42 10 50 - 42 68 05 00

Découvrez Paris avec la cassette vidéo Michelin

Souvenirs de vacances ou invitation au voyage, les **« Vidéo Découvertes »
Michelin,** complément imagé de votre Guide Vert, vous emporte au cœur de
Paris : paysages insolites lieux chargés d'art et d'histoire... une cassette
vidéo superbe à voir et à revoir...

AÉROPORTS

AIRPORTS, FLUGHÄFEN, AEROPUERTOS

20 M57	Aéroport du Bourget	93 Le Bourget	01 48 62 12 12	
69-70	Aéroport Roissy-Charles-de-Gaulle	95 Roissy-en-France	01 48 62 22 80	
67	Aéroport d'Orly	94 Orly - Aérogare	01 49 75 15 15	
	Aéroport d'Orly : horaires	Minitel 08 36 25 05 05		

Liaisons Paris-Aéroports,

How to get to the airports,

Bus- und Bahnverbindungen zu den Flughäfen, Enlaces París-Aeropuertos

Minitel 3615 HORAV

Pour se rendre à ROISSY

Autocar Air France :

Renseignements	01 44 08 24 24
Terminal Maillot	pl. Porte Maillot 17ᵉ
Place Ch.-de-Gaulle-Étoile	angle av. Carnot, 17ᵉ
Gare Montparnasse	bd de Vaugirard, 15ᵉ

Bus R.A.T.P.

Renseignements	01 48 04 18 24
Opéra :	
Rue Scribe (angle r. Auber) 9ᵉ	ROISSYBUS
Gare de l'Est et Gare du Nord 10ᵉ	BUS 350
Place de la Nation 11ᵉ	BUS 351

Par Rail

Via la ligne B du R.E.R., puis navette	ROISSY RAIL

Pour se rendre à ORLY

Autocar Air France :

Aérogare des Invalides	2 r. Esnault-Pelterie, 7ᵉ
Montparnasse	36 av. du Maine, 14ᵉ

Bus R.A.T.P.

Place Denfert-Rochereau 14ᵉ (sortie gare R.E.R.)	ORLY BUS

Par Rail

Via la ligne C du RER puis navette	ORLY RAIL
Via la ligne B du R.E.R. jusqu'à Antony puis	ORLY VAL

Pour faciliter vos déplacements dans Paris, Michelin vous propose :

N° 10 - Plan de Paris à 1/10 000 (sens uniques)

N° 11 - Plan de Paris (atlas avec répertoire des rues,
renseignements pratiques, sens uniques et transports)

N° 12 - Plan de Paris (répertoire des rues et sens uniques)

N° 14 - Plan de Paris (atlas avec répertoire des rues, sens uniques et transports)

N° 15 - Atlas Paris par arrondissements et communes périphériques
(répertoire, sens uniques et transports).

AMBASSADES ET REPRÉSENTATIONS

FOREIGN REPRESENTATIVES,
BOTSCHAFTEN UND VERTRETUNGEN,
EMBAJADAS Y REPRESENTACIONES

Organismes Internationaux
International organizations,
Internationale Organisationen, Organizaciones internacionales

33	J18	Association Internationale de l'Hôtellerie	80 r. de la Roquette, 11ᵉ	01 47 00 84 57
41	L9	Bureau International du Travail (BIT) (Siège à Genève)	1 r. Miollis, 15ᵉ	01 45 68 32 50
16	F7	Centre de Conférences Internationales	19 av. Kléber, 16ᵉ	01 43 17 68 17
61	ABX	Centre International de l'Enfance (Château de Longchamp)	Bois de Boulogne Carr. de Longchamp	01 44 30 20 00
30	J12	Chambre de Com. France-Amérique Latine	217 bd St-Germain, 7ᵉ	01 45 44 53 39
16	G7	Chambre de Commerce Franco-Arabe	93 r. Lauriston, 16ᵉ	01 45 53 20 12
18	E12	– Franco-Asiatique	94 r. St-Lazare, 9ᵉ	01 45 26 67 01
29	G9	– Internationale	38 cours Albert Iᵉʳ, 8ᵉ	01 49 53 28 28
30	H11	Communautés Européennes (Siège à Bruxelles)	288 bd St-Germain, 7ᵉ	01 40 63 38 00
29	H10	Conseil des Communes et régions d'Europe	41 quai d'Orsay, 7ᵉ	01 45 51 40 01
16	G7	Conseil de l'Europe (Siège à Strasbourg)	55 av. Kléber, 16ᵉ	01 44 05 33 60
42	L12	Fédération Aéronautique Internationale	93 bd du Montparnasse, 6ᵉ	01 49 54 38 92
18	G11	– Internationale de l'Automobile	8 bis r. Boissy-d'Anglas, 8ᵉ	01 43 12 44 55
4	C8-B8	– Mondiale des Cités-Unies	Levallois - 22 r. d'Alsace	01 47 39 36 86
18	F11	Office International de la Vigne et du Vin	18 r. Aguesseau, 8ᵉ	01 44 94 80 80
15	D5	Organisation de l'Aviation Civile Internationale	Neuilly 3 bis villa É.-Bergerat	01 46 41 85 85
26	H4	Organisation de Coopération et de Développement Économique (OCDE)	2 r. André-Pascal, 16ᵉ	01 45 24 82 00
41	L9	Organisation des Nations-Unies (ONU) (Siège à New York)	1 r. Miollis, 15ᵉ	01 43 06 48 39
41	K9	UNESCO	7 pl. de Fontenoy, 7ᵉ	01 45 68 10 00
28	H7	Union de l'Europe Occidentale (UEO)	43 av. du Président Wilson, 16ᵉ	01 53 67 22 00
17	D9	Union des Foires Internationales	35 bis r. Jouffroy d'Abbans, 17ᵉ	01 42 67 99 12

Représentations étrangères
Foreign Representatives, Ausländische Vertretungen,
Representaciones extranjeras

		Afghanistan - Cap. Kaboul		
26	J4	Ambassade	32 av. Raphaël, 16ᵉ	01 45 27 66 09
		Afrique du Sud - Cap. Pretoria		
29	H9	Ambassade	59 quai d'Orsay, 7ᵉ	01 45 55 92 37
17	F10	Office du Tourisme Sud-Africain	61 r. La Boétie, 8ᵉ	01 45 61 01 97
30	G12	South African Airways	350 r. St-Honoré, 8ᵉ	01 49 27 05 50
		Albanie - Cap. Tirana		
27	G6	Ambassade	131 r. de la Pompe, 16ᵉ	01 45 53 51 32
		Algérie - Cap. Alger		
17	E10	Ambassade	50 r. de Lisbonne, 8ᵉ	01 42 25 70 70
16	F7	Consulat	11 r. d'Argentine, 16ᵉ	01 45 00 99 50
19	G13	Air Algérie	28 av. de l'Opéra, 2ᵉ	01 42 60 30 62
40	M7	Centre Culturel	171 r. de la Croix-Nivert, 15ᵉ	01 45 54 95 31

Allemagne (République Fédérale - RFA)
Cap. Berlin

29	G10	Ambassade	13-15 av. F.-Roosevelt, 8ᵉ	01 53 83 45 00
28	G8	– (Section consulaire)	34 av. d'Iéna, 16ᵉ	01 47 20 01 60
38	L4	– (Information et Documentation)	24, r. Marbeau, 16ᵉ	01 44 17 31 31
39	L5	Chambre Franco-Allemande de Commerce et d'Industrie	18 r. Balard, 15ᵉ	01 40 58 35 35
20	E16	Chemin de Fer Fédéral Allemand	13 r. d'Alsace, 10ᵉ	01 46 07 13 40
18	G11	Croisirhin - KD (navigation)	11 r. Richepance, 8ᵉ	01 42 61 30 20
19	G13	DER-Voyages, Deutsches Reisebüro	4 r. Daunou, 2ᵉ	01 47 42 07 09
17	F10	Der Spiegel	17 av. Matignon, 8ᵉ	01 42 56 12 11
33	J17	Deutsches Historisches Institut	8 r. du Parc Royal, 3ᵉ	01 42 71 56 16
17	F10	Die Welt	31 r. du Colisée, 8ᵉ	01 43 59 09 74
17	F10	Frankfurter Allgemeine Zeitung	11 r. de Mirosmesnil, 8ᵉ	01 42 65 49 87
28	G7	Goethe-Institut	17 av. d'Iéna, 16ᵉ	01 44 43 92 30
7	D13	Librairie Buchladen	3 r. Burq, 18ᵉ	01 42 55 42 13
44	M15	– Calligrammes	8 r. de la Collégiale, 5ᵉ	01 43 36 85 07
32	H15	– Marissal Bücher	42 r. Rambuteau, 3ᵉ	01 42 74 37 47
18	G11	Lufthansa (Cie aérienne)	21-23 r. Royale, 8ᵉ	01 42 65 37 35
55	R14	Office Franco-Allemand pour la Jeunesse	51 r. de l'Amiral-Mouchez, 13ᵉ	01 40 78 18 18
18	G12	Office du Tourisme	9 bd de la Madeleine, 1ᵉʳ	01 40 20 01 88
17	F10	Stern	17 av. Matignon, 8ᵉ	01 42 56 13 78
17	F10	Télévision allemande (1ʳᵉ chaîne)	31 r. du Colisée, 8ᵉ	01 42 25 67 54
28	G8	– (2ᵉ chaîne)	4 r. Goethe, 16ᵉ	01 53 67 20 00

Andorre - Cap. Andorre La Vieille

31	G13	Office du Tourisme	26 av. de l'Opéra, 1ᵉʳ	01 42 61 50 55

Angola - Cap. Luanda

16	F7	Ambassade	19 av. Foch, 16ᵉ	01 45 01 58 20
16	F7	Consulat	40 r. Chalgrin, 16ᵉ	01 45 01 96 94

Arabie Saoudite - Cap. Riyad

17	E9	Ambassade	5 av. Hoche, 8ᵉ	01 47 66 02 06
14	E3	Consulat	Neuilly - 29 rue des Graviers	01 47 47 62 63
16	G8	Saudia (Cie aérienne)	34 av. George V, 8ᵉ	01 53 67 50 50

Argentine - Cap. Buenos Aires

16	G7	Ambassade	6 r. Cimarosa, 16ᵉ	01 44 05 27 00
16	G7	Consulat Général	imp. Kléber, 16ᵉ	01 45 53 22 25
17	F9	Aerolineas Argentinas	77 av. Champs-Élysées, 8ᵉ	01 53 77 15 10
16	G7	Centre Culturel Argentin	6 r. Cimarosa, 16ᵉ	01 47 27 15 11

Arménie - Cap. Érevan

17	F9	Ambassade	34 av. Champs-Élysées, 8ᵉ	01 53 76 09 93

Australie - Cap. Canberra

28	J7	Ambassade	4 r. Jean-Rey, 15ᵉ	01 40 59 33 00
28	J7	Office du Tourisme	–	01 45 79 42 77
18	G12	Qantas (Cie aérienne)	13-15 bd de la Madeleine, 1ᵉʳ	01 44 55 52 00

Autriche - Cap. Vienne

29	H10	Ambassade	6 r. Fabert, 7ᵉ	01 45 55 95 66
28	H8	– (Section Consulaire)	12 r. Edmond-Valentin, 7ᵉ	01 47 05 27 17
55	N14	Austrian Airlines (Swissair)	4 r. Ferrus, 14ᵉ	01 45 81 11 01
41	K10	Institut Autrichien	30 bd des Invalides, 7ᵉ	01 47 05 27 10
		Office National du Tourisme (uniquement par téléphone ou par courrier)	BP 475, 75366 Paris Cedex 08	01 53 83 95 20

Bahrein - Cap. Manama

16	G7	Ambassade	3 bis, pl. des États-Unis, 16ᵉ	01 47 23 48 68
27	G6	Consulat	–	01 47 23 49 15

Bangladesh - Cap. Dhaka

27	H6	Ambassade	5 square Pétrarque, 16ᵉ	01 45 53 41 20
17	F9	Biman Bangladesh Airlines	90 av. Champs-Élysées, 8ᵉ	01 42 89 11 47

16	F8	**Belgique** - Cap. Bruxelles		
16	F8	Ambassade	9 r. de Tilsitt, 17ᵉ	01 44 09 39 39
16	F7	Service des visas	1 av. Mac-Mahon, 17ᵉ	01 44 09 39 39
32	H15	Centre Wallonie-Bruxelles	127-129 r. St-Martin, 4ᵉ	01 42 71 26 16
17	F9	Chambre de Commerce Belgo-Luxemb.	174 bd Haussmann, 8ᵉ	01 45 62 44 87
18	F12	Chemin de Fer Belges	21 bd des Capucines, 2ᵉ	01 47 42 40 41
18	F12	Office de Tourisme	–	01 47 42 41 18
18	G12	Sabena (Cie aérienne)	19 r. de la Paix, 2ᵉ	01 44 94 19 19
18	D12	«Le Soir» de Bruxelles	90 r. d'Amsterdam, 9ᵉ	01 42 82 90 10

Bénin - Cap. Porto Novo

16	F7	Ambassade	87 av. Victor-Hugo, 16ᵉ	01 45 00 98 82
42	L11	Consulat	89 r. du Cherche-Midi, 6ᵉ	01 42 22 31 91
17	F9	Air Afrique	104 av. Champs-Élysées, 8ᵉ	01 44 21 32 32

Bolivie - Cap. La Paz

27	J6	Ambassade	12 av. du Prés.-Kennedy, 16ᵉ	01 42 24 93 44
27	J6	Consulat	–	01 42 88 34 32
31	K13	Lloyd Aereo Boliviano	8 r. Mabillon, 6ᵉ	01 43 29 43 95

Brésil - Cap. Brasilia

29	G9	Ambassade	34 cours Albert-Iᵉʳ, 8ᵉ	01 45 61 63 00
17	F9	Consulat Général	12 r. de Berri, 8ᵉ	01 44 13 90 30
17	G9	Varig (Cie aérienne)	27 av. Champs-Élysées, 8ᵉ	01 40 69 50 79

Brunei Darussalam
Cap. Bandar Seri Begawan

17	D9	Ambassade	4 r. Logelbach, 17ᵉ	01 42 67 49 47

Bulgarie - Cap. Sofia

28	H8	Ambassade	1 av. Rapp, 7ᵉ	01 45 51 85 90
18	F12	Balkan (Cie aérienne)	4 r. Scribe, 9ᵉ	01 47 42 66 66

Burkina Faso (anc. Haute-Volta)
Cap. Ouagadougou

17	F9	Ambassade	159 bd Haussmann, 8ᵉ	01 43 59 90 63
17	F9	Air Afrique	104 av. Champs-Élysées, 8ᵉ	01 44 21 32 32

Burundi - Cap. Bujumbura

27	J6	Ambassade	24 r. Raynouard, 16ᵉ	01 45 20 60 61

Cambodge - Cap. Phnom Penh

26	H4-G4	Ambassade	4 r. Adolphe-Yvon, 16ᵉ	01 45 03 47 20

Cameroun - Cap. Yaoundé

38	K3	Ambassade	73 r. d'Auteuil, 16ᵉ	01 47 43 98 33
18	F12	Cameroon Airlines	12 bd des Capucines, 9ᵉ	01 43 12 30 10
18	E12	Camship (Cie maritime)	38 r. de Liège, 8ᵉ	01 53 42 31 00

Canada - Cap. Ottawa

29	G9	Ambassade	35 av. Montaigne, 8ᵉ	01 44 43 29 00
18	G12N	Air Canada	10 r. de la Paix, 2ᵉ	01 44 50 20 20
17	F10	Canadian Airlines International	109 r. du Fg St-Honoré, 8ᵉ	01 49 53 07 07
18	F12	Canadien National (chemins de fer)	1 r. Scribe, 9ᵉ	01 47 42 76 50
29	G10	Chambre de Commerce France-Canada	9 av. F.-Roosevelt, 8ᵉ	01 43 59 32 38
15	F6	Délégation Générale du Québec	66 r. Pergolèse, 16ᵉ	01 40 67 85 00
29	G9	Division du Tourisme de l'Ambassade	35 av. Montaigne, 8ᵉ	01 44 43 29 00
17	D9	Off.-Franco-Québécois pour la Jeunesse	5 r. de Logelbach, 17ᵉ	01 40 54 67 67
16	F7	Office du Tourisme	4 av. Victor-Hugo, 16ᵉ	01 44 17 32 35
17	F10S	Radio-Canada (Canadian Broadcasting Corp.)	1 r. Rabelais, 8ᵉ	01 44 21 15 15
29	H10	Services Culturels de l'Ambassade	5 rue de Constantine, 7ᵉ	01 45 51 35 73
31	K14	The Abbey Bookshop (librairie)	29 r. de la Parcheminerie, 5ᵉ	01 46 33 16 24
43	L14	Librairie du Québec	30 r. Gay Lussac, 5ᵉ	01 43 54 49 02

Centrafrique - Cap. Bangui

38	K4	Ambassade	30 rue des Perchamps, 16ᵉ	01 42 24 42 56
17	F9	Air Afrique	104 av. Champs-Élysées, 8ᵉ	01 44 21 32 32

Chili - Cap. Santiago

29	J9	Ambassade	2 av. de La Motte-Picquet, 7ᵉ	01 44 18 59 60
29	J10	Consulat	64 bd La Tour-Maubourg, 7ᵉ	01 47 05 46 61
18	F12	Service commercial	23 bd des Capucines, 2ᵉ	01 42 66 90 64

Chine - Cap. Pékin

28	G8	Ambassade	11 av. George-V, 8ᵉ	01 47 23 36 77
50	R4	Service consulaire	Issy-les-Moulineaux 9 av. Victor-Cresson	01 47 36 77 90
18	F11	Air China	10 bd Malesherbes, 8ᵉ	01 42 66 16 58
16	F8	Office du Tourisme	116 av. Champs-Élysées, 8ᵉ	01 44 21 82 82
28	G7	Bureau commercial près de l'Ambassade	21 r. Amiral d'Estaing, 16ᵉ	01 47 20 17 47
38	M4	Service culturel	19-21, r. Van-Loo, 16ᵉ	01 40 50 00 74

Chypre - Cap. Nicosie

16	G7	Ambassade	23 r. Galilée, 16ᵉ	01 47 20 86 28
16	F8	Cyprus Airways	37 r. Jean-Giraudoux, 16ᵉ	01 45 01 93 38
18	G12	Office du Tourisme	15 r. de la Paix, 2ᵉ	01 42 61 42 49
17	E10	Bureau commercial de l'Ambassade	42 r. de la Bienfaisance, 8ᵉ	01 42 89 60 86

Colombie - Cap. Bogota

18	F11	Ambassade	22 r. de l'Élysée, 8ᵉ	01 42 65 46 08
17	F9	Consulat	12 r. de Berri, 8ᵉ	01 42 89 91 91
19	G13	Avianca (Cie aérienne)	31 av. de l'Opéra, 1ᵉʳ	01 42 60 35 22

Comores - Cap. Moroni

15	F6	Ambassade	20 r. Marbeau, 16ᵉ	01 40 67 90 54

Congo - Cap. Brazzaville

16	F7	Ambassade	37 bis r. Paul-Valéry, 16ᵉ	01 45 00 60 57
17	F9	Air Afrique	104 av. Champs-Élysées, 8ᵉ	01 44 21 33 33

Corée - Cap. Séoul

30	J11	Ambassade	125 r. de Grenelle, 7ᵉ	01 47 53 01 01
16	E8	Centre Coréen du Commerce Extérieur et de l'Investissement (KOTRA)	36 av. Hoche, 8ᵉ	01 42 25 09 57
28	H7	Centre culturel	2 av. d'Iéna, 16ᵉ	01 47 20 83 86
18	G12	Korean Air (Cie aérienne)	9 bd de la Madeleine, 1ᵉʳ	01 42 97 30 80
42	M11	Office National du Tourisme	Tour Maine-Montparnasse, 15ᵉ	01 45 38 71 23

Costa Rica - Cap. San José

38	L4	Ambassade	135 av. de Versailles, 16ᵉ	01 45 25 52 23

Côte-d'Ivoire - Cap. Yamoussoukro

15	F6	Ambassade	102 av. R.-Poincaré, 16ᵉ	01 45 01 53 10
17	F9	Air Afrique	104 av. Champs-Élysées, 8ᵉ	01 44 21 32 32
26	H4	Centre du Commerce International d'Abidjan	24 bd Suchet, 16ᵉ	01 45 24 43 28
		Délégation du Tourisme	–	01 42 88 62 92

Croatie - Cap. Zagreb

27	H6	Ambassade	39 av. Georges-Mandel, 16ᵉ	01 53 70 02 87

Cuba - Cap. La Havane

28	K8	Ambassade	14-16 r. de Presles, 15ᵉ	01 45 67 55 35
42	N12	Office du Tourisme	280 bd Raspail, 14ᵉ	01 45 38 90 10
42	M11	Cubana de Aviación	Tour Maine-Montparnasse 33 av. du Maine, 15ᵉ	01 45 38 31 12

Danemark - Cap. Copenhague

16	F8	Ambassade	77 av. Marceau, 16ᵉ	01 44 31 21 21
		Office du Tourisme (uniquement par téléphone ou par courrier)	BP 221, 75865 Paris Cedex 18	01 40 05 10 10
18	F11	Scandinavian Airlines System (SAS)	18 bd Malesherbes, 8ᵉ	01 53 43 25 25

		Djibouti - Cap. Djibouti		
15	G5	Ambassade	26 r. Émile-Ménier, 16ᵉ	01 47 27 49 22
		Dominicaine (République)		
		Cap. Saint-Domingue		
27	K5	Ambassade	17 r. La Fontaine, 16ᵉ	01 45 20 68 41
38	M3	Consulat	36 r. Le Marois, 16ᵉ	01 40 71 96 90
		Égypte - Cap. Le Caire		
16	G8	Ambassade	56 av. d'Iéna, 16ᵉ	01 53 67 88 30
15	F6	Consulat	58 av. Foch, 16ᵉ	01 45 00 37 51
17	F9	Bureau du Tourisme	90 av. Champs-Élysées, 8ᵉ	01 45 62 94 42
43	L13	Centre Culturel	111 bd St-Michel, 5ᵉ	01 46 33 75 67
18	F12	Egyptair	1 bis r. Auber, 9ᵉ	01 44 94 85 00
		Émirats Arabes Unis (EAU)		
		Cap. Aboû Dabî		
27	G5	Ambassade	3 r. de Lota, 16ᵉ	01 45 53 94 04
		Équateur - Cap. Quito		
17	E10	Ambassade	34 av. de Messine, 8ᵉ	01 45 61 10 21
17	E10	Consulat	–	01 45 61 10 04
		Espagne - Cap. Madrid		
28	G8	Ambassade	22 av. Marceau, 8ᵉ	01 44 43 18 00
5	D9	Consulat Général	165 bd Malesherbes, 17ᵉ	01 47 66 03 32
19	G13	Chambre de Commerce d'Espagne	32 av. de l'Opéra, 2ᵉ	01 47 42 45 74
18	F12	Iberia (Cie aérienne)	1 r. Scribe, 9ᵉ	01 40 47 80 90
16	G8	Instituto Cervantes (Centre Culturel)	7 r. Quentin-Bauchart, 8ᵉ	01 40 70 92 92
31	J13	Librairie Espagnole	72 r. de Seine, 6ᵉ	01 43 54 56 26
43	K14	– Hispano-Américaine	26 r. Monsieur-le-Prince, 6ᵉ	
27	H5	Office National du Tourisme	43 r. Decamps, 16ᵉ	01 45 03 82 50
		Estonie - Cap. Tallinn		
19	F14	Ambassade	14 bd Montmartre, 9ᵉ	01 48 01 00 22
		États-Unis d'Amérique (USA)		
		Cap. Washington		
30	G11	Ambassade	2 av. Gabriel, 8ᵉ	01 43 12 22 22
30	G11	Consulat	2 r. St-Florentin, 1ᵉʳ	01 43 12 46 06
17	F10	American Airlines	109 r. Fg-St-Honoré, 8ᵉ	01 42 89 05 22
22	AA12	American Battle Monuments Commision	Garches - 68 r. du 19-Janvier	01 47 01 19 76
18	F12	American Express	11 r. Scribe, 9ᵉ	01 47 77 70 07
28	J7	Association France États-Unis	6 bd de Grenelle, 15ᵉ	01 45 77 48 84
28	H8	Bibliothèque Américaine	10 r. du Général-Camou, 7ᵉ	01 45 51 46 82
30	G11	Centre de Documentation B. Franklin	2 r. St-Florentin, 1ᵉʳ	01 43 12 46 75
28	G8	Chambre de Commerce Américaine	21 av. George-V, 8ᵉ	01 47 23 70 28
17	F9	Continental Airlines	92 av. Champs-Élysées, 8ᵉ	01 42 99 09 09
18	F12	Delta Air Lines	4 r. Scribe, 9ᵉ	01 47 68 92 92
14	D3	International Herald Tribune	Neuilly	
			181 av. Ch.-de-Gaulle	01 41 43 93 00
		Librairies : voir Grande-Bretagne		
17	F9	Newsweek Magazine	162 r. du Fg-St-Honoré, 8ᵉ	01 53 83 76 10
		Office du tourisme :		
		Documentation par téléphone		01 69 10 45 01
		Info par téléphone (24 h/24)		01 42 60 57 15
		Par minitel		3615 code USA
16	E8	Time-Life International	67 av. de Wagram, 17ᵉ	01 44 01 49 99
16	F8	Trans World Airlines (TWA)	6 r. Christophe Colomb, 8ᵉ	01 49 19 20 00
19	G13	United Airlines	34 av. de l'Opéra, 2ᵉ	01 48 97 82 82
		Éthiopie - Cap. Addis-Abeba		
28	J8	Ambassade	35 av. Charles-Floquet, 7ᵉ	01 47 83 83 95
17	F9	Ethiopian Airlines	25 r. de Ponthieu, 8ᵉ	01 53 76 05 38

Finlande - Cap. Helsinki

29	H10	Ambassade	2 r. Fabert, 7ᵉ	01 44 18 19 20
19	F13	Chambre de Commerce Franco-Finlandaise	19 bd Haussmann, 9ᵉ	01 40 22 81 48
18	F12	Finnair (Cie aérienne)	11 r. Auber, 9ᵉ	01 47 42 33 33
43	K14	Institut Culturel	60 rue des Écoles, 5ᵉ	01 40 51 89 09
18	F12	Office National du Tourisme	13 r. Auber, 9ᵉ	01 42 66 40 13

Gabon - Cap. Libreville

26	J4	Ambassade	26 bis av. Raphaël, 16ᵉ	01 42 24 79 60
17	F10	Air Gabon	4 av. F.-Roosevelt, 8ᵉ	01 43 59 20 63
17	F9	Association France-Gabon (Renseignements et Informations Touristiques)	185 r. du Fg St-Honoré, 8ᵉ	01 42 56 20 12

Ghana - Cap. Accra

15	F5	Ambassade	8 villa Saïd, 16ᵉ	01 45 00 09 50

Grande-Bretagne et Irlande du Nord
Cap. Londres

18	G11	Ambassade	35 r. du Fg-St-Honoré, 8ᵉ	01 44 51 32 81
18	F11	Service des visas	16 r. d'Anjou, 8ᵉ	01 40 39 83 00
18	G12	Bristish Airways	13-15 bd de la Madeleine, 1ᵉʳ	01 47 78 14 14
29	H10	The British Council (Centre culturel)	9 r. de Constantine, 7ᵉ	01 49 55 73 00
33	J17	Chambre de Commerce et d'Industrie franco-britannique	41 r. de Turenne, 3ᵉ	01 44 59 25 20
30	G12	Daily Telegraph	4 r. de Castiglione, 1ᵉʳ	01 45 60 38 85
29	H10	Institut Britannique	11 r. de Constantine, 7ᵉ	01 45 55 71 99
33	G18	Librairie Attica	64 r. Folie-Méricourt, 11ᵉ	01 48 06 17 00
31	G13	– Brentano's	37 av. de l'Opéra, 2ᵉ	01 42 61 52 50
30	G12	– Galignani	224 r. de Rivoli, 1ᵉʳ	01 42 60 76 07
43	L13	– Nouveau Quartier Latin	78 bd St-Michel, 6ᵉ	01 43 26 42 70
32	K15	– Shakespeare & Compagny	37 r. de la Bûcherie, 5ᵉ	01 43 26 96 50
30	G12	– W.H. Smith France	248 r. de Rivoli, 1ᵉʳ	01 44 77 88 99
18	F12	Maison de la Grande-Bretagne	19 r. des Mathurins, 9ᵉ	
		British rail international (chemins de fer britanniques)	–	01 44 51 06 00
		Brittany ferries (traversées maritimes)	–	01 44 94 89 00
		Office du Tourisme Minitel 3615 code BRITISH	–	01 44 51 56 20
		P. & O. European Ferries (traversées maritimes)	–	01 44 51 00 51
		Eurotunnel - Le Shuttle	–	01 44 94 88 80
19	F13	North Sea Ferries (Transports et Voyages)	32 r. du Quatre-Septembre, 2ᵉ	01 42 66 90 90
19	G13	Sealink France (Traversées maritimes)	23 r. Louis-Le-Grand, 2ᵉ	01 44 94 40 40
19	F13	The Times	8 r. Halévy, 9ᵉ	01 47 42 73 21
		Office du Tourisme de Jersey (uniquement par téléphone)		01 48 04 86 06
		Documentation		01 88 94 10 20

Grèce - Cap. Athènes

16	F8	Ambassade	17 r. Auguste-Vacquerie, 16ᵉ	01 47 23 72 28
16	G7	Consulat	23 r. Galilée, 16ᵉ	01 47 23 72 23
16	G7	Centre Culturel	–	01 47 23 39 06
42	M11	Librairie hellénique Desmos	14 r. Vandamme, 14ᵉ	01 43 20 84 04
31	H13	Office Nat. Hellénique du Tourisme	3 av. de l'Opéra, 1ᵉʳ	01 42 60 65 75
18	F12	Olympic Airways	3 r. Auber, 9ᵉ	01 42 65 92 42

Guatemala - Cap. Guatemala

17	E9	Ambassade	73 r. de Courcelles, 8ᵉ	01 42 27 78 63
		Consulat	–	01 42 27 15 77

Guinée - Cap. Conakry

15	G5	Ambassade	51 r. de la Faisanderie, 16ᵉ	01 47 04 81 48

Guinée Équatoriale - Cap. Malabo

| 17 | E9 | Ambassade | 6 r. Alfred de Vigny, 8ᵉ | 01 47 66 44 33 |

Haïti - Cap. Port-au-Prince

| 16 | E8 | Ambassade | 10 r. Théodule-Ribot, 17ᵉ | 01 47 63 47 78 |

Honduras - Cap. Tegucigalpa

| 15 | F6 | Ambassade | 8 r. Crevaux, 16ᵉ | 01 47 55 86 45 |

Hong Kong - Cap. Victoria

| 17 | G9 | Office de Tourisme *(uniquement par téléphone ou par courrier)* | 53 r. François 1ᵉʳ, 8ᵉ | 01 47 20 39 54 |

Hongrie - Cap. Budapest

15	F5	Ambassade	5 bis sq. Avenue Foch, 16ᵉ	01 45 00 00 29
43	K13	Consulat	92 r. Bonaparte, 6ᵉ	01 43 54 66 96
15	G5-G6	Renseignements touristiques et section commerciale de l'Ambassade	140 av. Victor-Hugo, 16ᵉ	01 47 04 76 46
43	K13	Institut Culturel Hongrois	–	01 43 26 06 44
18	F12	Malèv (Cie aérienne)	3 r. Scribe, 9ᵉ	01 43 12 36 00
19	G13	Ibusz International (voyages)	27 r. du 4-Septembre, 2ᵉ	01 47 42 50 25

Inde - Cap. New Delhi

26	H4	Ambassade	15 r. Alfred-Dehodencq, 16ᵉ	01 40 50 70 70
26	H4	Service Consulaire	20-22 r. Albéric Magnard, 16ᵉ	01 40 50 71 71
18	F12	Air India	1 r. Auber, 9ᵉ	01 42 68 40 10
41	L10	Chambre de Commerce et d'Industrie franco-indienne	4 av. Daniel Lesueur, 7ᵉ	01 43 06 88 97
19	F13	Office National de Tourisme	13 bd Haussmann, 9ᵉ	01 45 23 30 45

Indonésie - Cap. Jakarta

| 27 | H5 | Ambassade | 47-49 r. Cortambert, 16ᵉ | 01 45 03 07 60 |
| 17 | F9 | Garuda Indonesia (Cie aérienne) | 75 av. Champs-Élysées, 8ᵉ | 01 44 95 15 55 |

Iran - Cap. Téhéran

28	H7	Ambassade	4 av. d'Iéna, 16ᵉ	01 40 69 79 00
28	H8	Consulat	16 r. Fresnel, 16ᵉ	–
17	F9	Iran Air	63 av. Champs-Élysées, 8ᵉ	01 43 59 01 20

Iraq - Cap. Bagdad

| 15 | G5 | Ambassade | 53 r. de la Faisanderie, 16ᵉ | 01 45 53 33 70 |

Irlande - Cap. Dublin

16	F7	Ambassade	4 r. Rude, 16ᵉ	01 44 17 67 00
19	G13	Aer Lingus (Cie aérienne)	47 av. de l'Opéra, 2ᵉ	01 47 42 12 50
19	F13	Irish Ferries (Transports et Voyages)	32 r. du Quatre Septembre, 2ᵉ	01 42 66 90 90
17	F10	Office National du Tourisme	33 r. de Miromesnil, 8ᵉ	01 53 43 12 12
19	F13	Bennett voyages	28 bd Haussmann, 9ᵉ	01 48 01 87 77

Islande - Cap. Reykjavik

16	F7	Ambassade	8 av. Kléber, 16ᵉ	01 44 17 32 85
19	F13	Icelandair (Cie aérienne)	9 bd des Capucines, 2ᵉ	01 44 51 60 51
19	F13	Office National du Tourisme	–	–

Israël - Cap. Jérusalem/Tel-Aviv

17	F10	Ambassade	3 r. Rabelais, 8ᵉ	01 40 76 55 00
16	F8	Chambre de Commerce France-Israël	64 av. Marceau, 8ᵉ	01 44 43 35 35
18	F12	El Al (Cie aérienne)	35 bd des Capucines, 2ᵉ	01 44 55 00 00
16	F8	Association France-Israël	64 av. Marceau, 1ᵉʳ	01 47 20 79 50
18	G12	Office National de Tourisme	22 r. des Capucines, 2ᵉ	01 42 61 01 97

Italie - Cap. Rome

30	J11	Ambassade	51 r. de Varenne, 7ᵉ	01 49 54 03 00
27	H5	Consulat	5 bd Émile-Augier, 16ᵉ	01 44 30 47 00
18	F12	Alitalia (Cie aérienne)	69 bd Haussmann, 8ᵉ	01 44 94 44 00
17	F10	Chambre de Commerce	134 r. du Fg-St-Honoré, 8ᵉ	01 42 25 41 88
19	F13	Compagnie Italienne de Tourisme (CIT)	3 bd des Capucines, 2ᵉ	01 44 51 39 51
30	H11	Corriere della Sera	280 bd St-Germain, 7ᵉ	01 45 50 42 10
28	J8	Dante Alighieri (Société culturelle)	12 bis r. Sédillot, 7ᵉ	01 47 05 16 26
30	J11	Institut Culturel	50 r. de Varenne, 7ᵉ	01 44 39 49 39
18	F12	La Repubblica	11 r. Tronchet, 8ᵉ	01 47 42 92 89
41	L10	La Stampa	13-15 r. Falguière, 15ᵉ	01 45 66 03 29
32	J16	Librairie Tour de Babel	10 r. du Roi-de-Sicile, 4ᵉ	01 42 77 32 40
18	G12	Office National de Tourisme (ENIT)	23 r. de la Paix, 2ᵉ	01 42 66 66 68
16	F8	Radiotelevisione Italiana (RAI)	96 av. d'Iéna, 16ᵉ	01 47 20 37 67

Japon - Cap. Tokyo

17	E9	Ambassade	7 av. Hoche, 8ᵉ	01 48 88 62 00
17	F9	ANA (Cie aérienne)	114 av. Champs-Élysées, 8ᵉ	01 53 83 52 52
31	H14	Centre Japonais du Com. extérieur (JETRO)	151 bis r. St-Honoré, 1ᵉʳ	01 42 61 27 27
21	G17	Espace Japon (bibliothèque)	9 r. de la Fontaine-au-Roi, 11ᵉ	01 47 00 77 47
16	G7	Fondation du Japon	42 av. Kléber, 16ᵉ	01 47 04 28 63
17	F9	Japan Air Lines	1 rond-point Champs-Élysées, 8ᵉ	01 44 35 55 00
31	G13	Librairie Junku	18 r. des Pyramides, 1ᵉʳ	01 42 60 89 12
31	G13	– Tokyo-Do	4-8 r. Ste-Anne, 1ᵉʳ	01 42 61 08 71
16	G7	Office Franco-Japonais d'Études Économiques	14 r. Cimarosa, 16ᵉ	01 47 27 30 90
31	G13	Office National du Tourisme	8 r. Ste-Anne, 1ᵉʳ	01 42 96 20 29
42	L11	Radio Télévision japonaise (N.H.K.)	3 r. de l'Arrivée, 15ᵉ Tour CIT	01 43 27 98 99
16	F8	Service culturel et d'information de l'ambassade	7 r. de Tilsitt, 17ᵉ	01 48 88 62 00

Jordanie - Cap. Amman

14	E4	Ambassade du Royaume Hâchémite	Neuilly - 80 bd M.-Barrès	01 46 24 51 38
18	G12	Royal Jordanian (Cie aérienne)	12 r. de la Paix, 2ᵉ	01 42 44 45 80
18	G12	Office du Tourisme *(uniquement par correspondance)*	–	01 42 60 46 91

Kenya - Cap. Nairobi

16	G7	Ambassade	3 r. Cimarosa, 16ᵉ	01 45 53 35 00
19	G13	Kenya Airways	38 av. de l'Opéra, 2ᵉ	01 47 42 33 11
18	G12	Office du Tourisme	5 r. Volney, 2ᵉ	01 42 60 66 88

Koweït - Cap. Koweït

28	G8	Ambassade	2 r. de Lübeck, 16ᵉ	01 47 23 54 25
16	G8	Consulat	1 pl. des États-Unis, 16ᵉ	01 47 23 46 61
16	F8	Kuwait Airways	93 av. Champs-Élysées, 8ᵉ	01 47 20 75 15

Laos - Cap. Vientiane

15	G6	Ambassade	74 av. R.-Poincaré, 16ᵉ	01 45 53 02 98

Lettonie - Cap. Riga

19	F14	Ambassade	14 bd Montmartre, 9ᵉ	01 48 01 00 44

Liban - Cap. Beyrouth

16	G7	Ambassade	3 villa Copernic, 16ᵉ	01 40 67 75 75
16	F8	Services Consulaires et Culturels	47 r. Dumont-d'Urville, 16ᵉ	01 45 00 03 30
18	F12	Middle East Airlines	6 r. Scribe, 9ᵉ	01 42 66 93 57
17	F10	Office National du Tourisme	124 r. du Fg-St-Honoré, 8ᵉ	01 43 59 10 36

Libéria - Cap. Monrovia

17	D10	Ambassade	12 pl. du Général Catroux, 17ᵉ	01 47 63 58 55

Libye - Cap. Tripoli

15	G5	Ambassade	2 r. Ch.-Lamoureux, 16ᵉ	01 47 04 71 60

		Lituanie - Cap. Vilnius		
19	F14	Ambassade	14 bd Montmartre, 9ᵉ	01 48 01 00 31
17	F9	Lithuanian Airlines (LAL)	76-78 av. Champs-Élysées, 8ᵉ	01 53 76 08 75
		Luxembourg - Cap. Luxembourg		
28	H8	Ambassade	33 av. Rapp, 7ᵉ	01 45 55 13 37
17	F9	Chambre de Commerce Belgo-Luxemb.	174 bd Haussmann, 8ᵉ	01 45 62 44 87
16	F8	Luxair (Air France)	119 av. Champs-Élysées, 8ᵉ	01 44 08 22 22
18	F12	Office de Tourisme	21 bd des Capucines, 2ᵉ	01 47 42 90 56
		Madagascar - Cap. Antananarivo		
26	H4	Ambassade	4 av. Raphaël, 16ᵉ	01 45 04 62 11
34	K20	Air Madagascar	29-31 r. des Boulets, 11ᵉ	01 43 79 74 74
		Malaisie - Cap. Kuala Lumpur		
15	G5	Ambassade	2 bis r. Benouville, 16ᵉ	01 45 53 11 85
18	F12	Malaysian Airlines System	12 bd des Capucines, 9ᵉ	01 44 51 64 20
31	G13	Office du Tourisme	29 r. des Pyramides, 1ᵉʳ	01 42 97 41 71
		Mali - Cap. Bamako		
42	L11	Ambassade	89 r. du Cherche-Midi, 6ᵉ	01 45 48 58 43
33	H18	Consulat	43 r. du Chemin-Vert, 11ᵉ	01 48 07 85 85
		Malte - Cap. La Valette		
17	F9	Ambassade	92 av. Champs-Élysées, 8ᵉ	01 45 62 53 01
18	G12	Air Malta	9 bd de la Madeleine, 1ᵉ	01 44 86 08 40
19	F14	Office national du Tourisme	9 cité de Trévise, 9ᵉ	01 48 00 03 79
		Maroc - Cap. Rabat		
27	H6	Ambassade	5 r. Le Tasse, 16ᵉ	01 45 20 69 35
52	N8	Consulat	12 r. de la Saïda, 15ᵉ	01 45 33 81 41
19	E13	Compagnie Marocaine de Navigation (COMANAV)	60 r. St-Lazare, 9ᵉ	01 42 80 39 13
30	G11	Maghreb Arabe Presse	4 pl. de la Concorde, 8ᵉ	01 42 65 40 45
31	H13	Office National du Tourisme	161 r. St-Honoré, 1ᵉʳ	01 42 60 63 50
19	G13	Royal Air Maroc	38 av. de l'Opéra, 2ᵉ	01 44 94 13 30
		Maurice (République de l'île) Cap. Port-Louis		
5	C9	Ambassade	127 r. de Tocqueville, 17ᵉ	01 42 27 30 19
		Bureau d'Information Touristique *(uniquement par téléphone ou par courrier)*	Neuilly 120 av. Charles-de-Gaulle	01 46 40 37 42
		Mauritanie - Cap. Nouakchott		
42	L11	Ambassade	89 r. du Cherche-Midi, 6ᵉ	01 45 48 23 88
17	F9	Air Afrique	104 av. Champs-Élysées, 8ᵉ	01 44 21 32 32
		Mexique - Cap. Mexico		
28	G7	Ambassade	9 r. de Longchamp, 16ᵉ	01 45 53 76 43
31	G14	Consulat	4 r. N.-D.-des-Victoires, 2ᵉ	01 42 86 56 20
18	F12	Aeromexico	12 r. Auber, 9ᵉ	01 47 42 40 50
33	H17	Centre culturel	119 r. Vieille du Temple, 3ᵉ	01 44 61 84 44
31	G14	Office de Tourisme	4 r. N.-D.-des-Victoires, 2ᵉ	01 42 86 56 20
		Monaco - Cap. Monaco		
26	H4	Ambassade	22 bd Suchet, 16ᵉ	01 45 04 74 54
18	G12	Office du Tourisme et des Congrès	9 r. de la Paix, 2ᵉ	01 42 96 12 23
		Mongolie - Cap. Oulan-Bator		
37	L2	Ambassade	Boulogne - 5 av. R.-Schuman	01 46 05 23 18
		Mozambique - Cap. Maputo		
16	D7	Ambassade	82 r. Laugier, 17ᵉ	01 47 64 91 32
		Myanmar (anc. Birmanie) Cap. Yangon		
17	E9	Ambassade	60 r. de Courcelles, 8ᵉ	01 42 25 56 95
		Namibie - Cap. Windhoek		
15	F5	Ambassade	80 av. Foch, 16ᵉ	01 44 17 32 65

Népal - Cap. Katmandu

| 16 | E7 | Ambassade | 45 bis r. des Acacias, 17ᵉ | 01 46 22 48 67 |

Nicaragua - Cap. Managua

| 15 | F6 | Ambassade | 8 r. de Sfax, 16ᵉ | 01 45 00 35 42 |
| 15 | F6 | Section Consulaire | – | 01 45 00 41 02 |

Niger - Cap. Niamey

| 27 | G5 | Ambassade | 154 r. de Longchamp, 16ᵉ | 01 45 04 80 60 |
| 17 | F9 | Air Afrique | 104 av. Champs-Élysées, 8ᵉ | 01 44 21 32 32 |

Nigeria - Cap. Abuja

| 27 | G5 | Ambassade | 173 av. Victor-Hugo, 16ᵉ | 01 47 04 68 65 |

Norvège - Cap. Oslo

29	G9	Ambassade	28 r. Bayard, 8ᵉ	01 53 67 04 00
14	D4	Chambre de Commerce Franco-Norvégienne	Neuilly - 88 av. Ch.-de-Gaulle	01 46 41 49 41
29	G9	Office National du Tourisme	28 r. Bayard, 8ᵉ	01 53 23 00 50
18	F11	Scandinavian Airlines System (SAS)	18 bd Malesherbes, 8ᵉ	01 53 43 24 00

Nouvelle-Zélande - Cap. Wellington

| 15 | F6 | Ambassade | 7 ter r. Léonard-de-Vinci, 16ᵉ | 01 45 00 24 11 |

Oman - Cap. Mascate

| 28 | G8 | Ambassade | 50 av. d'Iéna, 16ᵉ | 01 47 23 01 63 |

Ouganda - Cap. Kampala

| 27 | G6 | Ambassade | 13 av. R.-Poincaré, 16ᵉ | 01 47 27 46 80 |

Pakistan - Cap. Islamabad

| 16 | F8 | Ambassade | 18 r. Lord-Byron, 8ᵉ | 01 45 62 23 32 |
| 16 | F8 | Pakistan International Airlines | 152 av. Champs-Élysées, 8ᵉ | 01 45 62 92 41 |

Panama - Cap. Panama

| 41 | L9 | Ambassade | 145 av. de Suffren, 15ᵉ | 01 47 83 23 32 |

Papouasie - Nouvelle Guinée
Cap. Port Moresby

| 39 | K6 | Ambassade | 14 r. du Théâtre, 15ᵉ | 01 45 79 68 06 |

Paraguay - Cap. Asuncion

| 16 | D8 | Ambassade | 113 r. de Courcelles, 17ᵉ | 01 44 40 23 05 |

Pays-Bas - Cap. Amsterdam

41	K10	Ambassade	7-9 r. Eblé, 7ᵉ	01 40 62 33 00
17	D10	Chambre de Com. Franco-Néerlandaise	64 r. de Tocqueville, 17ᵉ	01 47 66 83 75
30	H11	Institut Néerlandais	121 r. de Lille, 7ᵉ	01 47 05 85 99
18	F11	Lignes Royales Néerlandaises (KLM)	16 r. Chauveau-Lagarde, 8ᵉ	01 44 56 18 18
18	F12	Office National du Tourisme	9 r. Scribe, 9ᵉ	01 43 12 34 20

Pérou - Cap. Lima

16	G7	Ambassade	50 av. Kléber, 16ᵉ	01 47 04 34 53
17	F9	Consulat	102 av. Champs-Élysées, 8ᵉ	01 42 89 30 13
16	G7	Service Culturel et touristique	50 av. Kléber, 16ᵉ	01 47 04 34 53

Philippines - Cap. Manille

27	H6	Ambassade	4 hameau de Boulainvilliers, 16ᵉ	01 44 14 57 00
27	J5	Service Culturel	–	–
31	H13	Philippines Airlines	1 pl. André-Malraux, 1ᵉʳ	01 42 96 01 40
18	G11	Services du tourisme de l'Ambassade	3 r. Fg-St-Honoré, 8ᵉ	01 42 65 02 34

Pologne - Cap. Varsovie

29	J10	Ambassade	1 r. Talleyrand, 7ᵉ	01 45 51 60 80
29	J10	Consulat	5 r. de Talleyrand, 7ᵉ	01 45 51 82 22
32	K16	Bibliothèque Polonaise	6 quai d'Orléans, 4ᵉ	01 43 54 35 61
29	G9	Institut polonais	31 r. Jean-Goujon, 8ᵉ	01 42 25 10 57
31	K13	Librairie Polonaise	123 bd St-Germain, 6ᵉ	01 43 26 04 42
19	G13	Lignes Aériennes Polonaises (LOT)	18 r. Louis-le-Grand, 2ᵉ	01 47 42 05 60
19	G13	Office du Tourisme Polonais Orbis	49 av. de l'Opéra, 2ᵉ	01 47 42 07 42
16	G7	Académie Polonaise des Sciences	74 r. Lauriston, 16ᵉ	01 45 53 66 91

Portugal - Cap. Lisbonne

15	G5	Ambassade	3 r. de Noisiel, 16ᵉ	01 47 27 35 29
45	N17	Consulat	187 r. du Chevaleret, 13ᵉ	01 44 06 88 90
16	F8	Centre Culturel - Calouste Gulbenkian	51 av. d'Iéna, 16ᵉ	01 47 20 86 84
30	J11	Chambre de Com. Franco-Portugaise	217 bd St-Germain, 7ᵉ	01 45 44 03 40
18	F12	Office du Tourisme et Commercial du Portugal	7 r. Scribe, 9ᵉ	01 47 42 55 57
19	F13	TAP (Cie aérienne)	11 bis-13 bd Haussmann, 9ᵉ	01 44 86 89 89

Qatar - Cap. Doha

29	H9	Ambassade	57 quai d'Orsay, 7ᵉ	01 45 51 90 71

Roumanie - Cap. Bucarest

29	J9	Ambassade	5 r. de l'Exposition, 7ᵉ	01 40 62 22 02
29	J9	Consulat	3 r. de l'Exposition, 7ᵉ	01 40 62 22 07
29	J9	Centre Culturel	1 r. de l'Exposition, 7ᵉ	01 40 62 22 70
31	G13	Office du Tourisme	12 r. des Pyramides, 2ᵉ	01 40 20 99 33
19	G13	Tarom (Cie aérienne)	38 av. de l'Opéra, 2ᵉ	01 47 42 25 42
29	J9	Section Commerciale	5 r. de l'Exposition, 7ᵉ	01 40 62 22 50

Russie - Cap. Moscou

26	G4	Ambassade	40-50 bd Lannes, 16ᵉ	01 45 04 05 50
17	G9	Aeroflot (Cie aérienne)	33 av. Champs-Élysées, 8ᵉ	01 42 25 43 81
29	G10	Chambre de Commerce Franco-Russe	22 av. F-Roosevelt, 8ᵉ	01 42 25 97 10
31	J13	Librairie du Globe	2 r. de Buci, 6ᵉ	01 43 26 54 99
15	G5	Représentation Commerciale	49 r. de la Faisanderie, 16ᵉ	01 47 27 41 39

Rwanda - Cap. Kigali

17	E9	Ambassade	12 r. Jadin, 17ᵉ	01 42 27 36 31

Saint-Marin - Cap. Saint-Marin

16	G8	Ambassade	41 av. d'Iéna, 16ᵉ	01 47 23 77 32
17	F10	Consulat	50 r. du Colisée, 8ᵉ	01 43 59 82 89

Saint-Siège - Cité du Vatican

28	G8	Nonciature Apostolique	10 av. du Prés.-Wilson, 16ᵉ	01 53 23 01 50

El Salvador - Cap. San Salvador

16	G7	Ambassade	12 r. Galilée, 16ᵉ	01 47 20 42 02

Sénégal - Cap. Dakar

29	H9	Ambassade	14 av. Robert-Schuman, 7ᵉ	01 47 05 39 45
28	G7	Consulat	22 r. Hamelin, 16ᵉ	01 44 05 38 48
28	G7	Bureau du Tourisme	–	–
17	F9	Air Afrique	104 av. Champs-Élysées, 8ᵉ	01 44 21 32 32

Seychelles - Cap. Victoria

26	J4	Ambassade	51 av. Mozart, 16ᵉ	01 42 30 57 47
16	G18	Consulat	53 r. François-Iᵉʳ, 8ᵉ	01 47 20 26 26
17	F9	Office du Tourisme	32 r. de Ponthieu, 8ᵉ	01 42 89 97 77
		Air Seychelles	–	01 42 89 86 83

Sierra Leone - Cap. Freetown

16	E8	Consulat	16 av. Hoche, 8ᵉ	01 42 56 14 73
17	E9	Office du Tourisme	–	–

Singapour - Cap. Singapour

15	F5	Ambassade	12 square de l'av.-Foch, 16ᵉ	01 45 00 33 61
31	H13	Office national du Tourisme	168 r. de Rivoli, 1ᵉʳ	01 42 97 16 16
28	G7	Singapore Airlines	43 r. Boissière, 16ᵉ	01 45 53 90 90

Slovaque (République) Cap. Bratislava

26	J4	Ambassade	125 r. du Ranelagh, 16ᵉ	01 44 14 56 00

		Slovénie - Cap. Ljubljana		
28	G7	Ambassade	21 r. du Bouquet-de-Longchamp, 16ᵉ	01 47 55 65 90
19	G13	Adria Airways	38 av. de l'Opéra, 2ᵉ	01 47 42 95 00
		Somalie - Cap. Mogadiscio		
16	F8	Ambassade	26 r. Dumont-d'Urville, 16ᵉ	01 45 00 76 51
		Soudan - Cap. Khartoum		
29	G9	Ambassade	56 av. Montaigne, 8ᵉ	01 42 25 55 71
		Sri Lanka - Cap. Colombo		
18	F11	Ambassade	15 r. d'Astorg, 8ᵉ	01 42 66 35 01
31	G13	Air Lanka	18 r. Thérèse, 1ᵉʳ	01 44 77 82 20
19	G13	Office du Tourisme	19 r. du 4-Septembre, 2ᵉ	01 42 60 49 99
		Suède - Cap. Stockholm		
30	J11	Ambassade	17 r. Barbet-de-Jouy, 7ᵉ	01 44 18 88 00
32	J16	Centre Culturel	11 r. Payenne, 3ᵉ	01 44 78 80 20
18	F12	Centre Suédois du Commerce Extérieur	67 bd Haussmann, 8ᵉ	01 42 66 08 88
33	J17	Office du Tourisme	11 r. Payenne, 3ᵉ	01 42 72 58 77
18	F11	Scandinavian Airlines System (SAS)	18 bd Malesherbes, 8ᵉ	01 53 43 24 00
		Suisse - Cap. Berne		
29	J10	Ambassade	142 r. de Grenelle, 7ᵉ	01 49 55 67 00
32	J16	Centre Culturel	38 r. Francs Bourgeois, 3ᵉ	01 42 71 38 38
20	E15	Chambre de Commerce	10 r. des Messageries, 10ᵉ	01 48 01 00 77
18	F12	Suisse Tourisme-Chemins de fer fédéraux	11 bis r. Scribe, 9ᵉ	01 44 51 65 51
55	N14-P14	Swissair	4-14 r. Ferrus, 14ᵉ	01 45 81 11 01
		Syrie - Cap. Damas		
30	J11	Ambassade	20 r. Vaneau, 7ᵉ	01 40 62 61 00
29	J9	Centre culturel arabe syrien	12 av. de Tourville, 7ᵉ	01 47 05 30 11
18	F12	Syrian Arab Airlines (Syrianair)	1 r. Auber, 9ᵉ	01 47 42 11 06
		Tanzanie - Cap. Dodoma		
5	C9	Ambassade	70 bd Péreire, 17ᵉ	01 47 66 21 77
		Tchad - Cap. N'Djamena		
15	G6	Ambassade	65 r. Belles-Feuilles, 16ᵉ	01 45 53 36 75
17	F9	Air Afrique	104 av. Champs-Élysées, 8ᵉ	01 44 21 33 33
		Tchèque (République) - Cap. Prague		
28	J8	Ambassade	15 av. Charles-Floquet, 7ᵉ	01 40 65 13 00
31	J13	– (Section Consulaire)	18 r. Bonaparte, 6ᵉ	01 44 32 02 00
19	G13	Ceske Aerolinie (CSA)	32 av. de l'Opéra, 2ᵉ	01 47 42 18 11
19	G13	Cedok-Voyage et Office du Tourisme	32 av. de l'Opéra, 2ᵉ	01 44 94 87 50
		Thaïlande - Cap. Bangkok		
27	H6	Ambassade	8 r. Greuze, 16ᵉ	01 47 04 32 22
17	F9	Office National du Tourisme	90 av. Champs-Élysées, 8ᵉ	01 45 62 86 56
17	G9	Thai Airways International	23 av. Champs-Élysées, 8ᵉ	01 44 20 70 80
		Togo - Cap. Lomé		
4	C8	Ambassade	8 r. Alfred-Roll, 17ᵉ	01 43 80 12 13
17	F9	Air Afrique	104 av. Champs-Élysées, 8ᵉ	01 44 21 32 32
		Tunisie - Cap. Tunis		
30	K11	Ambassade	25 r. Barbet-de-Jouy, 7ᵉ	01 45 55 95 98
28	G7	Consulat	17-19 r. de Lübeck, 16ᵉ	01 45 53 50 94
19	G13	Office National du Tourisme	32 av. de l'Opéra, 2ᵉ	01 47 42 72 67
18	G12	Tunis Air	17 r. Daunou, 2ᵉ	01 42 96 10 45

		Turquie - Cap. Ankara		
27	J6	Ambassade	16 av. de Lamballe, 16ᵉ	01 45 24 52 24
5	C9	Consulat	184 bd Malsherbes, 17ᵉ	08 36 68 05 22
17	F9	Bureau de tourisme et d'Information	102 av. Champs-Élysées, 8ᵉ	01 45 62 78 68
18	F12	Turkish Airlines	1 r. Scribe, 9ᵉ	01 42 66 47 40
		Ukraine - Cap. Kiev		
41	K9	Ambassade	22 av. de Saxe, 7ᵉ	01 43 06 07 37
		Consulat	–	01 43 06 04 11
18	F11	Ukraine international Airlines	120 bd Haussmann, 8ᵉ	01 42 93 04 36
		Uruguay - Cap. Montevideo		
16	F7	Ambassade	15 r. Le Sueur, 16ᵉ	01 45 00 81 37
16	F7	Consulat	–	01 45 00 53 32
		Vatican - (Voir Saint-Siège)		
		Venezuela - Cap. Caracas		
16	G7	Ambassade	11 r. Copernic, 16ᵉ	01 45 53 29 98
16	G7	Service Consulaire	8 Imp. Kléber, 16ᵉ	01 47 55 00 11
18	F12	Viasa Airlines (Ibéria)	1 r. Scribe, 9ᵉ	01 43 35 54 00
		Vietnam - Cap. Hanoï		
38	L3	Ambassade	62 r. Boileau, 16ᵉ	01 44 14 64 00
38	L3	Service Consulaire	64	01 45 27 62 55
14	D3	Section commerciale	Neuilly-s-Seine	01 44 14 64 20
			44 av. de Madrid	01 44 14 64 17
		Yemen - Cap. Sana'a		
28	G8	Ambassade	25 r. Georges Bizet, 16ᵉ	01 47 23 61 76
17	F9	Yemenia (Yemen Airways)	52 av. Champs-Élysées, 8ᵉ	01 42 56 06 00
		Yougoslavie - Cap. Belgrade		
15	G5	Ambassade	54 r. de la Faisanderie, 16ᵉ	01 40 72 24 24
32	H15	Centre Culturel	123 r. St-Martin, 4ᵉ	01 42 72 50 50
		JAT (Cie aérienne)	11 r. Vignon, 8ᵉ	01 42 66 32 39
		Zaïre - Cap. Kinshasa		
29	G9	Ambassade	32 cours Albert-1ᵉʳ, 8ᵉ	01 42 25 57 50
16	F85	Air Zaire	5 r. Vernet, 8ᵉ	01 49 52 04 44
		Zambie - Cap. Lusaka		
17	E10	Consulat	34 av. de Messine, 8ᵉ	01 44 95 97 56
		Zimbabwe - Cap. Harare		
16	F8	Ambassade	5 r. de Tilsitt, 8ᵉ	01 47 63 48 31

Au-delà de la banlieue de Paris,
*utilisez les **cartes Michelin** :*

106 *à 1/100 000 - Environs de Paris*
237 *à 1/200 000 - Ile-de-France.*

AUTOMOBILE
MOTORING ORGANIZATIONS, PKW, AUTOMÓVIL

Organismes
Tourist associations, Touristische Organisationen, Organismos

18	F12	Automobile Club National	5 r. Auber, 9ᵉ	01 44 51 53 99
20	F15	Auto, Caravaning-Camping-Car Club de France	37 r. d'Hauteville, 10ᵉ	01 47 70 29 81
30	G11	Automobile-Club de France	8 pl. de la Concorde, 8ᵉ	01 43 12 43 12
16	F7	Automobile-Club de l'Ile-de-France	14 av. de la Grande-Armée, 17ᵉ	01 40 55 43 02
16	F8	Comité des Constructeurs Français Automobiles	2 r. de Presbourg, 8ᵉ	01 49 52 51 00
16	G7	Fédération Nationale des Transports Routiers	6 r. Ampère, 17ᵉ	01 44 29 04 29
17	E9	Prévention Routière	6 av. Hoche, 8ᵉ	01 44 15 27 00

Location de voitures
Car hire companies, Autovermietung, Coches de alquiler

		Avis		01 46 10 60 60
		Avis Train + Auto		
		Budget France		01 46 86 65 65
		CITER-Eurodollar		01 44 38 61 61
		EUROPCAR		01 30 43 82 82
41	K9	Eurorent	42 av. de Saxe, 7ᵉ	01 44 38 55 55
		Hertz-France		01 39 38 38 38
55	N14	Inter Touring Service	117 bd A.-Blanqui, 13ᵉ	01 45 88 52 37

Informations routières par téléphone ou par radio
Traffic information, Verkehrsinformationen,
Información telefónica del estado de las carreteras

F I P (105.1 FM) (circulation à Paris)	01 42 20 12 34
Info-Voirie (fermeture du boulevard périphérique et des voies sur berge)	01 42 76 52 52
Centre Régional d'Information et de Coordination Routière d'Ile-de-France	01 48 99 33 33

Fourrières

Un véhicule enlevé, stationne **36 heures** à la **pré-fourrière** la plus proche de son enlèvement.
Passé ce délai, il est transféré à la **fourrière**.
Pour le récupérer adressez-vous au commissariat de police de l'arrondissement ou il a été enlevé *(voir rubrique "Police")*.

COMMERCE
BUSINESS, GESCHÄFT, COMERCIO

Salons, Foires, Expositions
Fairs, Exhibitions, Messen, Ausstellungen, Salones, Ferias, Exposiciones

65		Centre National des Industries et des Techniques (CNIT)	Paris - La Défense	01 46 92 12 12
22	BB39	Comité des Expositions de Paris	Boulogne-Billancourt 55 quai A. Le Gallo	01 49 09 60 00
19	F14	Drouot-Richelieu (hôtel des ventes)	9 r. Drouot, 9ᵉ	01 48 00 20 20
29	G9	Drouot-Montaigne (hôtel des ventes)	15 av. Montaigne, 8ᵉ	01 48 00 20 80
45	M18	Espace Austerlitz	30 quai d'Austerlitz, 13ᵉ	01 45 56 09 09
4	C7D7	Espace Champerret	pl. Pte de Champerret, 17ᵉ	01 40 55 19 55
10	C20	Grande Halle de la Villette	211 av. Jean-Jaurès, 19ᵉ	01 40 03 75 75
15	E6	Palais des Congrès	2 pl. de la Pte-Maillot, 17ᵉ	01 40 68 22 22
51	N6	Parc des Expositions (S.E.P.E.)	Pte-de-Versailles, 15ᵉ	01 43 95 37 00
20	AN57	Parc des Expositions du Bourget	Aéroport Le Bourget	01 48 35 91 61
20	AK65	Parc d'Expositions de Paris-Nord-Villepinte	Villepinte - ZAC Paris-Nord II	01 48 63 30 30

Grands Magasins et Centres commerciaux
Department stores and shopping centres, Kaufhäuser, Einkaufszentren, Grandes Almacenes y Centros Comerciales

32	J15	Bazar de l'Hôtel-de-Ville Rivoli	52 r. de Rivoli, 4ᵉ	01 42 74 90 00
30	K11	Le Bon Marché	22 r. de Sèvres, 7ᵉ	01 44 39 80 00
31	H13	Le Carrousel du Louvre	99 r. de Rivoli, 1ᵉʳ	01 43 16 48 49
16	E8	FNAC Étoile	26-30 av. des Ternes, 16ᵉ	01 44 09 18 00
31	H14	– Forum des Halles	1-7 r. Pierre-Lescot, 1ᵉʳ	01 40 41 40 00
42	L12	– Montparnasse	136 r. de Rennes, 6ᵉ	01 49 54 30 00
32	H15	Forum des Halles	1 r. Pierre-Lescot, 1ᵉʳ	01 44 76 96 56
18	G12N	Les Trois-Quartiers	23 bd de la Madeleine, 1ᵉʳ	01 42 97 80 12
18	F12	Galeries Lafayette Haussmann	40 bd Haussmann, 9ᵉ	01 42 82 34 56
56	P16	Italie 2	30 av. d'Italie, 13ᵉ	01 45 80 09 09
42	L11	Maine-Montparnasse	66 bd du Montparnasse, 15ᵉ	01 45 38 52 54
18	F12	Marks & Spencer	35-41 bd Haussmann, 9ᵉ	01 47 42 42 91
18	F12	Au Printemps Haussmann	64 bd Haussmann, 9ᵉ	01 42 82 50 00
31	H14	Samaritaine	75 r. de Rivoli, 1ᵉʳ	01 40 41 20 20
17	F9	Virgin Megastore	60 av. Champs-Élysées, 8ᵉ	01 49 53 50 00

Antiquaires, Brocante, Marchés insolites
Antique shops, junk stalls, Antiquitätenhandlungen, Trödelwaren, Anticuarios, chamarileros

30	J12	Carré Rive Gauche	Quai Voltaire, r. du Bac, r. des Sᵗˢ-Pères, 7ᵉ, 6ᵉ	
33	H17	Carreau du Temple	2 r. Perrée, 3ᵉ	01 42 71 08 80
31	H13	Le Louvre des Antiquaires	2 pl. du Palais-Royal, 1ᵉʳ	01 42 97 27 00
32	J15	Marché aux Fleurs	r. de Lutèce, 4ᵉ	
31	J14	Marché aux Oiseaux	Quai de la Mégisserie, 1ᵉʳ	
7	A14	Marché aux Puces	St-Ouen - 85 r. des Rosiers	01 40 11 59 69
52	N8	Marché du Livre ancien et d'occasion	Parc Georges Brassens, r. Brancion, 15ᵉ	
36	J23	Marché aux Puces	Porte de Montreuil, 20ᵉ	
53	P9	Marché aux Puces	Porte de Vanves, 14ᵉ	
17	G10-F10	Marché aux Timbres	av. Matignon, rond-point Champs-Élysées, 8ᵉ	
32	J16	Village St Paul	r. St Paul, 4ᵉ	
28	K8	Le Village Suisse	54 av. Motte-Picquet, 15ᵉ	01 43 06 47 87

Pour vous diriger en banlieue, utilisez la **carte Michelin** *Banlieue de Paris n° 101.*

CULTES (^{1})

Églises et chapelles catholiques, *Catholic churches and chapels,*
Katholische Kirchen und Kapellen, Iglesias y Capillas Católicas

18	F11	Archevêché (Maison Diocésaine)	8 r. de la Ville-l'Évêque, 8ᵉ	01 49 24 11 11
32	K15	Notre-Dame (cathédrale)	6 Parvis Notre-Dame, 4ᵉ	01 42 34 56 10
17	E9	Annonciation (chap. Dominicains)	222 r. du Fg-St-Honoré, 8ᵉ	01 44 95 13 10
34	J20	Bon Pasteur (égl.)	177 r. de Charonne, 11ᵉ	01 43 71 05 24
27	J5	Christ Médiateur (chap. Assomption)	17 r. de l'Assomption, 16ᵉ	01 46 47 84 56
23	G22	Cœur Eucharistique de Jésus (égl.)	22 r. du Lt-Chauré, 20ᵉ	01 40 31 74 55
16	F8	Corpus Christi (chap.)	23 av. Friedland, 8ᵉ	01 40 76 30 30
47	L22	Immaculée Conception (égl.)	34 r. du Rendez-Vous, 12ᵉ	01 53 33 81 90
21	D17	Mission Belge (chap.)	228 r. La Fayette, 10ᵉ	01 46 07 95 76
30	K11	Missions Étrangères de Paris (chap.)	128 r. du Bac, 7ᵉ	01 44 39 10 40
42	L11	N.-D. des Anges (chap.)	102 bis r. de Vaugirard, 6ᵉ	01 42 22 97 57
26	J4	– de l'Assomption de Passy (égl.)	90 r. de l'Assomption, 16ᵉ	01 42 24 41 50
38	L4	– d'Auteuil (égl.)	Place Théodore Rivière, 16ᵉ	01 42 30 50 01
23	G21	– Auxiliatrice (chap.)	15 r. du Retrait, 20ᵉ	01 46 36 97 67
32	H16	– des Blancs-Manteaux (égl.)	12 r. Blancs-Manteaux, 4ᵉ	01 42 72 09 37
22	F19	– du Bas-Belleville (chap.)	5, allée Gabrielle d'Estrées, 19ᵉ	01 42 08 54 54
41	K9	– du Bon Conseil (chap.)	6 r. A.-de-Lapparent, 7ᵉ	01 47 83 56 68
8	B15	– du Bon Conseil (égl.)	140 r. de Clignancourt, 18ᵉ	01 46 06 39 80
20	G15	– de Bonne-Nouvelle (égl.)	25 r. de la Lune, 2ᵉ	01 42 33 65 74
22	D19	– des Buttes-Chaumont (égl.)	80 r. de Meaux, 19ᵉ	01 42 06 16 86
42	L12	– des Champs (égl.)	91 bd du Montparnasse, 6ᵉ	01 40 64 19 64
7	B14	– de Clignancourt (égl.)	2 pl. Jules-Joffrin, 18ᵉ	01 44 92 70 21
15	D6	– de Compassion (égl.)	pl. du Général-Kœnig, 17ᵉ	01 45 74 83 31
5	C9	– de Confiance (chap.)	164 r. de Saussure, 17ᵉ	01 42 27 93 09
22	G20	– de la Croix (égl.)	3 pl. de Ménilmontant, 20ᵉ	01 46 36 74 88
33	J18	– d'Espérance *(fermée pour travaux)*	4 r. du Cdt Lamy, 11ᵉ	01 47 00 12 11
9	C18	– des Foyers (égl.)	18 r. de Tanger, 19ᵉ	01 40 34 46 44
57	P17	– de la Gare (égl.)	pl. Jeanne d'Arc, 13ᵉ	01 45 83 47 34
40	K7	– de Grâce (chap.)	6 r. Fondary, 15ᵉ	01 45 77 46 50
27	J6	– de Grâce de Passy (égl.)	10 r. de l'Annonciation, 16ᵉ	01 45 25 76 32
43	L14	– du Liban (rite maronite)	17 r. d'Ulm, 5ᵉ	01 43 29 47 60
19	E13	– de Lorette (égl.)	18 bis r. Châteaudun, 9ᵉ	01 48 78 92 72
23	F21	– de Lourdes (égl.)	130 r. Pelleport, 20ᵉ	01 40 31 61 60
41	L9	– du Lys (chap.)	7 r. Blomet, 15ᵉ	01 45 67 81 81
20	D16	– des Malades (chap.)	15 r. Ph.-de-Girard, 10ᵉ	01 46 07 87 26
30	K11	– de la Médaille Miraculeuse (chap.)	140 r. du Bac, 7ᵉ	01 45 48 43 61
46	N20	– de la Nativité de Bercy (égl.)	9 pl. Lachambeaudie, 12ᵉ	01 43 07 86 01
39	N6	– de Nazareth (égl.)	351 r. Lecourbe, 15ᵉ	01 45 58 50 26
23	F22	– des Otages (égl.)	81 r. Haxo, 20ᵉ	01 43 64 60 70
43	M13	– de Paix (chap.)	26 r. Boissonade, 14ᵉ	01 43 22 42 08
34	H20	– du Perpétuel Secours (basilique)	55 bd Ménilmontant, 11ᵉ	01 48 05 94 93
22	G19	– Réconciliatrice (chap.)	57 bd de Belleville, 11ᵉ	01 40 21 71 11
53	P9	– du Rosaire (égl.)	194 r. R.-Losserand, 14ᵉ	01 45 43 13 16
27	H6	– du St-Sacrement (chap.)	20 r. Cortambert, 16ᵉ	01 45 04 41 86
40	N8	– de la Salette (égl.)	27 r. de Dantzig, 15ᵉ	01 45 31 12 16
41	N10	– du Travail (égl.)	59 r. Vercingétorix, 14ᵉ	01 44 10 72 92
43	M14	– du Val de Grâce (égl.)	1 pl. Laveran, 5ᵉ	01 43 29 12 31
31	G14	– des Victoires (basilique)	pl. des Petits-Pères, 2ᵉ	01 42 60 90 47
9	B17	Quatre Évangélistes (chap.)	1 r. de la Croix Moreau, 18ᵉ	01 40 05 90 55
7	C14	Sacré-Cœur (basilique)	pl. Parvis-Sacré-Cœur, 18ᵉ	01 42 51 17 02
55	P14	St-Albert le Grand (égl.)	122 r. de la Glacière, 13ᵉ	01 45 89 19 76
33	H18	– Ambroise (égl.)	71 bd Voltaire, 11ᵉ	01 43 55 56 18
18	D12	– André de l'Europe (égl.)	24 bis r. de St. Petersbourg, 8ᵉ	01 45 22 27 29
52	P7	– Antoine de Padoue (égl.)	52 bd Lefebvre, 15ᵉ	01 53 68 06 20
45	K18	– Antoine des Quinze-Vingts (égl.)	66 av. Ledru-Rollin, 12ᵉ	01 43 43 93 94
18	E11	– Augustin (égl.)	pl. St-Augustin, 8ᵉ	01 45 22 23 12
42	M11	– Bernard de Maine-Montparnasse (chap.)	34 av. du Maine, 15ᵉ	01 43 21 50 76

(1) Un centre d'information et de documentation religieuse est à votre service, 8 rue Massillon, 75004 Paris ; ☎ 01 46 33 01 01.
Informations religieuses téléphonées 01 43 29 11 22. Minitel : 3615 GABRIEL

8	D16	St-Bernard de la Chapelle (égl.)	11 r. Affre, 18ᵉ	01 42 64 52 12
36	J23	– Charles de la Croix-St-Simon (chap.)	16 bis r. Croix-St-Simon, 20ᵉ	01 43 70 77 96
17	D10	– Charles de Monceau (égl.)	22 bis r. Legendre, 17ᵉ	01 47 63 05 84
39	L5	– Christophe de Javel (égl.)	28 r. de la Convention, 15ᵉ	01 45 77 63 78
8	C16	– Denys de la Chapelle (égl.)	16 r. de la Chapelle, 18ᵉ	01 46 07 54 31
33	H17	– Denys du St-Sacrement (égl.)	68 bis r. de Turenne, 3ᵉ	01 44 54 35 88
55	N13	– Dominique (égl.)	18 r. Tombe-Issoire, 14ᵉ	01 45 65 20 25
46	L20	– Éloi (égl.)	3 pl. M.-de-Fontenay, 12ᵉ	01 43 07 55 65
47	M21	– Esprit (égl.)	186 av. Daumesnil, 12ᵉ	01 44 75 77 50
44	L15	– Étienne du Mont (égl.)	pl. Ste-Geneviève, 5ᵉ	01 43 54 11 79
19	F14	– Eugène (égl.)	4 bis r. Ste-Cécile, 9ᵉ	01 48 24 70 25
31	H14	– Eustache (égl.)	pl. du Jour, 1ᵉʳ	01 42 36 31 05
16	E7	– Ferdinand-Ste-Thérèse (égl.)	27 r. d'Armaillé, 17ᵉ	01 45 74 00 32
54	P12	– François (chap. Franciscains)	7 r. Marie-Rose, 14ᵉ	01 45 52 12 70
38	L3	– François (chap.)	44 r. Molitor, 16ᵉ	01 46 51 37 54
22	E20	– François d'Assise (égl.)	7 r. de Mouzaïa, 19ᵉ	01 42 39 64 58
17	D9	– François de Sales (ancienne égl.)	8 r. Brémontier, 17ᵉ	01 47 66 75 90
5	D9	– François de Sales (nouvelle égl.)	15-17 r. Ampère, 17ᵉ	01 47 66 75 90
29	K10	– François-Xavier (égl.)	pl. du Pdt-Mithouard, 7ᵉ	01 44 49 62 62
47	K22	– Gabriel (égl.)	5 r. des Pyrénées, 20ᵉ	01 43 72 59 73
21	E18	– Georges (égl.)	114 av. Simon-Bolivar, 19ᵉ	01 42 39 61 80
26	K4	– Georges (rite byzantin-roumain)	38 r. Ribera, 16ᵉ	01 45 27 22 59
31	H14	– Germain l'Auxerrois (égl.)	2 pl. du Louvre, 1ᵉʳ	01 42 60 13 96
35	H22	– Germain de Charonne (égl.)	4 pl. St-Blaise, 20ᵉ	01 43 71 42 04
31	J13	– Germain-des-Prés (égl.)	3 pl. St-G.-des-Prés, 6ᵉ	01 43 25 41 71
32	J15	– Gervais-St-Protais (égl.)	pl. St-Gervais, 4ᵉ	01 48 87 32 02
57	R17	– Hippolyte (égl.)	27 av. de Choisy, 13ᵉ	01 45 85 12 05
15	G6	– Honoré d'Eylau (égl.)	66 bis av. R.-Poincaré, 16ᵉ	01 45 01 96 00
30	K12	– Ignace (égl.)	33 r. de Sèvres, 6ᵉ	01 45 48 25 25
43	L14	– Jacques du Haut Pas (égl.)	252 r. St-Jacques, 5ᵉ	01 43 25 91 70
10	C19	– Jacques-St-Christophe (égl.)	6 pl. de Bitche, 19ᵉ	01 40 36 82 73
22	E20	– Jean-Baptiste de Belleville (égl.)	139 r. de Belleville, 19ᵉ	01 42 08 54 54
40	L7	– Jean-Baptiste de Grenelle (égl.)	23 pl. Etienne-Pernet, 15ᵉ	01 48 28 64 34
41	M10	– Jean-Baptiste de la Salle (égl.)	9 r. du Dr-Roux, 15ᵉ	01 47 34 19 95
35	J21	– Jean Bosco (égl.)	79 r. Alexandre-Dumas, 20ᵉ	01 43 70 29 27
40	M8	– Jean de Dieu (chap.)	223, r. Lecourbe, 15ᵉ	01 45 33 19 14
19	D13	– Jean de Montmartre (égl.)	19 r. des Abbesses, 18ᵉ	01 46 06 43 96
56	N16	– Jean des Deux-Moulins	185-187 r. du Château des Rentiers, 13ᵉ	01 47 70 94 75
21	G18	– Joseph (égl.)	161 r. St-Maur, 11ᵉ	01 43 57 58 50
21	D17	– Joseph Artisan (égl.)	214 r. La Fayette, 10ᵉ	01 46 07 92 87
42	K12	– Joseph des Carmes (égl.)	70 r. de Vaugirard, 6ᵉ	01 45 48 05 16
6	B11	– Joseph des Epinettes (égl.)	40 r. Pouchet, 17ᵉ	01 46 27 11 24
31	K14	– Julien le Pauvre (rite grec-byzantin)	1 r. St-Julien-le-Pauvre, 5ᵉ	01 43 54 52 16
40	M8	– Lambert de Vaugirard (égl.)	2 r. Gerbert, 15ᵉ	01 44 19 45 25
20	F16	– Laurent (égl.)	68 bd Magenta, 10ᵉ	01 46 07 24 65
28	K8	– Léon (égl.)	1 pl. du Card.-Amette, 15ᵉ	01 53 69 60 10
32	H15	– Leu-St-Gilles (égl.)	92 bis r. St-Denis, 1ᵉ	01 42 33 50 22
18	F12	– Louis d'Antin (égl.)	63 r. Caumartin, 9ᵉ	01 43 12 30 50
29	K9	– Louis-Ecole Militaire (chap.)	13 pl. Joffre, 7ᵉ	01 45 50 32 80
32	K16	– Louis en l'Ile (égl.)	19 r. St-Louis-en-l'Ile, 4ᵉ	01 46 34 11 60
29	J10	– Louis des Invalides (égl.)	Hôtel des Invalides, 7ᵉ	01 44 42 37 65
44	M16	– Marcel (égl.)	80-82 bd de l'Hôpital, 13ᵉ	01 47 07 27 43
C6	D6	– Martin-de-Porrès (chap.)	41 r. Jacques-Ibert, 17ᵉ	01 40 55 01 12
21	F17	– Martin des Champs (égl.)	36 r. Albert-Thomas, 10ᵉ	01 42 08 36 60
44	M15	– Médard (égl.)	141 r. Mouffetard, 5ᵉ	01 44 08 87 00
32	H15	– Merry (égl.)	78 r. St-Martin, 4ᵉ	01 42 74 42 96
6	C11	– Michel des Batignolles (égl.)	12 bis r. St-Jean, 17ᵉ	01 43 87 33 94
32	G15	– Nicolas des Champs (égl.)	252 bis r. St-Martin, 3ᵉ	01 42 72 92 54
44	K15	– Nicolas du Chardonnet "Préau" (chap.)	15 r. des Bernardins, 5ᵉ	01 43 54 21 00
32	J16	– Paul-St-Louis (égl.)	99 r. St-Antoine, 4ᵉ	01 42 72 30 32
17	F10	– Philippe du Roule (égl.)	154 r. du Fg-St-Honoré, 8ᵉ	01 43 59 24 56
41	L9	– Pie X (Italie) (chap.)	36 r. Miollis, 15ᵉ	01 47 83 58 65
28	G8	– Pierre de Chaillot (égl.)	31 bis av. Marceau, 16ᵉ	01 47 20 12 33
29	H9	– Pierre du Gros Caillou (égl.)	92 r. St-Dominique, 7ᵉ	01 45 55 22 38
7	C14	– Pierre de Montmartre (égl.)	2 r. du Mont-Cenis, 18ᵉ	01 46 06 57 63
54	P12	– Pierre de Montrouge (égl.)	Pl. Victor-Basch, 14ᵉ	01 43 95 41 00
9	A17	– Pierre-St-Paul (chap.)	44 r. Charles-Hermite, 18ᵉ	01 46 07 35 52
31	G13	– Roch	296 r. St-Honoré, 1ᵉ	01 42 60 81 69
31	K14	– Séverin-St-Nicolas (égl.)	1 r. Prêtres-St-Séverin, 5ᵉ	01 43 25 96 63

31	K13	St-Sulpice (égl.)	pl. St-Sulpice, 6ᵉ	01 42 34 59 98
30	J12	– Thomas d'Aquin (égl.)	pl. St-Thomas-d'Aquin, 7ᵉ	01 42 22 59 74
20	E15	– Vincent de Paul (égl.)	pl. Franz-Liszt, 10ᵉ	01 48 78 47 47
42	K11	– Vincent de Paul (chap. Pères Lazaristes)	95 r. de Sèvres, 6ᵉ	01 42 22 63 70
30	J12	– Vladimir le Grand (rite oriental ukrainien)	51 r. des Saints-Pères, 6ᵉ	01 45 48 48 65
56	P15	Ste-Anne Maison Blanche (égl.)	188 r. de Tolbiac, 13ᵉ	01 45 89 34 73
48	L23	– Bernadette (chap.)	12 av. Pte-de-Vincennes, 12ᵉ	01 46 28 05 56
38	K4	– Bernadette (chap.)	4 r. d'Auteuil, 16ᵉ	01 45 25 30 17
11	C21	– Claire (égl.)	179 bd Sérurier, 19ᵉ	01 42 02 11 36
30	J11	– Clotilde (égl.)	23 bis, r. Las-Cases, 7ᵉ	01 44 18 62 63
22	D20	– Colette (égl.)	14, allée Darius-Milhaud, 19ᵉ	01 42 08 24 18
32	H16	– Croix (cathédrale) (rite arménien)	13 r. du Perche, 3ᵉ	01 42 78 31 93
32	G16	– Elisabeth (égl.)	195 r. du Temple, 3ᵉ	01 48 87 56 77
7	B13	– Geneviève-des-Gdes Carrières (égl.)	174 r. Championnet, 18ᵉ	01 46 27 84 43
7	B14	– Hélène (égl.)	102 r. du Ruisseau, 18ᵉ	01 46 06 16 99
55	R13	– Jeanne d'Arc (chap. Franciscaines)	32 av. Reille, 14ᵉ	01 45 89 15 51
8	C16	– Jeanne d'Arc (égl.)	18 r. de la Chapelle, 18ᵉ	01 46 07 54 31
37	M2	– Jeanne de Chantal (égl.)	Pl. de la Pte de St-Cloud, 16ᵉ	01 40 71 10 40
34	K19	– Marguerite (égl.)	36 r. St-Bernard, 11ᵉ	01 43 71 34 24
26	K4	– Marie (Abbaye bénédictine)	3 r de la Source, 16ᵉ	01 45 25 30 07
6	C11	– Marie des Batignolles (égl.)	77 pl. Dr-F.-Lobligeois, 17ᵉ	01 46 27 44 07
18	G11	– Marie-Madeleine (La Madeleine) (égl.)	pl. de la Madeleine, 8ᵉ	01 44 51 69 00
4	C7	– Odile (égl.)	2 av. Stéph.-Mallarmé, 17ᵉ	01 42 27 18 37
18	D12	– Rita (chap.)	65 bd de Clichy, 9ᵉ	01 48 74 99 23
56	P15	– Rosalie (égl.)	50 bd Auguste-Blanqui, 13ᵉ	01 43 31 36 83
26	K4	– Thérèse (chap.)	40 r. La Fontaine, 16ᵉ	01 44 14 75 75
15	G6	– Thérèse (chap.)	71 bis r. Boissière, 16ᵉ	01 45 01 96 00
18	E12	– Trinité (égl.)	pl. d'Estienne-d'Orves 9ᵉ	01 48 74 12 77
38	K4	– Trinité (rite byzantin-russe)	39 r. François-Gérard, 16ᵉ	01 42 24 05 53
43	N13	– Tous les Saints (chap.)	279 bd Raspail, 14ᵉ	01 44 10 85 00

Cultes en langues étrangères, *Services in foreign languages,*
Gottesdienste in Fremdsprachen, cultos en idiomas extranjeros

27	H5	Cœur Immaculé de Marie (Espagnol)	51 bis r. de la Pompe, 16ᵉ	01 45 04 23 34
30	G12	N.D. de l'Assomption (Polonais)	pl. M. Barrès, 1ᵉʳ	01 42 60 93 85
29	G9	– de Consolation (Italien)	23 r. Jean-Goujon, 8ᵉ	01 42 25 61 84
23	E22	– de Fatima-Marie Médiatrice	48 bis bd Serurier, 19ᵉ	01 42 40 12 55
		(Sanctuaire) (Portugais)		
15	G5	St-Albert le Grand (Allemand)	38 r. Spontini, 16ᵉ	01 47 04 31 49
16	E8	St-Joseph (Anglophone)	50 av. Hoche, 8ᵉ	01 42 27 28 56
34	K20	Ste-Famille (Italien)	46 r. de Montreuil, 11ᵉ	01 43 72 49 30
38	M3	– Geneviève (Polonais)	18 r. Claude-Lorrain, 16ᵉ	01 45 20 51 47

Églises issues de la Réforme

Protestant churches, Protestantische Kirchen, Iglesias Reformistas

18	E12	Fédération Protestante de France	47 r. de Clichy, 9ᵉ	01 44 53 47 00

Culte Réformé, *Reformed churches, Reformierte Kirchen, Culto Reformado*

18	E12	Église réformée de France (Bureau National)	47 r. de Clichy, 9ᵉ	01 48 74 90 92
27	H6	Annonciation (de l')	19 r. Cortambert, 16ᵉ	01 45 03 43 10
38	L3	Auteuil (d')	53 r. Erlanger, 16ᵉ	01 46 51 72 85
18	D11	Batignolles (des)	44 bd. des Batignolles, 17ᵉ	01 43 87 69 49
22	F19	Belleville (de)	97 r. Julien-Lacroix, 20ᵉ	01 43 66 19 02
35	H22	Béthanie (de)	185 r. des Pyrénées, 20ᵉ	01 46 36 25 58
15	E6	Étoile (de l')	54 av. Grande-Armée, 17ᵉ	01 45 74 41 79
33	J17	Foyer de l'Ame	7 bis r. Pasteur-Wagner, 11ᵉ	01 47 00 47 33
40	K8	– de Grenelle	17 r. de l'Avre, 15ᵉ	01 45 79 81 49
42	L12	Luxembourg (du)	58 r. Madame, 6ᵉ	01 45 48 13 50
7	C14	Maison verte (Montmartre)	127 r. Marcadet, 18ᵉ	01 42 54 61 25
31	H14	Oratoire du Louvre	145 r. St-Honoré, 1ᵉʳ	01 42 60 21 64
30	J11	Pentemont (de)	106 r. de Grenelle, 7ᵉ	01 42 22 07 69
41	N10	Plaisance (de)	95 r. de l'Ouest, 14ᵉ	01 45 43 91 11
44	N15	Port-Royal (de)	18 bd Arago, 13ᵉ	01 45 35 30 56
20	E15	Rencontre (de la)	17 r. des Petits-Hôtels, 10ᵉ	01 48 24 96 43
18	F11	St-Esprit (du)	5 r. Roquépine, 8ᵉ	01 42 65 43 58
33	J17	Ste-Marie	17 r. St-Antoine, 4ᵉ	01 43 79 82 59

Culte luthérien, *Lutheran churches, Lutherische Kirchen, Culto Luterano*

56	N16	Égl. Évangélique Luthérienne de Paris	13 r. Godefroy, 13ᵉ	01 45 82 19 99
5	D10	– Ascension (de l')	47 r. Dulong, 17ᵉ	01 47 63 90 10
32	J16	– Billettes (des)	24 r. des Archives, 4ᵉ	01 42 72 38 79
34	K20	– Bon Secours (du)	20 r. Titon, 11ᵉ	01 44 93 55 16
19	F14	– Rédemption (de la)	16 r. Chauchat, 9ᵉ	01 47 70 80 30
40	L8	– Résurrection (de la)	6 r. Quinault, 15ᵉ	01 40 56 03 31
29	J9	– St-Jean	147 r. de Grenelle, 7ᵉ	01 47 05 85 66
43	M13	– St-Marcel	24 r. Pierre-Nicole, 5ᵉ	01 45 82 47 11
8	C15	– St-Paul	90 bd Barbès, 18ᵉ	01 46 06 91 18
22	D19	– St-Pierre	55 r. Manin, 19ᵉ	01 42 08 45 56
56	N16	– Trinité (de la)	172 bd Vincent-Auriol, 13ᵉ	01 45 82 47 11

Culte Baptiste, *Baptist churches, Baptistische Kirchen, Culto Bautista*

30	J12	Égl. Évangélique Baptiste	48 r. de Lille, 7ᵉ	01 42 61 13 95
47	M22	– –	32 r. Victor-Chevreuil, 12ᵉ	01 43 43 45 10
42	N11	– –	123 av. du Maine, 14ᵉ	01 43 22 55 61
22	BB40	– du Point du Jour	Boulogne 133 route de la Reine	01 46 47 69 60
6	B12	Égl. du Tabernacle	163 bis r. Belliard, 18ᵉ	01 46 27 43 12

Cultes en langues étrangères, *Services in foreign languages, Gottesdienste in Fremdsprachen, Cultos en idiomas extranjeros*

16	G8	American Cathedral in Paris	23 av. George-V, 8ᵉ	01 47 20 17 92
29	G9	Church of Scotland (Écosse)	17 r. Bayard, 8ᵉ	01 48 78 47 94
18	E12	Deutsche Evangelische Christuskirche	25 r. Blanche, 9ᵉ	01 45 26 79 43
56	N16	Église Réformée néerlandaise	172 bd Vincent-Auriol, 13ᵉ	01 47 02 36 21
16	F8	Frederikskirken (Danemark)	17 r. Lord-Byron, 8ᵉ	01 42 56 12 84
29	G9	Reformatus Templom (Hongrie)	17 r. Bayard, 8ᵉ	01 48 57 60 71
16	F8	St George's Anglican Church	7 r. A.-Vacquerie, 16ᵉ	01 47 20 22 51
18	F11	St Michael's English Church	5 r. d'Aguesseau, 8ᵉ	01 47 42 70 88
17	E9	Svenska Kyrkan (Suède)	9 r. Médéric, 17ᵉ	01 47 63 70 33
29	H9	The American Church in Paris	65 quai d'Orsay, 7ᵉ	01 47 05 07 99

Églises Orthodoxes, *Orthodox Churches, Orthodoxe Kirchen, Iglesias ortodoxas*

38	L3	Apparition de la Ste-Vierge (Russe)	87 bd Exelmans, 16ᵉ	01 46 51 92 25
18	D11	Descente du St-Esprit (cathédrale) roumaine	44 bd des Batignolles, 17ᵉ	01 43 87 69 49
44	K15	N.-D. Joie des Affligés et Ste-Geneviève	4 r. St-Victor, 5ᵉ	01 45 82 87 70
52	N7	Présentation de la Ste-Vierge (Russe)	91 r. O.-de-Serres, 15ᵉ	01 42 50 53 66
16	E8	St-Alexandre Newski (cathédrale) Russe	12 r. Daru, 8ᵉ	01 42 27 37 34
28	G8	St-Etienne (cathédrale) Grecque	7 r. Georges-Bizet, 16ᵉ	01 47 20 82 35
34	J19-J20	St-Euthime (Bulgare)	22 r. de Belfort, 11ᵉ	
29	G9	St-Jean-Baptiste (cathédrale) rite arménien	15 r. Jean-Goujon, 8ᵉ	01 43 59 67 03
8	B15	St-Sava (Serbe)	23 r. du Simplon, 18ᵉ	01 42 55 31 05
41	L9	St-Séraphin de Sarov (Russe)	91 r. Lecourbe, 15ᵉ	01 42 73 05 03
22	D19	St-Serge (Russe)	93 r. de Crimée, 19ᵉ	01 42 08 12 93
22	E20	St-Simon (Ukrainien)	6 r. de Palestine, 19ᵉ	01 42 03 24 72
40	L7	Ste-Nino (Géorgien)	6-8 r. de la Rosière, 15ᵉ	
32	H15	Ste-Trinité	30 bd de Sébastopol, 4ᵉ	01 42 78 24 03
43	K14	Sts-Archanges (Roumain)	9 bis, r. J.-de-Beauvais, 5ᵉ	01 43 54 67 47
19	E13	Sts-Constantin et Hélène (Grecque)	2 bis, r. Laferrière, 9ᵉ	01 48 78 35 53
38	M3	Tous les Saints de la Terre Russe (Russe)	19 r. Claude-Lorrain, 16ᵉ	01 39 61 91 01
40	M8	Les Trois Sts-Hiérarques	5 r. Pétel, 15ᵉ	01 45 32 92 65

Synagogues
Synagogen, Sinagogas

19	E13	Association Consistoriale Israélite de Paris	17 r. St-Georges, 9ᵉ	01 40 82 26 26
19	F14	Centre Communautaire – Maison des Jeunes	19 bd Poissonnière, 2ᵉ	01 42 33 80 21
16	G7	Union Libérale Israélite de France	24 r. Copernic, 16ᵉ	01 47 04 37 27
32	G16	Synagogues et Oratoires : Synagogue	15 r. N.-D.-Nazareth, 3ᵉ	01 42 78 00 30

32	J16	Oratoire Fleishman	18 r. des Écouffes, 4ᵉ	01 48 87 97 86
32	J16	Syn. «Agoudas Hakehilos» (Orthodoxe)	10 r. Pavée, 4ᵉ	01 48 87 21 54
32	J16	Syn. Adath Yechouroun	25 r. des Rosiers, 4ᵉ	01 44 59 82 36
33	J17	Synagogue	21 bis r. des Tournelles, 4ᵉ	01 42 74 32 80
33	J17	Synagogue	14 pl. des Vosges, 4ᵉ	01 48 87 79 45
44	M15	Synagogue	30 bd de Port Royal, 5ᵉ	01 43 31 75 47
44	M15	Synagogue	9 r. Vauquelin, 5ᵉ	01 47 07 21 22
20	F15	Syn. Rachi	6 r. Ambroise-Thomas, 9ᵉ	01 48 24 86 94
19	E14	Synagogue Portugaise	28 r. Buffault, 9ᵉ	01 45 26 80 87
19	E14	Synagogue	8 r. Lamartine, 9ᵉ	01 45 26 87 60
19	F14	Syn. Adath Yereim	10 r. Cadet, 9ᵉ	01 42 46 36 47
19	E13	Synagogue Berith Chalom	18 r. St-Lazare, 9ᵉ	01 48 78 45 32
19	F13	Synagogue et oratoire	44 r. de la Victoire, 9ᵉ	01 42 85 71 09
19	F14	Synagogue Beth-El	3 r. Saulnier, 9ᵉ	01 47 70 09 23
19	F14	Synagogue Beth Israël	4 r. Saulnier, 9ᵉ	01 45 23 34 89
20	F15	Synagogue	4 r. Martel, 10ᵉ	
20	D15	Synagogue	9 r. Guy-Patin, 10ᵉ	01 42 85 50 72
33	J18	Syn. Don Isaac Abravanel	84 r. de la Roquette, 11ᵉ	01 47 00 75 95
34	J19	Synagogue	18 r. Basfroi, 11ᵉ	01 43 48 82 42
34	J19	Syn. Adath Israël	36 r. Basfroi, 11ᵉ	01 43 67 89 20
57	P18	Synagogue	19 r. Domrémy, 13ᵉ	01 45 85 25 56
55	R14	Syn. Sidi Fredj Halimi	61-65 r. Vergniaud, 13ᵉ	01 45 88 93 84
41	N10	Synagogue	121 r. de l'Ouest, 14ᵉ	01 45 39 19 77
53	P9	Oratoire	223 r. Vercingétorix, 14ᵉ	01 45 45 03 43
41	L9	Synagogue	14 r. Chasseloup-Laubat, 15ᵉ	01 42 73 36 29
39	K6	Synagogue	11 r. Gaston-de-Caillavet, 15ᵉ	01 45 75 38 01
40	K7	Synagogue	13 r. Fondary, 15ᵉ	01 45 79 91 97
27	G5	Syn. Ohel Abraham	31 r. de Montevideo, 16ᵉ	01 45 04 66 73
16	D7	Synagogue	19 r. Galvani, 17ᵉ	01 45 74 52 80
7	B14	Syn. de Montmartre	13 r. Ste-Isaure, 18ᵉ	01 42 64 48 34
7	C14	Oratoire	42 r. des Saules, 18ᵉ	01 46 06 71 39
10	B19	Synagogue	11 r. Curial, 19ᵉ	01 40 37 65 16
21	E18	Oratoire	70 av. Secrétan, 19ᵉ	
22	F19	Oratoire	120 bd de Belleville, 20ᵉ	01 47 97 46 96
22	F19	Synagogue et oratoire	75 r. Julien-Lacroix, 20ᵉ	01 43 58 28 39
36	J23	Syn. Bet Yaacov Yossef	5 square des Cardeurs, 20ᵉ	01 43 56 03 11

Culte Musulman
Islam, Islamische Kultstätten, Culto Musulmán

44	L16	Institut Musulman	pl. du Puits-de-l'Ermite, 5ᵉ	01 45 35 97 33
44	M16	Mosquée	pl. du Puits-de-l'Ermite, 5ᵉ	01 45 35 97 33

Culte Bouddhique
Buddhism, Buddhistische Kultstätten, Culto Budista

46	L20	Institut Internat. Bouddhique	20 cité Moynet, 12ᵉ	01 43 40 91 61
60	P24	Centre Cultuel et culturel Bouddhique	40 bis rte de ceinture du Lac Daumesnil, 12ᵉ	01 43 41 54 48

Autres cultes
Other churches, Andere Kultstätten, Cultos diversos

35	J21	Centre évangélique Philadelphia	9-19 passage du Bureau, 11ᵉ	
44	K15	Église St-Nicolas du Chardonnet	23 r. des Bernardins, 5ᵉ	01 46 34 28 33
23	E22	Église de Jésus Christ des Saints des Derniers jours (Mormons)	64 r. de Romainville, 19ᵉ	01 42 45 29 29
44	N16	Église Adventiste du 7ᵉ jour	130 bd de l'Hôpital, 13ᵉ	01 43 31 33 91
20	F15	–	63 r. du Fg Poissonnière, 9ᵉ	01 47 70 68 23
35	K22	–	96, r. des Grands-Champs, 20ᵉ	01 43 56 13 47
41	L9	Église catholique gallicane (Mission Ste Rita)	27 r. François-Bonvin, 15ᵉ	01 47 34 21 56
55	N14	Église catholique orthodoxe de France	96 bd Auguste-Blanqui, 13ᵉ	01 45 42 44 12
40	M8	Église protestante évangélique luthérienne	105 r. de l'Abbé-Groult, 15ᵉ	01 48 42 58 09
24	BR64	Fédération Évangélique de France	Yerres - 40 r. du Réservoir	01 69 49 06 21

ENSEIGNEMENT SUPÉRIEUR

HIGHER EDUCATION
UNIVERSITÄTEN, HOCHSCHULEN
ENSENANZA SUPERIOR

Institut de France
Institute of France, Instituto de Francia

| 31 | J13 | Institut de France | 23 quai de Conti, 6ᵉ | 01 43 29 55 10 |

Institutions
Institutions, Staatliche Institutionen, Instituciones

38	L3	Centre National de la Recherche Scientifique (CNRS)	3 r. Michel-Ange, 16ᵉ	01 44 96 40 00
43	K14	Collège de France	11 pl. M.-Berthelot, 5ᵉ	01 44 27 12 11
29	L14	Institut Curie	26 r. d'Ulm, 5ᵉ	01 44 32 40 00
43	J10	Institut Géographique National	136 bis r. Grenelle, 7ᵉ	01 43 98 80 00
44	N15	Manufacture des Gobelins	42 av. des Gobelins, 13ᵉ	01 44 08 52 00
44	L16	Museum National d'Histoire Naturelle	57 r. Cuvier, 5ᵉ	01 40 79 30 00
43	N13	Observatoire de Paris	61 av. de l'Observatoire, 14ᵉ	01 40 51 22 21

Bibliothèques
Libraries, Bibliotheken, Bibliotecas

32	H15	Centre Georges-Pompidou	pl. Georges-Pompidou, 4ᵉ	01 44 78 12 33
31	H13	Arts Décoratifs	111 r. de Rivoli, 1ᵉʳ	01 44 55 57 50
32	G16	Conservatoire Nat. des Arts et Métiers (C.N.A.M.)	292 r. St-Martin, 3ᵉ	01 40 27 23 37
1️⃣8️⃣	AU38	Documentation Internat. Contemporaine	Nanterre 6 allée de l'Université	01 40 97 79 00
19	E13	Dosne-Thiers	27 r. St-Georges, 9ᵉ	01 48 78 14 33
32	J16	Forney	1 r. du Figuier, 4ᵉ	01 42 78 14 60
32	J16	Historique de la Ville de Paris	24 r. Pavée, 4ᵉ	01 44 59 29 40
44	K16	Institut du Monde Arabe	1 r. des Fossés St-Bernard, 5ᵉ	01 40 51 38 38
31	J13	Mazarine	23 quai de Conti, 6ᵉ	01 44 41 44 06
44	M16	Muséum Nat. d'Histoire Naturelle	38 r. Geoffroy-St-Hilaire, 5ᵉ	01 40 79 36 27
31	G13	Nationale (BN)	58 r. de Richelieu, 2ᵉ	01 47 03 81 26
43	L14	Ste-Geneviève	10 pl. du Panthéon, 5ᵉ	01 44 41 97 97

Services et Organismes para-universitaires
University organizations, Universitäre Einrichtungen,
Servicios y Organismos para-universitarios

43	M13	Centre Régional des Œuvres Universitaires et Scolaires (CROUS) (Information et accueil pour étudiants)	39 av. G.-Bernanos, 5ᵉ	01 40 51 36 00
55	S13	Cité Internationale Universitaire de Paris	19 bd Jourdan, 14ᵉ	01 45 89 68 52
55	R13	Fondation Santé des Étudiants de France	8 r. Emile-Deutsch-de-la-Meurthe, 14ᵉ	01 45 89 43 39
2️⃣2️⃣	BF39	Service Interacadémique des Examens et Concours	Arcueil - 7 r. Ernest-Renan	01 46 60 19 90

Pour choisir un hôtel, un restaurant à Paris et dans sa proche banlieue,
*utilisez la **plaquette Paris et environs***
*extraite du **Guide Michelin France** de l'année.*

Universités
Universities, Universitäten, Universidades

43	K14	Centre d'information et d'orientation MINITEL : 36 14 Code EDUTEL	1 r. Victor-Cousin, 5ᵉ	01 40 46 23 24

43	K14	Académie de Paris (Rectorat)	47 r. des Écoles, 5ᵉ	01 40 46 22 11
43	L14	Paris I Panthéon-Sorbonne..................	12 pl. du Panthéon, 5ᵉ	01 46 34 97 00
43	L13	Paris II, Panthéon Assas Droit, Économie et Sciences sociales	92 r. d'Assas, 6ᵉ	01 44 41 57 00
44	M15	Paris III Sorbonne Nouvelle Censier	13 r. Santeuil, 5ᵉ	01 45 87 40 00
43	K14	Paris IV Paris-Sorbonne....................	1 r. Victor-Cousin, 5ᵉ	01 40 46 22 11
31	K14	Paris V René Descartes....................	12 r. de l'Éc. Médecine, 6ᵉ	01 40 46 16 16
44	L16	Paris VI Pierre et Marie Curie	4 pl. Jussieu, 5ᵉ	01 44 27 44 27
44	L16	Paris VII Denis Diderot....................	2 pl. Jussieu, 5ᵉ	01 44 27 44 27
20	AN51	Paris VIII................................	St-Denis 2 r. de la Liberté	01 49 40 67 89
15	F5	Paris IX Paris-Dauphine....................	2 bd Lannes, 16ᵉ	01 44 05 44 05
18	AU38	Paris X Paris-Nanterre	Nanterre 200 av. de la République	01 40 97 72 00
101 pli 34		Paris XI Paris-Sud	Orsay 15 av. G.-Clemenceau	01 69 41 67 50
24	BH58	Paris XII Paris-Val-de-Marne................	Créteil av. du Gal-de-Gaulle	01 45 17 10 00
18	AM49	Paris XIII Paris-Nord	Villetaneuse av. J.-B.-Clément	01 49 40 30 00

Facultés de Médecine (Unité de Formation et de Recherche médicale –
U.F.R.)
Teaching hospitals, Universitätskliniken, Facultades de Medicina

43	M14	Cochin-Port-Royal	Paris V	24 r. du Fg-St-Jacques, 14ᵉ	01 44 41 22 22
1	L10	Necker-Enfants Malades	–	156 r. de Vaugirard, 15ᵉ	01 47 83 33 03
22	AB13	Paris-Ouest	–	Garches 104 bd R.-Poincaré	01 47 41 81 18
31	K14	Broussais-Hôtel-Dieu	Paris VI	15 r. de l'École-de-Médecine, 6ᵉ	01 43 29 29 29
45	M17	Pitié-Salpêtrière	–	91 bd de l'Hôpital, 13ᵉ	01 40 77 95 00
46	K19	Saint-Antoine	–	27 rue Chaligny, 12ᵉ	01 40 01 13 00
20	E16	Lariboisière-Saint-Louis	Paris VII	10 av. de Verdun, 10ᵉ	01 44 89 77 97
7	A13	Xavier-Bichat-Beaujon	–	16 r. Henri-Huchard, 18ᵉ	01 42 63 84 20
24	BF50	Kremlin-Bicêtre	Paris XI	Kremlin-Bicêtre 63 r. G.-Péri	01 49 59 67 67
24	BH59	Créteil (H. Mondor)	Paris XII	Créteil - 8 r. du Gal-Sarrail	01 49 81 21 11
20	AT56	Paris-Nord	Paris XIII	Bobigny 74 r. Marcel-Cachin	01 48 38 76 00

Instituts Universitaires de Technologie (I.U.T.)
Institutes of Technology, Technische Hochschulen,
Institutos Universitarios de Tecnología

38	M4	Paris V...........................	143 av. de Versaille, 16ᵉ	01 44 14 44 00
22	BD37	Paris X...........................	Ville-d'Avray 1 chemin Desvallières	01 47 09 70 00
101 pli 2		–	Cergy-Pontoise Allée des Chênes-Pourpres	01 34 25 42 95
22	BJ48	Paris XI	Cachan - 9 av. Div.-Leclerc	01 41 24 11 00
101 pli 34		–	Orsay - Plateau du Moulon	01 69 41 00 40
22	BK45	–	Sceaux - 8 av. Cauchy	01 46 60 06 83
24	BH58	Paris XII	Créteil - av. du Gal-de-Gaulle	01 45 17 10 00
101 pli 37		–	Évry - Quartier des Passages 22 allée Jean-Rostand	01 60 78 03 63
20	AP50	Paris XIII.........................	St-Denis pl. du 8-Mai-1945	01 49 40 61 00
18	AM49	–	Villetaneuse av. J.-B.-Clément	01 49 40 31 17

Colleges of university level, Hochschulen,
Enseñanza especializada - Colegios Mayores

30	J12	Administration (Éc. nat.) ENA (Siège à Strasbourg)	13 r. de l'Université, 7e	01 49 26 45 45
39	L6	Administration des Entreprises (Inst.)	162 rue St-Charles, 15e	01 44 25 28 00
43	L13	Administration Publique (Inst. internat.)	2 av. de l'Observatoire, 6e	01 44 41 85 00
44	M15	Institut National Agronomique Paris-Grignon	16 r. Cl.-Bernard, 5e	01 44 08 16 61
42	L12	Alliance Française (École de langue et civilisation française)	101 bd Raspail, 6e	01 45 44 38 28
42	M12	Architecture (École spéciale)	245 bd Raspail, 14e	01 40 47 40 47
19	F14	Art Dramatique (Conserv. Nat. Sup.)	2 bis r. Conservatoire, 9e	01 42 46 12 91
46	L20	Arts Appliqués BOULLE (École Sup.)	9 r. Pierre-Bourdan, 12e	01 43 46 67 34
40	N8	Arts Appliqués et Métiers d'Art (École Nationale Supérieure)	63 r. Olivier-de-Serres, 15e	01 53 68 16 90
43	L14	Arts Décoratifs (Éc. Nat. Sup.)	31 r. d'Ulm, 5e	01 42 34 97 00
56	P15	Arts et Industries Graphiques ESTIENNE (École Supérieure)	18 bd Auguste-Blanqui, 13e	01 43 36 96 19
22	AL24	Arts et Manufactures (École Centrale)	Châtenay-Malabry Grande Voie des Vignes	01 41 13 10 00
32	G16	Arts et Métiers (Conserv. Nat.)	292 r. St-Martin, 3e	01 40 27 20 00
44	N16	Arts et Métiers (Éc. Nat. Sup.)	151 bd de l'Hôpital, 13e	01 44 24 62 99
31	J13	Beaux-Arts (Éc. Nat. Sup.)	14 r. Bonaparte, 6e	01 47 03 50 80
42	K12	Institut Catholique (École spéciale)	21, r. d'Assas, 6e	01 42 22 41 80
43	L14	Chimie de Paris (Éc. Nat. Sup.) ENSCP	11 r. P.-et-M.-Curie, 5e	01 44 27 66 87
44	N16	Chimie, Physique, Biologie (École Nationale)	11 r. Pirandello, 13e	01 43 31 90 94
34	G19	Commerce de Paris (Éc. Sup.)	79 av. République, 11e	01 49 23 20 00
33	H18	Création industrielle LES ATELIERS (Éc. Nat. Sup.)	46-48 r. Saint-Sabin, 11e	01 49 23 12 12
101pli 33		Électricité (Éc. Sup.) SUPELEC	Gif-sur-Yvette plateau de Moulon	01 69 85 12 12
101pli 2		Électronique et ses Applications (École Nationale Supérieure) ENSEA	Cergy - Pontoise 6 av. du Ponceau	01 30 73 66 66
42	L12	Électronique de Paris (Inst. Sup.) I.S.E.P.	28 r. N.-D.-des-Champs, 6e	01 49 54 52 00
27	G5	Gestion (Institut Supérieur)	8 r. de Lota, 16e	01 45 53 60 00
43	L14	École Pratique des Hautes Études (Inst. H.-Poincaré)	11 r. P.-et-M.-Curie, 5e	01 43 54 83 57
22	BM34	Hautes Études Commerciales (HEC)	Jouy-en-Josas 1 r. de la Libération	01 39 67 70 00
64	DU	Horticulture et Technique du Paysage (École du Breuil)	Rte de la Ferme - Bois de Vincennes, 12e	01 43 28 28 94
24	BG52	Industries du Caoutchouc (Éc. Sup.) ESICA	Vitry - 60 r. Auber	01 49 60 57 57
20	BA58	Informatique (École Supérieure)	Montreuil - 98 r. Carnot	01 48 59 69 69
24	BB70 BB71	Ingénieurs en Électrotechnique et Électronique (École Supérieure)	Noisy-le-Grand Cité Descartes 2 bd Plaise-Pascal	01 45 92 65 00
42	K12	Interprétation et Traduction (Institut Supérieur) ISIT	21 r. d'Assas, 6e	01 42 22 33 16
15	F5G5	Interprètes et Traducteurs (École Supérieure) ESIT	Pl. du Mal-de-Lattre-de-Tassigny, 16e	01 44 05 42 05
57	P17	Journalisme (École Supérieure)	107 r. de Tolbiac, 13e	01 45 70 73 37
31	J13	Langues et Civilisations Orientales (Institut National) (INALCO)	2 r. de Lille, 7e	01 49 26 42 00
24	BB70	Louis Lumière (École Nationale) Photo-Cinéma-Son	Noisy-le-Grand 7 allée du Promontoire	01 48 15 40 10
31	H13	Louvre (École)	34 quai du Louvre, 1er	01 40 20 56 14
43	L13	Mines (École Nationale Supérieure)	60 bd Saint-Michel, 6e	01 40 51 90 00
10	C20	Musique et Danse de Paris (Conserv. Nat. Sup.)	211 av. Jean-Jaurès, 19e	01 40 40 45 45
43	M14	Normale Supérieure	45 r. d'Ulm, 5e	01 44 32 30 00
54	R12	–	48 bd Jourdan, 14e	01 44 32 23 01
53	R10	–	Montrouge 1 r. M.-Arnoux	01 46 57 12 86
22	BH45	–	Fontenay-aux-Roses 31 av. Lombart	01 41 13 24 00
22	BB39	–	St-Cloud Grille d'Honneur du Parc	01 47 71 91 11

22	BH48	Normale Supérieure	Cachan 61 av. du Prés.-Wilson	01 47 40 20 00
18	AX35	Pétrole et Moteurs (École Nationale Supérieure)	Rueil-Malmaison 232 av. Napoléon Bonaparte	01 47 49 02 14
43	M14	Physique et Chimie Industrielles (École Sup.)	10 r. Vauquelin, 5ᵉ	01 40 79 44 00
101 pli 34		Polytechnique (École)	Palaiseau Route de Saclay	01 69 33 47 36
30	J12	Ponts et Chaussées (École Nationale)	28 r. des Sts-Pères, 7ᵉ	01 44 58 27 00
53	P9	Puériculture (Institut)	26 bd Brune, 14ᵉ	01 40 44 39 39
101 pli 2		Sciences Économiques et Commerciales (École supérieure) Groupe ESSEC	Cergy-Pontoise Av. Bernard-Hirsch	01 34 43 30 00
63	BT	Sciences Géographiques (École Nationale)	St-Mandé - 2 av. Pasteur	01 43 98 80 55
30	J12	Sciences Politiques (Fonds Nationale)	27 r. St Guillaume, 7ᵉ	01 45 49 50 50
101 pli 33		Sciences et Techniques Nucléaires (Institut National)	Gif-sur-Yvette - N 306 Centre d'Ét. Nucl. de Saclay	01 69 08 21 59
53	R9	Statistique et Administration Économique (École Nationale) E.N.S.A.E.	Malakoff - 3 av. P.-Larousse	01 45 40 10 11
17	AV40	Techniques Aérospatiales (École Supérieure) E.S.T.A.	Courbevoie - 2 r. Berthelot Pôle universitaire Léonard de Vinci	01 69 28 68 57
39	N6	Techniques Avancées (Éc. Nat. Sup.)	32 bd Victor, 15ᵉ	01 45 52 54 01
55	P14	Télécommunications (Éc. Nat. Sup.)	46 r. Barrault, 13ᵉ	01 45 81 77 77
31	K14	Travaux Publics, du Bâtiment et de l'Industrie (École Spéciale)	57 bd St-Germain, 5ᵉ	01 44 41 11 18
24	BE56 BF56	Vétérinaire d'Alfort (École Nationale)	Maisons-Alfort 7 av. du Gal-de-Gaulle	01 43 96 71 00

Pour vous diriger dans la banlieue de Paris,
utilisez les plans Michelin au 1/15 000 :

Nº 17 Nord-Ouest en 1 feuille
Nº 18 Nord-Ouest avec répertoire des rues
Nº 19 Nord-Est en 1 feuille
Nº 20 Nord-Est avec répertoire des rues
Nº 21 Sud-Ouest en 1 feuille
Nº 22 Sud-Ouest avec répertoire des rues
Nº 23 Sud-Est en 1 feuille
Nº 24 Sud-Est avec répertoire des rues

HÉBERGEMENT

ACCOMMODATION, UNTERKUNFT, ALOJAMIENTO

Accueil de Paris

16	F8	Office du Tourisme et des Congrès de Paris-Accueil de France	127 av. Champs-Élysées, 8ᵉ	01 49 52 53 54
32	J15	Accueil de la Ville de Paris	29 r. de Rivoli, 4ᵉ	01 42 76 43 43
1⃝8	AY40	Camping du Bois de Boulogne	Allée du Bord de l'Eau, 16ᵉ	01 45 24 30 00
2⃝4	BC61	Camping Paris-Est Le Tremblay	Champigny-sur-Marne bd des Alliés	01 43 97 43 97
30	J12	Camping-Club de France	218 bd St-Germain, 7ᵉ	01 45 48 30 03
32	J15	Féd. Franç. de Camping-Caravaning	78 r. de Rivoli, 4ᵉ	01 42 72 84 08
56	R16	Féd. Nat. des Logis de France	83 av. d'Italie, 13ᵉ	01 45 84 70 00
8	C16	Féd. Unie des Auberges de Jeunesse (FUAJ)	27 r. Pajol, 18ᵉ	01 44 89 87 27
30	K12	Ligue Franç. des Auberges de Jeunesse	38 bd Raspail, 7ᵉ	01 45 48 69 84
18	F12	Maison des Gîtes de France	35 r. Godot-de-Mauroy, 9ᵉ	01 49 70 75 75
18	F12	Stations Françaises de Sports d'Hiver (Assoc. des Maires)	61 bd Haussmann, 8ᵉ	01 47 42 23 32
41	L10	Union Nat. des Associations de Tourisme et de Plein Air	8 r. César-Franck, 15ᵉ	01 47 83 21 73
42	M12	Villages-Vacances-Familles (VVF)	38 bd Edgar-Quinet, 14ᵉ	01 60 81 60 60

Les jeunes à Paris

The young in Paris, Jugend in Paris, Los jóvenes en París

28	J7	Centre d'Information et Documentation Jeunesse (CIDJ)	101 quai Branly, 15ᵉ	01 44 49 12 00
33	K17	Kiosques Paris-Jeunes	25 bd Bourdon, 4ᵉ	01 42 76 22 60
51	N5	Kiosque Paris-Jeunes/Aquaboulevard	4 r. Louis-Armand, 15ᵉ	01 40 60 64 06

Hébergement

Accommodation, Unterkunft, Alojamiento

32	H15	Accueil des Jeunes en France	119 r. St-Martin, 4ᵉ	01 42 77 87 80
43	M13	–	139 bd. St-Michel, 5ᵉ	01 43 54 95 86
48	M23	Centre International de Séjour de Paris	6 av. Maurice-Ravel, 12ᵉ	01 44 75 60 00
56	S16		17 bd Kellerman, 13ᵉ	01 44 16 37 38
36	H23	Centre de Séjour Handisport (Résidence Internationale de Paris)	44 r. Louis-Lumière, 20ᵉ	01 40 31 45 45
55	P13	Foyer International d'Accueil de Paris	30 r. Cabanis, 14ᵉ	01 45 89 89 15
1⃝8	AU46	Léo-Lagrange (Centre International de Séjour)	Clichy - 107 r. Martre	01 42 70 03 22
32	J16	Maisons Internationales de la jeunesse et des Étudiants (MIJE)	11 r. du Fauconnier, 4ᵉ	01 42 74 23 45
32	J16		6 r. de Fourcy, 4ᵉ	01 42 74 23 45
32	J16		12 r. des Barres, 4ᵉ	01 42 72 72 09
34	J19	Résidence A.J.F. Bastille	151 av. Ledru-Rollin, 11ᵉ	01 43 79 53 86
18	E11	Union Chrétienne de Jeunes Filles (UCJF)	22 r. de Naples, 8ᵉ	01 45 22 23 49
23	G21	–	65 r. Orfila, 20ᵉ	01 46 36 82 80
40	M7	–	168 r. Blomet, 15ᵉ	01 45 33 48 21
32	H15	Union des Centres de rencontres Internationales de France (UCRIF)	27 r. de Turbigo, 2ᵉ	01 40 26 57 64

Loisirs éducatifs

Cultural associations, Kulturelle Vereinigungen, Asociaciones Educativas

33	K17	Centres d'animations de la Mairie de Paris	25 bd Bourdon, 4ᵉ	01 42 76 54 54
18	D11	Fédération Régionale des Maisons des Jeunes et de la Culture	54 bd des Batignolles, 17ᵉ	01 43 87 66 83
32	J16	Jeunesses Musicales de France	20 r. Geoffroy-l'Asnier, 4ᵉ	01 44 61 86 86
34	K20	Maison Internationale des Jeunes	4 r. Titon, 11ᵉ	01 43 71 99 21
55	N14	Union Nationale des Centres Sportifs de Plein Air (UCPA)	62 r. de la Glacière, 13ᵉ	01 43 36 05 20
32	H15	–	28 bd de Sébastopol, 4ᵉ	01 48 04 76 76

MAIRIES ET SERVICES ADMINISTRATIFS

LOCAL GOVERNMENT OFFICES,
BÜRGERMEISTERÄMTER UND STÄDTISCHE BEHÖRDEN,
AYUNTAMIENTOS Y SERVICIOS ADMINISTRATIVOS

Administration parisienne

Paris Local Government
Städtische Verwaltungen, Administración parisina

Ville de Paris, *Town Halls, Bürgermeisterämter, Ciudad de Paris*

32	J15	Mairie de Paris			pl. Hôtel-de-Ville, 4ᵉ	01 42 76 40 40
31	H14	Mairie du :	1ᵉʳ Arrondissement		4 pl. du Louvre, 1ᵉʳ	01 44 50 75 01
31	G14	–	2ᵉ	–	8 r. de la Banque, 2ᵉ	01 42 61 55 02
32	H16	–	3ᵉ	–	2 r. Eugène-Spuller, 3ᵉ	01 42 74 20 03
32	J16	–	4ᵉ	–	2 pl. Baudoyer, 4ᵉ	01 42 74 20 04
43	L14	–	5ᵉ	–	21 pl. du Panthéon, 5ᵉ	01 43 29 21 75
31	K13	–	6ᵉ	–	78 r. Bonaparte, 6ᵉ	01 40 46 75 06
30	J11	–	7ᵉ	–	116 r. de Grenelle, 7ᵉ	01 45 51 07 07
18	E11	–	8ᵉ	–	3 r. de Lisbonne, 8ᵉ	01 44 90 75 08
19	F14	–	9ᵉ	–	6 r. Drouot, 9ᵉ	01 42 46 72 09
20	F16	–	10ᵉ	–	72 r. du Fg St-Martin, 10ᵉ	01 53 72 10 10
34	J19	–	11ᵉ	–	pl. Léon-Blum, 11ᵉ	01 53 27 11 11
46	M20	–	12ᵉ	–	130 av. Daumesnil, 12ᵉ	01 44 68 12 12
56	N16	–	13ᵉ	–	1 pl. d'Italie, 13ᵉ	01 44 08 13 13
42	N12	–	14ᵉ	–	2 pl. Ferdinand-Brunot, 14ᵉ	01 45 45 67 14
40	M8	–	15ᵉ	–	31 r. Péclet, 15ᵉ	01 48 28 40 12
27	H5	–	16ᵉ	–	71 av. Henri-Martin, 16ᵉ	01 40 72 16 16
18	D11	–	17ᵉ	–	16 à 20 r. des Batignolles, 17ᵉ	01 44 69 17 17
7	C14	–	18ᵉ	–	1 pl. Jules-Joffrin, 18ᵉ	01 42 52 42 00
22	D19	–	19ᵉ	–	5 pl. Armand-Carrel, 19ᵉ	01 44 52 29 19
35	G21	–	20ᵉ	–	6 pl. Gambetta, 20ᵉ	01 43 15 20 20

Services Administratifs

Services, Sonstige Behörden und Ämter, Servicios administrativos

30	K11	Préfecture d'Ile de France	29, r. Barbet-de-Jouy, 7ᵉ	01 44 42 63 75
33	K17	Préfecture de Paris	17 bd Morland, 4ᵉ	01 49 28 40 00
32	J15	Accueil de la Ville de Paris	29 r. de Rivoli, 4ᵉ	01 42 76 43 43
43	N13	Aéroports de Paris (ADP)	291 bd Raspail, 14ᵉ	01 43 35 70 00
23	E22	Archives de Paris	18 bd Sérurier, 19ᵉ	01 42 39 55 55
31	H14	Bourse de Commerce	2 r. de Viarmes, 1ᵉʳ	01 45 08 35 00
20	G16	Bourse du Travail	3 r. du Château-d'Eau, 10ᵉ	01 44 84 50 00
19	G14	Bourse des Valeurs	4 pl. de la Bourse, 2ᵉ	01 42 33 99 83
31	G14	Caisse d'Épargne de Paris	19 r. du Louvre, 1ᵉʳ	01 40 41 30 31
16	F8	Chambre de Commerce et d'Industrie de Paris	16 r. Chateaubriand, 8ᵉ	01 42 89 70 00
31	J14	Cour d'Appel de Paris	4 bd du Palais, 1ᵉʳ	01 44 32 50 00
32	H16	Crédit Municipal de Paris (Mont-de-Pieté)	55 r. Francs-Bourgeois, 4ᵉ	01 44 61 64 00
42	M11	France Télécom	18 bd de Vaugirard, 15ᵉ	01 40 48 33 33
31	G14	Paierie Générale du Trésor	16 r. N.-D.-des Victoires, 2ᵉ	01 44 50 45 45
31	J14	Palais de Justice	4 bd du Palais, 1ᵉʳ	01 44 32 50 00
32	J16	Tribunal Administratif	7 r. de Jouy, 4ᵉ	01 44 59 44 00
31	J14	Tribunal de Commerce	1 quai de la Corse, 4ᵉ	01 44 41 54 54
31	J14	Tribunal de Grande Instance	4 bd du Palais, 1ᵉʳ	01 44 32 50 00

Government Offices, Services and Publics Bodies
Öffentliche Verwaltungen, Dienststellen, Ämter,
Administraciones, Servicios y Establecimientos públicos

32	H16	Archives de France	60 r. Francs-Bourgeois, 3ᵉ	01 40 27 60 00
31	H14	Banque de France	31 r. Croix-des-Petits-Champs, 1ᵉʳ	01 42 92 42 92
30	H12	Caisse des Dépôts et Consignations	56 r. de Lille, 7ᵉ	01 40 49 56 78
42	L11	Caisse Nationale d'Épargne	6 r. St. Romain, 6ᵉ	01 53 68 33 33
33	J17	Caisse Nationale des Monuments Historiques et des Sites	62 r. St-Antoine, 4ᵉ	01 44 61 20 00
28	G7	Centre National de la Cinématographie	12 r. de Lübeck, 16ᵉ	01 44 34 34 40
28	G8	Chambres d'Agriculture	9 av. Georges-V, 8ᵉ	01 47 23 55 40
16	F8	Chambre de Commerce et d'Industrie	16 r. Chateaubriand, 8ᵉ	01 42 89 78 15
46	L20	Chambres de Métiers de Paris	72 r. de Reuilly, 12ᵉ	01 43 43 93 93
28	J7	Commissariat à l'Énergie Atomique (CEA)	29-33 r. de la Fédération, 15ᵉ	01 40 56 10 00
15	F6	Conseil Supérieur de la Pêche	134 av. de Malakoff, 16ᵉ	01 45 02 20 20
31	J14	Cour de Cassation	5 quai de l'Horloge, 1ᵉʳ	01 44 32 50 50
30	G12	Cour des Comptes	13 r. Cambon, 1ᵉʳ	01 42 98 95 00
28	J7	Délégation à l'Aménagement du Territoire et à l'Action régionale (DATAR)	1 av. Charles-Floquet, 7ᵉ	01 40 65 12 34
41	N9	Direction générale de France-Télécom	6 pl. d'Alleray, 15ᵉ	01 44 44 22 22
45	L18	Direction Générale des Impôts	64 à 92 allée de Bercy, 12ᵉ	01 40 04 04 04
30	H12	Documentation Française	31 quai Voltaire, 7ᵉ	01 40 15 70 00
21	G17	Douanes	14 r. Yves-Toudic, 10ᵉ	01 40 40 39 00
17	E9	Électricité de France (EDF)	2 r. Louis-Murat, 8ᵉ	01 40 42 22 22
5	C9	Gaz de France (GDF)	23 r. Ph.-Delorme, 17ᵉ	01 47 54 20 20
39	L6	Imprimerie Nationale	27 r. de la Convention, 15ᵉ	01 40 58 30 30
30	J11	Industrie, Poste et Télécommunications	101 r. de Grenelle, 7ᵉ	01 43 19 36 36
		Institut National de la Consommation		
41	L9	Institut National Statistique Études Économique (INSEE)	80 r. Lecourbe, 15ᵉ	01 45 66 20 20
53	R9		18 bd Adolphe-Pinard, 14ᵉ	01 41 17 50 50
		Journaux Officiels (Direction)		
28	K7	Météorologie France (Direction)	26 r. Desaix, 15ᵉ	01 40 58 75 00
28	H8	Monnaies et Médailles	1 quai Branly, 7ᵉ	01 45 56 71 71
31	J13	Musées de France (Direction)	11 quai de Conti, 6ᵉ	01 40 46 56 66
31	H13	Observatoire Économique	6 r. des Pyramides, 1ᵉʳ	01 40 15 73 00
45	L18		195 r. de Bercy, 12ᵉ Tour Gamma A	01 41 17 66 11
		Office National de la Chasse		
16	E8	Office National des Forêts (ONF)	85 bis av. de Wagram, 17ᵉ	01 44 15 17 17
47	L21	Office National d'Immigration	2 av. de St-Mandé, 12ᵉ	01 40 19 58 00
41	M9	Ordre de la Légion d'Honneur	44 r. Bargue, 15ᵉ	01 53 69 53 70
30	H11	Port Autonome de Paris	1 r. de Solférino, 7ᵉ	01 40 62 84 00
28	J7	Poste	2 quai de Grenelle, 15ᵉ	01 40 58 29 99
38	N3		Boulogne-Billancourt 4 quai du Point-du-Jour	01 41 41 66 66

Renseignements administratifs par téléphone 01 40 01 11 01

PRINCIPAUX MUSÉES
MUSEUMS, MUSEEN, MUSEOS

Visite des monuments, musées et églises.

Le **guide Vert Michelin Paris** *décrit les monuments les plus intéressants : leur histoire, leur architecture, les œuvres d'art qu'ils renferment.*

Pour les monuments les plus importants, ces descriptions sont accompagnées d'illustrations ou de plans mettant en évidence les grandes étapes de leur construction et la situation des œuvres d'art.

Les horaires et tarifs de visite y figurent, ainsi que les jours et périodes de fermeture.

29	J10	Armée (Hôtel des Invalides)	129 r. de Grenelle, 7ᵉ	01 44 42 37 67
7	C14	Art Juif	42 r. des Saules, 18ᵉ	01 42 57 84 15
32	H15	Art moderne (Centre G.-Pompidou)	Pl. Georges-Pompidou, 4ᵉ	01 44 78 12 33
28	G8-H8	Art moderne de la ville de Paris	11 av. Prés.-Wilson, 16ᵉ	01 53 67 40 00
48	N23	Arts d'Afrique et d'Océanie	293 av. Daumesnil, 12ᵉ	01 44 74 84 80
31	H13	Arts Décoratifs	107 r. de Rivoli, 1ᵉʳ	01 44 55 57 50
31	H13	Arts de la Mode et du Textile	109 r. de Rivoli, 1ᵉʳ	01 42 60 32 14
32	G15	Arts et Métiers	292 r. St Martin, 3ᵉ	01 40 27 23 31
14	E4	Arts et Traditions Populaires	6 rte du Mahatma-Gandhi, 16ᵉ	01 44 17 60 00
32	K15	Assistance Publique-Hôpitaux de Paris	47 quai de la Tournelle, 5ᵉ	01 46 33 01 43
27	J6	Balzac (Maison de)	47 r. de Raynouard, 16ᵉ	01 42 24 56 38
26	J4	Bouchard	25 r. de l'Yvette, 16ᵉ	01 46 47 63 46
42	L11	Bourdelle	18 r. A.-Bourdelle, 15ᵉ	01 45 48 67 27
33	J17	Carnavalet	23 r. de Sévigné, 3ᵉ	01 42 72 21 13
17	E10	Cernuschi	7 av. Velasquez, 8ᵉ	01 45 63 50 75
28	H7	Cinéma-Henri Langlois (Palais de Chaillot)	pl. du Trocadéro, 16ᵉ	01 45 53 74 39
32	J16	Cognacq-Jay	8 r. Elzévir, 3ᵉ	01 40 27 07 21
32	K16	Curiosité et de la Magie	11 r. St Paul, 4ᵉ	01 42 72 13 26
31	J13	Delacroix	6 r. de Furstemberg, 6ᵉ	01 43 54 04 87
15	F6	D'Ennery	59 av. Foch, 16ᵉ	01 45 53 57 96
7	D13-D14	Espace Montmartre	11 r. Poulbot, 18ᵉ	01 42 64 40 10
31	H14	Grévin - Forum des Halles (Espace)	Niv.-1 Forum des Halles, 1ᵉʳ	01 40 26 28 50
19	F14	Grévin	10 bd Montmartre, 9ᵉ	01 42 46 13 26
28	G7	Guimet - Galeries du Panthéon boudhique du Japon et de la Chine	19 av. Iéna, 16ᵉ	01 40 73 88 11
19	E13	Gustave-Moreau	14 r de la Rochefoucauld, 9ᵉ	01 48 74 38 50
42	L11	Hébert	85 r. du Cherche-Midi, 6ᵉ	01 42 22 23 82
32	H16	Histoire de France (Archives nationales)	60 r. des Fr.-Bourgeois, 3ᵉ	01 40 27 60 96
44	L16	Histoire Naturelle (Museum Nat.)	57 r. Cuvier, 5ᵉ	01 40 79 30 00
28	H7	Homme (Palais de Chaillot)	17 pl. du Trocadéro, 16ᵉ	01 44 05 72 72
44	K16	Institut du Monde Arabe	1 r. Fossés St-Bernard, 5ᵉ	01 40 51 38 38
17	E10 F10	Jacquemart André	158 bd Haussmann, 8ᵉ	01 42 89 04 91
17	D9	Jean-Jacques Henner	43 av. de Villiers, 17ᵉ	01 47 63 42 73
30	H11	Légion d'Honneur	2 r. de Bellechasse, 7ᵉ	01 45 55 95 16
31	H13	Louvre	Cour Napoléon, 1ᵉʳ	01 40 20 51 51
30	J12	Maillol	61 r. de Grenelle, 7ᵉ	01 42 22 59 58
32	J16	Maison européenne de la photographie	5 r. de Fourcy, 4ᵉ	01 44 78 75 00
28	H7	Marine (Palais de Chaillot)	Pl. du Trocadéro, 16ᵉ	01 45 53 31 70
26	H4	Marmottan	2 r. Louis-Boilly, 16ᵉ	01 42 24 07 02
32	J16	Martyr Juif Inconnu (Mémorial)	17 r. Geoffroy-l'Asnier, 4ᵉ	01 42 77 44 72
42	M11	Mémorial du Maréchal Leclerc de Hauteclocque et de la Libération de Paris et musée Jean-Moulin	Dalle jardin Atlantique, 23 allée de la 2ᵉ DB, 15ᵉ	01 40 64 39 44
44	L15	Minéralogie (Université Paris VI)	34 r. de Jussieu, 5ᵉ	01 44 27 52 88
28	G8	Mode et Costume (Palais Galliera)	10 av. Pierre-1ᵉʳ-de-Serbie, 16ᵉ	01 47 20 85 23
31	J13	Monnaie (Hôtel des Monnaies)	11 quai de Conti, 6ᵉ	01 40 46 55 33
7	C14	Montmartre	12 r. Cortot, 18ᵉ	01 46 06 61 11
28	H7	Monuments Français (Palais de Chaillot)	1 pl. du Trocadéro, 16ᵉ	01 44 05 39 10
31	K14	Moyen Age - Thermes de Cluny	6 pl. Paul-Painlevé, 5ᵉ	01 43 25 62 00
11	C21	Musique	223 av. Jean-Jaurès, 19ᵉ	01 44 84 46 00
17	E10	Nissim de Camondo	63 r. de Monceau, 8ᵉ	01 45 63 26 32
18	E12	Opéra	pl. de l'Opéra, 9ᵉ	01 40 01 22 63
30	H11	Orangerie des Tuileries	pl. de la Concorde, 1ᵉʳ	01 42 97 48 16

30	H12	Orsay	1 r. de Bellechasse, 7ᵉ	01 45 49 11 11
29	G10	Palais de la Découverte	av. F.-Roosevelt, 8ᵉ	01 40 74 80 00
41	M10	Pasteur	25 r. du Dr.-Roux, 15ᵉ	01 45 68 82 82
29	G10	Petit-Palais	av. Winston-Churchill, 8ᵉ	01 42 65 12 73
33	H16	Picasso	5 r. de Thorigny, 3ᵉ	01 42 71 25 21
41	M10	Poste	34 bd de Vaugirard, 15ᵉ	01 42 79 23 00
29	J10	Rodin	77 r. de Varenne, 7ᵉ	01 44 18 61 10
10	B20	Sciences et de l'industrie (cité)	30 av. Corentin-Cariou, 19ᵉ	08 36 68 29 30
32	H16	Serrure	1 r. de la Perle, 3ᵉ	01 42 77 79 62
37	M2	Sport (Parc des Princes)	24 r. du Cdt Guilbaud, 16ᵉ	01 40 45 99 12
33	J17	Victor Hugo (Maison de)	6 pl. des Vosges, 4ᵉ	01 42 72 10 16
19	E13	Vie romantique	16 r. Chaptal, 9ᵉ	01 48 74 95 38
27	J6	Vin	5-7 square Charles-Dickens, 16ᵉ	01 45 25 63 26
43	L13	Zadkine	100 bis r. d'Assas, 6ᵉ	01 43 26 91 90

Exhibition halls, Ausstellungsräme, Salas de exposiciones

42	M12	Fondation Cartier	261 bd Raspail, 14ᵉ	01 42 18 56 50
30	G11	Galerie Nationale du Jeu de Paume	pl. de la Concorde, 1ᵉʳ	01 42 60 69 69
29	G10	Galeries Nationales du Grand Palais	av. du Gal-Eisenhower, 8ᵉ	01 44 13 17 30
31	H14	Pavillon des Arts (Forum des Halles)	101 r. Rambuteau, 1ᵉʳ	01 42 33 82 50
29	G10	Petit Palais	av. Winston-Churchill, 8ᵉ	01 42 65 12 73

Carte Musées et Monuments

En vente dans les **principales stations de métro**, les **musées** et **monuments** et à l'**Office du tourisme de Paris**, cette carte permet un accès libre et direct aux collections permanentes de 65 musées et monuments de Paris et de la région parisienne.
Valable 1 jour *(70 F)*, 3 jours *(140 F)* ou 5 jours consécutifs *(200 F)*, elle peut être achetée à l'avance et permet un nombre de visites illimité.

Renseignements : Association Intermusées, 25, rue du Renard, 75004 Paris, ☎ 01 44 78 45 81 ou sur Minitel 3615 ARTS.

POLICE
POLIZEI, POLICÍA

| 31 | J14 | Préfecture de Police | 9 bd du Palais, 4ᵉ | 01 53 71 53 71 |

Services de police (Sécurité publique 24 h/24 h)
Police stations,
Tag und Nacht geöffnete Polizeireviere, Servicios de policia

30	G12	Commissariat du	1ᵉʳ Arrondissement	pl. du Marché-St-Honoré, 1ᵉʳ	01 47 03 60 00
31	G14	–	2ᵉ	–	5 pl. des Petits-Pères, 2ᵉ	01 42 60 96 87
32	H16	–	3ᵉ	–	5 r. Perrée, 3ᵉ	01 42 78 40 00
32	J16	–	4ᵉ	–	pl. Baudoyer, 4ᵉ	01 44 78 61 00
44	K15	–	5ᵉ	–	4 r. de la Montagne Ste-Geneviève, 5ᵉ	01 44 41 51 00
31					
29	K13	–	6ᵉ	–	78 r. Bonaparte, 6ᵉ	01 43 29 76 10
29	H10	–	7ᵉ	–	9 r. Fabert, 7ᵉ	01 44 18 69 07
19	G10	–	8ᵉ	–	1 av. du Gal-Eisenhower, 8ᵉ	01 53 76 60 00
21	F13-F14	–	9ᵉ	–	14 bis Chauchat, 9ᵉ	01 44 83 80 80
34	E17	–	10ᵉ	–	26 r. Louis-Blanc, 10ᵉ	01 53 71 60 60
46	J19	–	11ᵉ	–	pl. Léon-Blum, 11ᵉ	01 43 79 39 51
44	L19	–	12ᵉ	–	78-80 av. Dumesnil, 12ᵉ	01 44 87 50 12
42	N16	–	13ᵉ	–	144 bd de l'Hôpital, 13ᵉ	01 40 79 05 05
41	N11	–	14ᵉ	–	114 av. du Maine, 14ᵉ	01 53 74 14 06
26	M9	–	15ᵉ	–	250 r. de Vaugirard, 15ᵉ	01 53 68 81 81
18	J4	–	16ᵉ	–	58 av. Mozart, 16ᵉ	01 45 27 03 78
8	D11	–	17ᵉ	–	19 r. Truffault, 17ᵉ	01 44 90 37 17
22	C15	–	18ᵉ	–	79-81 r. de Clignancourt, 18ᵉ	01 53 73 63 00
35	D19	–	19ᵉ	–	2 r. André-Dubois, 19ᵉ	01 48 03 82 00
	G21	–	20ᵉ	–	6 pl. Gambetta, 20ᵉ	01 40 33 34 00

Participez à notre effort permanent
de mise à jour.
Adressez-nous vos remarques
et vos suggestions.

Cartes et Guides Michelin
46, avenue de Breteuil
75324 PARIS CEDEX 07.

LA PROVINCE A PARIS

THE PROVINCES IN PARIS,
REGIONALE VERTRETUNGEN,
LAS PROVINCIAS EN PARÍS

Maisons régionales

French regional centres, Vertretungen der Regionen Frankreichs,
Oficinas de turismo regionales de Francia

34	K20	Féd. Nat. du Folklore Français	8 r. Voltaire, 11ᵉ	01 43 72 54 32
31	H13	Alpes-Dauphiné	2 pl. André-Malraux, 1ᵉʳ	01 42 96 08 43
17	G9	Alsace	39 av. Champs-Élysées, 8ᵉ	01 42 56 15 94
30	H12	Auvergne	194 bis r. de Rivoli, 1ᵉʳ	01 44 55 33 33
31	H14	Aveyron	46 r. Berger, 1ᵉʳ	01 42 36 84 63
42	L11	Bretagne	Centre commercial Maine Montparnasse, 15ᵉ	01 45 38 73 15
18	F12	Franche-Comté	2 bd de la Madeleine, 9ᵉ	01 42 66 26 28
17	F10	Gard (Espace)	53 av. F.-Roosevelt, 8ᵉ	01 40 76 07 14
31	H13	Hautes-Alpes	4 av. de l'Opéra, 1ᵉʳ	01 42 96 05 08
31	K14	Hérault (Espace)	8-10 r. de la Harpe, 5ᵉ	01 43 29 86 51
18	F12	Limousin	30 r. Caumartin, 9ᵉ	01 40 07 04 67
31	H13	Lorraine	2 r. de l'Échelle, 1ᵉʳ	01 44 58 94 00
19	E14	Lot-en-Quercy	24 r. de Maubeuge, 9ᵉ	01 45 26 45 46
31	K14	Lozère	4 r. Hautefeuille, 6ᵉ	01 43 54 26 64
34	H19	Morvan «la Morvandelle»	25 r. St-Maur, 11ᵉ	01 47 00 53 15
19	E14	Nord-Pas-de-Calais	25 r. Bleue, 9ᵉ	01 48 00 59 62
31	G13	Périgord	6 r. Gomboust, 2ᵉ	01 42 60 38 77
42	K11	Poitou-Charentes	68-70 r. Cherche-Midi, 6ᵉ	01 42 22 83 74
19	G13	Pyrénées	15 r. St-Augustin, 2ᵉ	01 42 86 51 86
31	G13	Savoie	31 av. de l'Opéra, 1ᵉʳ	01 42 61 74 73
31	G13	Martinique	2 r. des Moulins, 1ᵉʳ	01 44 77 86 00
17	F10	La Réunion	90 r. La Boétie, 8ᵉ	01 40 75 02 79
41	K10	Nouvelle-Calédonie	7 r. du Général-Bertrand, 7ᵉ	01 42 73 24 14
44	K15	Tahiti et ses Iles	28 bd St-Germain, 5ᵉ	01 46 34 29 91

Journaux de Province

Main regional newspapers,
Größere regionale Tageszeitungen, Periódicos de Provincia

22	BD37	Le Dauphiné Libéré	Sèvres, 111 r. Brancas	01 46 23 17 26
18	F11	La Dépêche du Midi	3 r. de Rigny, 8ᵉ	01 42 93 72 48
18	F11	Les Dernières Nouvelles d'Alsace	–	01 44 70 70 50
18	F11	L'Est Républicain	–	01 43 87 15 30
18	F12	Midi Libre	39 bd. des Capucines, 2ᵉ	01 42 96 02 64
19	F13	La Montagne	–	01 42 96 02 22
17	F10	Ouest-France	91 r. Fg-St-Honoré, 8ᵉ	01 44 71 80 00
17	F9	Le Républicain Lorrain	73 av. Champs-Élysées, 8ᵉ	01 53 83 15 50
18	F12	Sud-Ouest	23 bd des Capucines, 2ᵉ	01 42 66 17 52
17	F9	La Voix du Nord	73 av. Champs-Élysées, 8ᵉ	01 43 59 10 38

Visite des églises, monuments et musées.

*Le **guide Vert Michelin Paris** décrit les monuments les plus intéressants :*
leur histoire, leur architecture, les œuvres d'art qu'ils renferment.
Pour les monuments les plus importants, ces descriptions sont accompagnées
d'illustrations ou de plans mettant en évidence les grandes étapes
de leur construction et la situation des œuvres d'art.
Les horaires et tarifs de visite y figurent, ainsi que les jours et périodes de fermeture.

RADIO-TÉLÉVISION

INFORMATION,
RUNDFUNK, FERNSEHEN,
INFORMACIÓN

19	G14	Agence France-Presse	13 pl. de la Bourse, 2ᵉ	01 40 41 46 46
19	F14	– Parisienne de Presse	18 r. St-Fiacre, 2ᵉ	01 42 36 95 59

Radio-Télévision
Rundfunk - Fernsehen

27	K5	Radio-France	116 av. P.-Kennedy	01 42 30 22 22
38	N3	Télévision Française (TF1)	Boulogne - 1 quai du Point-du-Jour	01 41 41 12 34
29	G9	France 2	22 av. Montaigne, 8ᵉ	01 44 21 42 42
29	G9	France-Régions 3 (FR3)	28 cours Albert-Iᵉʳ, 8ᵉ	01 40 74 47 35
27	K5	(Renseignements aux Téléspectateurs)	116 av. P.-Kennedy, 16ᵉ	01 42 30 56 56
39	L5	Canal Plus	85, 89 quai A.-Citroën, 15ᵉ	01 44 25 10 00
51	P5	La Cinquième	Issy-les-Moulineaux 10 r. Horace-Vernet	01 41 46 55 55
29	G9	M6	16 cours Albert-Iᵉʳ, 8ᵉ	01 44 21 66 66
38	K4	La Sept	50 av. Théophile-Gautier, 16ᵉ	01 44 14 77 77
		Arte (siège à Strasbourg)	–	–
29	G9	EDIRADIO (RTL)	22 r. Bayard, 8ᵉ	01 40 70 40 70
29	G9	Europe N° 1 - Télécompagnie	26 bis r. François-Iᵉʳ, 8ᵉ	01 42 32 90 00
16	F8	Radio Monte-Carlo	12 r. Magellan, 8ᵉ	01 40 69 88 00

Grands quotidiens
Main daily newspapers, Größere Tageszeitungen, Grandes diarios

29	G9	La Croix-l'Événement	3 r. Bayard, 8ᵉ	01 44 35 60 60
17	F10	Les Échos	46 r. La Boétie, 8ᵉ	01 49 53 65 65
49	R2	L'Équipe	Issy-les-Moulineaux 4 r. Rouget-de-l'Isle	01 40 93 20 20
17	F10	Le Figaro (Administr.-Publicité)	25 av. Matignon, 8ᵉ	01 40 75 20 00
31	G14	– (Rédaction) et Figaro-l'Aurore	37 r. du Louvre, 2ᵉ	01 42 21 62 00
31	H14	France-Soir	37 r. du Louvre, 2ᵉ	01 44 82 87 00
20	AP51	L'Humanité	St-Denis - 32 r. Jean-Jaurès	01 49 22 72 72
33	G17	Libération	11 r. Béranger, 3ᵉ	01 42 76 17 89
44	M15	Le Monde	21 bis r. Claude-Bernard, 5ᵉ	01 42 17 20 00
18	AT30	Le Parisien	St-Ouen - 25 av. Michelet	01 40 10 30 30
4	A7	Le Quotidien de Paris	Levallois-Perret 140 r. Jules-Guesde	08 36 70 00 65
19	G14	La Tribune Desfossés	42 r. N.-D. des Victoires, 2ᵉ	01 44 82 16 16

Renseignements par téléphone, *Information by telephone,*
Telefonische Auskunft, Información por teléfono

Horloge des neiges	01 42 66 64 28	Information Météo	08 36 68 00 00
Horloge parlante	08 36 99	Météo	
Informations		Ile-de-France	08 36 68 02 75
téléphonées	08 36 68 10 33	Météo France	08 36 68 01 01
Information Bourse	08 36 68 84 84		
(jours ouvr., 12 h 15-18 h)			

SANTÉ
HEALTH, GESUNDHEITSWESEN, SANIDAD

Grands Hôpitaux, Cliniques, Maisons de Santé,
Hospitals, Krankenhäuser, Grandes Hospitales

Paris

22	E19	Adolphe de Rothschild (Fonds. ophtalmologique)	25 r. Manin, 19ᵉ	01 48 03 65 65
29	H9	Alma (Clinique)	166 r. de l'Université, 7ᵉ	01 45 56 56 00
47	M22	Armand-Trousseau (Hôp. d'enfants)	26 av. Dr.-A.-Netter, 12ᵉ	01 44 73 74 75
32	K16	Banque Française des Yeux	6 quai des Célestins, 4ᵉ	01 42 77 19 21
43	M13	Baudelocque (Maternité)	123 bd de Port-Royal, 14ᵉ	01 42 34 11 45
6	A12	Bichat-Claude-Bernard (Hôpital)	46 r. Henri-Huchard, 18ᵉ	01 40 25 80 80
39	M6	Boucicaut (Hôpital)	78 r. de la Convention, 15ᵉ	01 45 54 92 92
53	P10	Broussais (Hôpital)	96 r. Didot, 14ᵉ	01 43 95 95 95
44	N15	Broca (Hôp.)	54 r. Pascal, 13ᵉ	01 44 08 30 00
38	L4	Chardon-Lagache-Ste Périne-Rossini (Hôp.)	11 r. Chardon-Lagache, 16ᵉ	01 44 96 31 31
43	M14	Cochin (Groupe Hosp.)	27 r. Fg-St-Jacques, 14ᵉ	01 42 34 12 12
36	J23	Croix-St-Simon (Hôp.)	125 r. d'Avron, 20ᵉ	01 44 64 16 00
43	L14	Curie (Institut) Hôpital Claudius Regaud	8 r. Louis Thuillier, 5ᵉ	01 44 32 40 00
33	G18	De Vinci (Centre Médico Chirurg.)	95 av. Parmentier, 11ᵉ	01 49 23 45 00
46	L20	Diaconesses (Hôp.)	16 r. du Sergent-Bauchat, 12ᵉ	01 44 74 10 10
20	D16	Fernand-Widal (Hôp.)	200 r. du Fg-St-Denis, 10ᵉ	01 40 05 45 45
44	M16	Gardien de la Paix (Hôp.)	35 bd St-Marcel, 13ᵉ	01 44 08 08 44
44	L16	Geoffroy-St-Hilaire (Clin.)	59 r. Geoffroy-St-Hilaire, 5ᵉ	01 44 08 40 00
38	M3	Henry-Dunant Croix-Rouge française (centre hosp.)	95 r. Michel-Ange, 16ᵉ	01 40 71 24 24
32	J15	Hôtel-Dieu de Paris (Hôp.)	1 pl. Parvis-Notre-Dame, 4ᵉ	01 42 34 82 34
29	J10	Invalides (Hôpital)	6 bd des Invalides, 7ᵉ	01 40 63 22 22
42	K11	Laënnec (Hôp.)	42 r. de Sèvres, 7ᵉ	01 44 39 69 99
42	N12	La Rochefoucauld (Hôp.)	15 av. du Gén. Leclerc, 14ᵉ	01 44 08 30 00
20	D15	Lariboisière (Hôp.)	2 r. Ambroise-Paré, 10ᵉ	01 49 95 65 65
42	M11	Léopold-Bellan (Hôp.)	19 r. Vercingétorix, 14ᵉ	01 40 48 68 68
16	E7	Marmottan (Centre médical)	19 r. d'Armaillé, 17ᵉ	01 45 74 00 04
23	E22	Maussins (Clin. des)	67 r. de Romainville, 19ᵉ	01 40 03 12 12
34	J20	Mont-Louis (Clin.)	8-10 r. de la Folie-Regnault, 11ᵉ	01 43 56 56 56
41	L10	Necker-Enfants Malades (Groupe hosp.)	149-151 r. de Sèvres, 15ᵉ	01 44 49 40 00
54	P11	N.-D. de Bon-Secours (Hôp.)	66 r. des Plantes, 14ᵉ	01 40 52 40 52
41	M10	Pasteur (Institut-Hôp.) Service Vaccinations	209 r. de Vaugirard, 15ᵉ	01 45 68 81 98
34	H20	Paul Sivadon (Institut de psychiatrie)	55 r. de la Folie Regnault, 11ᵉ	01 40 24 26 27
43	M14	Péan (Clin. chirurg.)	11 r. de la Santé, 13ᵉ	01 45 87 68 68
56	R15	Peupliers (Hôp.)	6 pl. Abbé-G.-Hénocque, 13ᵉ	01 44 16 52 00
45	M17	La Pitié-Salpêtrière (Groupe hospitalier)	47-83 bd de l'Hôpital, 13ᵉ	01 42 16 00 00
43	M13	Port-Royal (Maternité)	123 bd de Port-Royal, 14ᵉ	01 42 34 11 45
33	K18	Quinze-vingts (Hôp.)	28 r. de Charenton, 12ᵉ	01 40 02 15 20
23	E22	Robert-Debré (Hôp. d'enfants)	48 bd Sérurier, 19ᵉ	01 40 03 20 00
47	L22	Rothschild (Hôp.)	33 bd de Picpus, 12ᵉ	01 40 19 30 00
46	K19	St-Antoine (Hôp.)	184 r. Fg-St-Antoine, 12ᵉ	01 49 28 20 00
41	M9	St-Jacques (Hôp.)	37 r. des Volontaires, 15ᵉ	01 45 66 29 00
42	K11	St-Jean-de-Dieu (Clin.)	19 r. Oudinot, 7ᵉ	01 40 61 11 00
53	P10	St-Joseph (Fond.-Hôp.)	185 r. R. Losserand, 14ᵉ	01 44 12 33 33
20	E15	St-Lazare (Hôp.)	107 bis r. Fg-St-Denis, 10ᵉ	01 48 00 55 55
21	F17	St-Louis (Hôp.)	1 av. Claude-Vellefaux, 10ᵉ	01 42 49 49 49
40	N8	St-Michel (Hôp.)	33 r. Olivier-de-Serres, 15ᵉ	01 40 45 63 63
43	M13	St-Vincent-de-Paul (Hôp.)	74 av. Denfert-Rochereau, 14ᵉ	01 40 48 81 11
55	P13	Ste-Anne (Centre hosp. spécialisé)	1 r. Cabanis, 14ᵉ	01 45 65 80 00
40	M7	Ste-Félicité (Maternité)	37 r. St-Lambert, 15ᵉ	01 53 68 58 58
44	M16	Sport (clin.)	36 bd. St-Marcel, 5ᵉ	01 40 79 40 00
43	M13	Tarnier (Hôp.)	89 r. d'Assas, 6ᵉ	01 42 34 15 91
35	G22	Tenon (Hôp.)	4 r. de la Chine, 20ᵉ	01 40 30 70 00
55	R13	Université de Paris (Hôp. internat.)	42 bd Jourdan, 14ᵉ	01 45 89 47 89
43	M14	Val-de-Grâce (Hôp. militaire)	74 bd de Port-Royal, 5ᵉ	01 40 51 40 00
40	N7	Vaugirard (Hôp.)	10 r. Vaugelas, 15ᵉ	01 40 45 80 00
18	D12	Vintimille (Clin.)	58 r. de Douai, 9ᵉ	01 44 63 42 42

24	BH59-BH60	Albert-Chenevier (Hôp.)	Créteil - 40 r. de Mesly	01 49 81 31 31
61	AZ	Ambroise-Paré (Hôp.)	Boulogne - 9 av. Ch.-de-Gaulle	01 49 09 50 00
3	B5	Américain (Hôp.)	Neuilly-sur-Seine - 63 bd Victor-Hugo	01 46 41 25 25
22	BH42	Antoine-Béclère (Hôp.)	Clamart - 157 r. Porte-de-Trivaux	01 45 37 44 44
24	BC61	Armand-Brillard (Clin.)	Nogent-sur-Marne - 3-5 av. Watteau	01 43 94 81 00
20	AT56	Avicenne (Hôp.)	Bobigny - 125 r. de Stalingrad	01 48 95 55 55
18	AU47	Beaujon (Hôp.)	Clichy - 100 bd Général-Leclerc	01 40 87 50 00
24	BB57	Bégin (Hôp. Instr. Armées)	St-Mandé - 69 av. de Paris	01 43 98 50 00
24	BF50	Bicêtre (Centre hosp.)	Le Kremlin-Bicêtre - 78 r. du Gén.-Leclerc	01 45 21 21 21
22	BN45	Bois de Verrières (Clin.)	Antony - 66 r. du Colonel-Fabien	01 46 74 44 44
20	AR51	Casanova (Centre hosp.)	St-Denis - 11 r. Danielle-Casanova	01 42 35 61 40
2	C3	Centre Hospitalier	Neuilly-sur-Seine - 36 bd Gén.-Leclerc	01 46 43 25 00
18	AX41	Centre Hospitalier	Puteaux - 1 bd Richard-Wallace	01 47 72 51 44
22	BB39	Centre Hospitalier	Saint-Cloud - 3 pl. Silly	01 49 11 60 60
24	BG60	Centre Hosp. Intercomm.	Créteil - 40 av. de Verdun	01 45 17 50 00
20	AX59	Centre Hosp. Intercomm.	Montreuil - 56 bd de la Boissière	01 49 20 30 40
24	BS59	Centre Hosp. Intercomm.	Villeneuve-St-Georges - 40 allée de la Source	01 43 86 20 00
24	BF54	Charles-Foix (Groupe hosp.)	Ivry-sur-Seine - 7 av. de la République	01 49 59 40 00
51	P5	Corentin-Celton (Hôp.)	Issy-les-Moulineaux - 37 bd Gambetta	01 46 29 40 00
1	A2	Courbevoie La Défense (Centre hosp.)	Courbevoie - 30 r. Kilford	01 49 04 30 30
20	AY56	Dhuys (Clin.)	Bagnolet - 1 r. Pierre-Curie	01 43 60 01 50
20	AP52	Delafontaine (Centre hosp.)	St-Denis - 2 rue du Dr-Delafontaine	01 42 35 61 40
24	BN62	Émile-Roux (Centre hosp.)	Limeil-Brévannes - 1 av. de Verdun	01 45 95 80 80
24	BE57	Esquirol (Hôp.)	St-Maurice - 57 r. Mar.-Leclerc	01 43 96 61 61
20	AX57	Floréal (Clin.)	Bagnolet - 40 r. Floréal	01 43 61 44 90
18	AY44	Foch (Centre médico-chirurg.)	Suresnes - 40 r. Worth	01 46 25 20 00
5	A10	Gouin (Hôp. chirur.)	Clichy - 2 r. Gaston-Paymal	01 41 06 81 00
24	BG50-BH50	Gustave-Roussy (Inst.)	Villejuif - 39 r. Camille-Desmoulins	01 45 59 49 09
22	BK42	Hauts-de-Seine (Clin.)	Châtenay-Malabry - 17 av. du Bois	01 46 30 22 50
3	D6	Henri-Hartmann (Clin.)	Neuilly-sur-Seine - 26 bd Victor-Hugo	01 46 39 89 89
24	BG59-BH59	Henri-Mondor (Hôp.)	Créteil - 51 av. Mar.-de-lattre-de-Tassigny	01 49 81 21 11
3	C6	Hertford (British Hosp.)	Levallois-Perret - 3 r. Barbès	01 46 39 22 22
24	BE52-BF52	Jean-Rostand (Groupe hosp.)	Ivry-sur-Seine - 39 r. Jean-Le-Galleu	01 49 59 40 00
22	BE37	Jean-Rostand (Centre hosp. intercomm.)	Sèvres - 2-4 r. Parc-Cheviron	01 41 14 75 15
20	AU62	Jean-Verdier (Hôp.)	Bondy - av. du 14-Juillet	01 48 02 66 66
18	AJ40	Louis-Mourier (Hôp.)	Colombes - 178 r. des Renouillers	01 47 60 61 62
20	AZ67	Maison-Blanche (Centre hosp.)	Neuilly-sur-Marne - 3 av. Jean-Jaurès	01 49 44 40 40
22	BJ43	Marie-Lannelongue (Centre chirurg.)	Le Plessis-Robinson 133 av. de la Résistance	01 40 94 28 00
18	AW34	Les Martinets (Clin.)	Rueil-Malmaison - 97 av. Albert-Ier	01 47 14 38 00
22	BJ40	Meudon-la-Forêt-Vélizy (Clin.)	Meudon-la-Forêt - 3 av. de Villacoublay	01 46 30 21 31
18	AT39	Nanterre - Max Forestier (Hôp.)	Nanterre - 403 av. de la République	01 47 69 65 65
3	C5	N.-D.-du-Perpétuel-Secours (Hôp.)	Levallois-Perret - 2 r. Kléber	01 47 59 59 59
24	BG51-BH51	Paul-Brousse (Groupe hosp.)	Villejuif - 12 av. P.-Vaillant-Couturier	01 45 59 30 00
24	BH50-BH51	Paul-Guiraud (Centre Hosp. spécialisé)	Villejuif - 54 av. de la République	01 45 59 57 00
49	S2	Percy (Hôp. militaire)	Clamart - 101 av. Henri-Barbusse	01 41 46 60 00
22	BB34	Raymond-Poincaré (Hôp.)	Garches - 104 bd R.-Poincaré	01 47 41 79 00
20	AU53	La Roseraie (Hôp. Européen de Paris)	Aubervilliers - 120 av. de la République	01 48 39 40 00
24	BC65-BG6	Saint-Camille (Hôp.)	Bry-sur-Marne - 2 r. des Pères-Camilliens	01 49 83 10 10
18	AX36	Stell (Centre hosp.)	Rueil-Malmaison - 1 r. Charles-Drot	01 41 29 90 00
51	R5	Suisse de Paris (Hôp.)	Issy-les-Moulineaux - 10 r. Minard	01 41 33 11 00
20	AV64	Valère-Lefebvre (Hôp.)	Le Raincy - 73 bd de l'Ouest	01 43 01 78 00
20	AL51	Victor-Hugo (Centre hosp.)	Pierrefitte-sur-Seine - 32 av. Victor-Hugo	01 42 35 61 40
20	AZ67	Ville-Évrard (Centre hosp. spécialisé)	Neuilly-sur-Marne - 2 av. Jean-Jaurès	01 43 09 30 30

Avec le **guide Michelin** *utilisez les* **cartes Michelin.**

Social and medical institutions, Assistance,
Sozialversicherung, Fürsorge, Sociedades Médicas, Mutuas y Seguros

28	K7	Allocations Familiales de Paris (Caisse)	9 r. St-Charles, 15ᵉ	01 45 71 20 00
18	E11	Armée du Salut	60 r. des Frères-Flavien, 20ᵉ	01 43 62 25 00
32	J15	Assistance Publique-Hôpitaux de Paris	3 av. Victoria, 4ᵉ	01 40 27 30 00
29	J9	Aveugles de France (Fédération)	58 av. Bosquet, 7ᵉ	01 45 51 20 08
20	D15	Caisse Primaire Assurance Maladie de Paris (Sécurité Sociale)	69 bis r. de Dunkerque, 9ᵉ	01 40 23 70 70
16	F8	Croix-Rouge Française	1 pl. Henri-Dunant, 8ᵉ	01 44 43 11 00
45	L17	Direction de l'Action Sociale de l'Enfance et de la Santé (D.A.S.E.S.) (Mairie de Paris)	94-96 quai de la Rapée, 12ᵉ	01 43 47 77 77
45	L17	Institut Médico-Légal	2 pl. Mazas, 12ᵉ	01 44 75 47 00
41	L10	Institut National des Jeunes Aveugles	56 bd des Invalides, 7ᵉ	01 44 49 35 35
43	L14	Institut National de Jeunes Sourds	254 r. St-Jacques, 5ᵉ	01 43 29 24 00
56	P15	Paralysés de France (Association)	17 bd Auguste-Blanqui, 13ᵉ	01 40 78 69 00
33	H17	Secours Populaire Français	9-11 r. Froissart, 3ᵉ	01 44 78 21 00

Medical emergency numbers, Notrufnummern, Téléfonos de Urgencia

		SAMU (Paris)		15
		S.O.S. Médecin		01 47 07 77 77
		Urgences médicales de Paris 24 h/24		01 48 28 40 04
55	P14	Urgences psychiatrie 24 h/24	1 r. Cabanis, 14ᵉ	01 45 65 81 09
		S.O.S. Urgences dentaires (dimanches et jours fériés)		01 42 61 12 00
		S.O.S. Dentaire (tous les jours de 20 h à 23 h 40 et de 9 h 20 à 12 h 10 et de 14 h 20 à 19 h 10 les samedis, dimanches et jours fériés)		01 43 37 51 00
59	R22	Ambulances Assistance Publique	Charenton 28 r. de l'Entrepôt	01 43 78 26 26
		Ambulances-Port-Royal		01 47 07 37 39
🔞	AY39	Centre de soins aux brûlés (Hôpital Foch)	Suresnes - 40 r. Worth	01 46 25 23 42
20	D16	Centre anti-poison (Hôpital Fernand-Widal)	200 r. du Fg-St-Denis, 10ᵉ	01 40 37 04 04
		S.O.S. Vétérinaire (Paris) (nuit 20 h à 8 h et les dimanches)		01 47 45 18 00

Échelle : 1 cm sur le plan représente 100 m sur le terrain.

SERVICES POSTAUX

Divers services

Renseignements téléphoniques	12	Renseignements postaux	08 00 05 02 02
Réclamations	13	Télégrammes téléphonés :	
Réveil par téléphone	Appuyer successivement	– métropole	36 55
	sur les touches * 55 * heure	– étranger	08 00 33 44 11
	(en 4 chiffres) et ≠		

A Paris, 180 **bureaux de poste** sont à la disposition du public. Ces bureaux sont identifiés et localisés sur les plans *(p. ▯ à ▯▯)* par le signe bleu ▧. La vente des timbres-poste courants est pratiquée dans tous les bureaux de tabac.

Service normal : Les **bureaux de la Poste** sont ouverts au public du lundi au vendredi de 8 h à 19 h, le samedi de 8 h à 12 h.
Toutes les opérations peuvent y être pratiquées.

Ouvertures exceptionnelles et services réduits :

Horaires et opérations

31	G14	Paris Louvre RP (Recette Principale)	52 r. du Louvre, 1er	01 40 28 20 00
31	H13	Paris Musée du Louvre	Pyramide (Hall Napoléon), 1er	01 42 61 43 97
32	H15	Paris Forum des Halles	C. commercial, niveau 4, 1er	01 44 76 84 60
17	F9	Paris Champs-Élysées	71 av. Champs-Élysées, 8e	01 44 13 66 00
28	J7	Paris Tour Eiffel (1er étage)	av. Gustave-Eiffel, 7e	01 45 51 05 78
15	E6	Paris Palais des Congrès	Palais des Congrès, 17e	01 40 53 18 81
10	D19	Paris Belvédère	118 av. Jean-Jaurès, 19e	01 42 06 31 45

Recette principale. – *Ouvert jour et nuit.*
Aux heures de service normal *(voir ci-dessus)* : toutes opérations ;
Samedi (à partir de 12 h), les dimanches et jours fériés et la nuit (☎ 01 40 28 21 94) : vente de timbres-poste et télécartes ; téléphone, télégraphe ; dépôt des objets recommandés et chargés ; paiement des chèques postaux de dépannage, des postchèques étrangers ; remboursements sans préavis sur livrets de C.N.E. ; retrait des objets (sauf les mandats) adressés en Poste Restante à Paris RP.
Paris Musée du Louvre. – *Ouvert en semaine de 9 h 30 à 19 h (22 h les lundis et mercredis) ; les dimanches et jours fériés de 10 h 30 à 18 h ; fermé le mardi.*
Paris Forum des Halles (Porte Lescot). – *Ouvert du lundi au vendredi (10 h à 18 h) et samedi (9 h à 12 h).*
Paris Tour Eiffel. – *Ouvert tous les jours de 10 h à 19 h 30.*
Paris Champs-Élysées. – *Ouvert en semaine, de 8 h à 22 h ; les dimanches et jours fériés, voir ci-dessous.*
Aux heures de service normal *(voir ci-dessus)* : toutes opérations.
Lundi au samedi (à partir de 19 h) et les dimanches et jours fériés (10 h à 12 h et 14 h à 20 h) : téléphone, télégraphe, télécopie ; vente des timbres-poste et télécartes ; affranchissement des correspondances (sauf dimanches et jours fériés) ; délivrance des objets en Poste Restante.
Paris Belvédère. – *Ouvert du lundi au vendredi (14 h à 19 h 30).*

Poste restante : Tous les bureaux de Paris assurent le service Poste Restante (sauf Paris Musée du Louvre). Mais le courrier adressé **« Poste Restante - Paris »** sans spécification d'arrondissement est à retirer à la Recette Principale, 52, rue du Louvre.

Centre des Chèques Postaux **(C.C.P.)** : Le **C.C.P.,** 16 rue des Favorites, 15e (M 9) ☎ 01 53 68 33 33 *(renseignements par téléphone du lundi au vendredi de 7 h à 19 h et samedi de 7 h à 12 h)* est ouvert au public du lundi au vendredi de 8 h à 19 h et le samedi de 8 h à 12 h.
Renseignements téléphoniques compte 24 h/24 ☎ 08 36 65 50 10.
Perte ou vol chéquier, Carte bleue/visa (7 jours/7, 24 h/24) ☎ 01 53 68 33 33.

Télex

18	E12	Agence Commerciale Paris St-Lazare *(lundi au vendredi 9 h à 18 h, samedi 9 h à 12 h)*	8 r. d'Amsterdam, 9e	01 40 07 14 14

P. & T.: POSTAL SERVICES

Normal opening times and services. – **Post offices** provide the full range of services from Mondays to Fridays 8am to 7pm, Saturdays 8am to noon.

Additional opening times with a limited service

General Post Office. – 52 rue du Louvre (G14) ☎ 01 40 28 20 00. *Open 24 hours. Outside normal hours a limited service only is provided* (☎ 01 40 26 32 34).

Paris 1st - Musée du Louvre. – Pyramide, Hall Napoléon (31 H 13) ☎ 01 42 61 43 97. *Open Mondays to Saturdays 9.30am to 7pm, 10pm Mondays and Wednesdays; holidays 10.30am to 6pm; closed Tuesdays.*

Paris 1st - Forum des Halles. – 4th level, Porte Lescot (H15) ☎ 01 44 76 84 60. *Open Mondays to Fridays 10am to 6pm and Saturdays 9am to noon.*

Paris 7th - Tour Eiffel. – lst floor, avenue Gustave Eiffel (28J7) ☎ 01 45 51 05 78. *Open daily, including Sundays and holidays, 10am to 19.30pm.*

Paris 8th - Champs-Élysées. – 71 avenue des Champs-Élysées (F9) ☎ 01 43 59 55 18. *Open Mondays to Saturdays 8am to 10pm. A limited service only is available from 7pm Mondays to Saturdays and from 10am to noon and 2 to 8pm on Sundays and holidays.* Apply in advance for full details.

Paris Belvédère. – 118 avenue Jean-Jaurès (D19). *Open Mondays to Fridays 5am to 7.30pm and Saturdays 10.30am to 12.30pm.*

P. & T.: POST

Öffnungszeiten. – Die **Postämter** sind montags bis freitags von 8-19 Uhr und samstags von 8-12 Uhr geöffnet. Sie versehen dann alle Postdienste.

Besondere Schalterstunden, nur begrenzte Postdienste

Hauptpostamt. – 52, rue du Louvre (G14) ☎ 01 40 28 20 00. *Tag und Nacht geöffnet. Samstags ab 12 Uhr, an Soon- und Feiertagen sowie nachts (☎ 01 40 26 32 34) nur bestimmte Dienstleistungen.*

Paris 1ᵉ - Louvre. – Pyramide, Hall Napoléon (31 H 13) ☎ 01 42 61 43 97. *Geöffnet: montags-samstags 9.30-19 Uhr; bzw montags und mittwochs 22 Uhr; an Sonn-und Feiertagen 10.30-18 Uhr. Dienstags geschlossen.*

Paris 1ᵉ - Forum des Halles, Niveau 4 (Porte Lescot) (H15) ☎ 01 44 76 84 60. *Geöffnet: montags-freitags 10-18 Uhr; samstags 9-12 Uhr.*

Paris 7ᵉ - Eiffelturm. – 1. Etage, Avenue Gustave-Eiffel (28J7) ☎ 01 45 51 05 78. *Geöffnet: taglich, auch an Soon- und Feiertagen, von 10-19.30 Uhr.*

Paris 8ᵉ - Champs-Élysées. – 71 avenue des Champs Élysées (F9) ☎ 01 43 59 55 18. *Geöffnet: 8-22 Uhr. Montags-samstags ab 19 Uhr und an Sonn- und Feiertagen (10-12, 14-20 Uhr) nur bestimmte Dienstleistungen.*

Paris - Belvédère. – 118 avenue Jean-Jaurès (D19). *Geöffnet: montags-freitags 17 Uhr und 19.30 Uhr; samstags 10.30-12.30 Uhr.*

P. & T.: SERVICIOS POSTALES

Servicio normal. – Para todas las operaciones, las **oficinas de los P.T.T.** están abiertas al público de lunes a viernes de 8 h a 19 h, los sábados de 8 h a 12 h.

Aperturas excepcionales y servicios reducidos

Oficina Principal. – 52 rue du Louvre (G14) ☎ 01 40 28 20 00. *Abierta día y noche. Sábados (desde 12 h), domingos, festivos y durante la noche: sólo son posibles algunas operaciones.* Informarse. ☎ 01 40 26 32 34.

Paris 1° - Musée du Louvre. – Pyramide, Hall Napoléon (31 H 13) ☎ 01 42 61 43 97. *Abierta de lunes a sábados de 9 h 30 a 19h (22 h lunes y miércoles). Domingos y festivos de 10 h 30 a 18 h. Cerrada martes.*

Paris 1° - Forum des Halles. – Piso 4, porte Lescot (H15) ☎ 01 44 76 84 60. *Abierta de lunes a viernes de 10 h a 18 h. Sábados de 9 h a 12 h.*

Paris 7° - Tour Eiffel. – Piso 1, avenue Gustave-Eiffel (28J7) ☎ 01 45 51 05 78. *Abierta todos los días de 10 a 19 h 30.*

Paris 8° - Champs-Élysées. – 71 avenue des Champs-Élysées (F9) ☎ 01 43 59 55 18. *Abierta de 8 h a 22 h. De lunes a sábados (desde 19 h), domingos y festivos: lólo son posibles algunas operaciones.* Informarse.

Paris – 118 avenue Jean-Jaurès (D19). *Abierta de lunes a viernes de 17 h a 19 h 30. Sábados de 10 h 30 a 12 h 30.*

SPECTACLES
ENTERTAINMENTS, VERANSTALTUNGEN, ESPECTÁCULOS

Théâtres, *Theatres, Theater, Teatros*

20	F16	Antoine-Simone Berriau	14 bd de Strasbourg, 10ᵉ	01 42 08 77 71
18	D11	Arts-Hébertot	78 bis bd Batignolles, 17ᵉ	01 43 87 23 23
19	D14	Atelier-Charles Dulin	1 pl. Charles-Dullin, 18ᵉ	01 46 06 49 24
18	F12	Athénée-Louis Jouvet	4 sq. de l'Opéra-L.-Jouvet, 9ᵉ	01 47 42 67 27
20	D16	Bouffes-du-Nord	209 r. du Fg-St-Denis, 10ᵉ	01 46 07 34 50
19	G13	Bouffes-Parisiens	4 r. Monsigny, 2ᵉ	01 42 96 60 24
28	H7	Chaillot (Th. Nat.)	1 pl. du Trocadéro, 16ᵉ	01 47 27 81 15
29	G9	Champs-Élysées	15 av. Montaigne, 8ᵉ	01 49 52 50 50
31	J14	Châtelet-théâtre Musical de Paris	1 pl. du Châtelet, 1ᵉʳ	01 40 28 28 40
35	G21-H21	Colline (Th. Nat.)	15 r. Malte Brun, 20ᵉ	01 44 62 52 52
18	F12	Comédie Caumartin	25 r. Caumartin, 9ᵉ	01 47 42 43 41
19	D13	Comédie de Paris	42 r. Fontaine, 9ᵉ	01 42 81 00 11
29	G9	Comédie des Champs-Élysées	15 av. Montaigne, 8ᵉ	01 47 23 37 21
31	H13	Comédie-Française	2 r. de Richelieu, 1ᵉʳ	01 40 15 00 15
42	M11	Comédie Italienne	17 r. de la Gaîté, 14ᵉ	01 43 21 22 22
18	G12	Daunou	7 r. Daunou, 2ᵉ	01 42 61 69 14
33	G17	Dejazet	41 bd du Temple, 3ᵉ	01 48 87 52 55
7	B13	Dix-Huit Théâtre	16 r. Georgette Agutte, 18ᵉ	01 42 26 47 47
18	F12	Édouard-VII-Sacha Guitry	10 pl. Édouard-VII, 9ᵉ	01 47 42 59 92
30	G11	Espace Pierre Cardin	1 av. Gabriel, 8ᵉ	01 42 65 27 35
32	H15	Essaïon	6 r. Pierre-au-Lard, 4ᵉ	01 42 78 46 42
19	E13	Fontaine	10 r. Fontaine, 9ᵉ	01 48 74 74 40
42	M11	Gaîté-Montparnasse	26 r. de la Gaîté, 14ᵉ	01 43 22 16 18
20	F15	Gymnase-Marie Bell	38 bd Bonne-Nouvelle, 10ᵉ	01 42 46 79 79
31	K14	Huchette	23 r. de la Huchette, 5ᵉ	01 43 26 38 99
19	E13	La Bruyère	5 r. La Bruyère, 9ᵉ	01 48 74 76 99
19	G13	La Michodière	4 r. de La Michodière, 9ᵉ	01 47 42 95 22
58	P19	Lierre	22 r. du Chevaleret, 13ᵉ	01 45 86 55 83
42	L12	Lucernaire-Berthommé-Le Guillochet	53 r. N.-D. des-Champs, 6ᵉ	01 45 44 57 34
18	F11	Madeleine	19 r. de Surène, 8ᵉ	01 42 66 35 50
32	G16	Marais	37 r. Volta, 3ᵉ	01 42 78 03 53
17	G10	Marigny	av. Marigny, 8ᵉ	01 42 56 04 41
18	F12	Mathurins	36 r. des Mathurins, 8ᵉ	01 42 65 90 00
18	F12	Michel	38 r. des Mathurins, 8ᵉ	01 42 65 35 02
18	F12	Mogador	25 r. Mogador, 9ᵉ	01 53 32 32 00
42	M11	Montparnasse	31 r. de la Gaîté, 14ᵉ	01 43 22 77 74
44	L15	Mouffetard (nouveau théâtre)	73 r. Mouffetard, 5ᵉ	01 43 31 11 99
19	F14	Nouveautés	24 bd Poissonnière, 9ᵉ	01 47 70 52 76
43	K13	Odéon (Th. de l'Europe)	pl. de l'Odéon, 6ᵉ	01 44 41 36 36
18	E12	Œuvre	55 r. de Clichy, 9ᵉ	01 44 53 88 88
33	K18	Opéra de Paris Bastille (Th. Nat.)	120 r. de Lyon, 12ᵉ	01 44 73 13 00
19	F13	Opéra Comique (Th. Nat.)	pl. Boïeldieu, 2ᵉ	01 42 44 45 46
18	F12	Opéra Garnier (Th. Nat.)	pl. de l'Opéra, 9ᵉ	01 44 73 13 00
31	G13	Palais-Royal	38 r. de Montpensier, 1ᵉʳ	01 42 97 59 81
18	E12	Paris	15 r. Blanche, 9ᵉ	01 48 74 25 37
52	P7	Paris-Plaine	13 r. Gal-Guillaumat, 15ᵉ	01 40 43 01 82
10	C20	Paris-Villette	211 av. Jean-Jaurès, 19ᵉ	01 42 02 02 68
42	L12	Poche	75 bd du Montparnasse, 6ᵉ	01 45 48 92 97
20	G16	Porte-St-Martin	16 bd St-Martin, 10ᵉ	01 42 08 00 32
18	G12	Potinière	7 r. Louis-Le-Grand, 2ᵉ	01 42 61 44 16
27	J5	Ranelagh	5 r. des Vignes, 16ᵉ	01 42 88 64 44
20	G16	Renaissance	20 bd St-Martin, 10ᵉ	01 42 08 18 50
17	G10	Rond-Point	av. F.-Roosevelt, 8ᵉ	01 44 95 98 10
19	E13	St-Georges	51 r. St-Georges, 9ᵉ	01 48 78 63 47
52	P8	Silvia-Monfort	106 r. Brancion, 15ᵉ	01 45 31 10 96
29	G9	Studio des Champs-Élysées	15 av. Montaigne, 8ᵉ	01 47 20 84 54
33	J18	Théâtre de la Bastille	76 r. de la Roquette, 11ᵉ	01 43 57 42 14
23	F22	Théâtre de l'Est-Parisien (TEP)	159 av. Gambetta, 20ᵉ	01 43 64 80 80
64	CT	Théâtre du Soleil (Cartoucherie de Vincennes)	rte Champ-de-Manœuvre, 12ᵉ	01 43 74 24 08
32	J15	Théâtre de la Ville	2 pl. du Châtelet, 4ᵉ	01 42 74 22 77
30	K12	Vieux Colombier (Comédie Française)	21 r. du Vieux-Colombier, 6ᵉ	01 44 39 87 00
18	E11	Tristan Bernard	64 r. du Rocher, 8ᵉ	01 45 22 08 40
19	F14	Variétés	7 bd Montmartre, 2ᵉ	01 42 33 09 92
22	G20	Vingtième Théâtre	7 r. des Plâtrières, 20ᵉ	01 43 66 01 13

Salles de concerts
Concert halls, Konzertsäle, Salas de conciertos

11	C21	Cité de la Musique	221 av. Jean-Jaurès, 19ᵉ	01 44 84 44 84
17	F10	Gaveau	45 r. La Boétie, 8ᵉ	01 49 53 05 07
16	E8	Pleyel	252 r. Fg-St-Honoré, 8ᵉ	01 45 61 53 00

Des concerts et ballets sont fréquemment proposés à la Maison de la Radio (Grand Auditorium, Studio 106), à l'Auditorium du Louvre, à celui de la Bibliothèque nationale, à celui de St-Germain, au Palais de Chaillot *(pl. du Trocadéro et du 11-Novembre),* ainsi que dans les grands théâtres de la capitale (Châtelet-Théâtre Musical de Paris, Théâtre de la Ville, Théâtre des Champs-Élysées...).

Des concerts spirituels et récitals d'orgue sont régulièrement donnés à Notre-Dame, St-Germain-des-Prés, St-Séverin, St-Roch, St-Louis des Invalides, St-Eustache...

Cinéma, *Cinemas, Kinos, Cines*

Consulter la presse chaque mercredi (l'officiel des spectacles, Pariscope) - See newspaper on Wednesdays – Siehe Presse jeden Mittwoch - Consultar los periódicos el miércoles.
Cinémathèque Française : *salle Chaillot av. Albert-de-Mun, 16ᵉ. Tél. 01 47 04 24 24.*
Vidéothèque de Paris : *Forum des Halles, Porte Saint-Eustache, 1ᵉʳ. Tél. 01 44 76 62 00.*

Music-halls, cabarets, chansonniers

20	G16	Caveau de la République	1 bd St-Martin, 3ᵉ	01 42 78 44 45
28	G8	Crazy Horse	12 av. George-V, 8ᵉ	01 47 23 32 32
19	F14	Folies-Bergère	32 r. Richer, 9ᵉ	01 44 79 98 98
16	F8	Lido	116 av. Champs-Élysées, 8ᵉ	01 40 76 56 10
19	D13	Moulin-Rouge (Bal du)	pl. Blanche, 18ᵉ	01 46 06 00 19
18	F12	Olympia-Bruno-Coquatrix	28 bd des Capucines, 9ᵉ	01 47 42 25 49
44	K15	Paradis Latin	28 r. du Card.-Lemoine, 5ᵉ	01 43 25 28 28
20	F16	Splendid	48 r. du Fg-St-Martin, 10ᵉ	01 42 08 21 93
18	D12	Théâtre des 2 Anes	100 bd de Clichy, 18ᵉ	01 46 06 10 26

Spectacles pour enfants
Children's entertainment
Veranstaltungen für Kinder, Espectáculos para niños

28	J8	Marionnettes du Champ-de-Mars	av. du Gal-Margueritte, 7ᵉ	01 48 56 01 44
17	G10	Marionnettes des Champs-Élysées	Rond-Point des Champs-Élysées, 8ᵉ	01 42 57 43 34
43	L13	Marionnettes du Luxembourg	r. Guynemer, 6ᵉ	01 43 26 46 47
52	N8	Marionnettes de Vaugirard	Square G.-Brassens r. Brancion, 15ᵉ	01 48 42 51 80
62	CV	Musée en Herbe	Jardin d'Acclimatation Bois de Boulogne, 16ᵉ	01 40 67 97 66
19	D14	– (Halle St-Pierre)	2 r. Ronsard, 18ᵉ	01 42 58 72 89
62	CV	Théâtre du Jardin	Jardin d'Acclimatation Bois de Boulogne, 16ᵉ	01 40 67 97 86

Salles diverses (réunions, variétés, manifestations, ...)
Other variety halls, Andere Säle, Otras salas

42	M11	Bobino	20 r. de la Gaîté, 14ᵉ	01 43 27 75 75
31	H13	Le Carrousel du Louvre	99 r. de Rivoli, 1ᵉʳ	01 43 16 47 47
18	E12	Casino de Paris	16 r. de Clichy, 9ᵉ	01 49 95 99 99
33	H17	Cirque d'Hiver	110 r. Amelot, 11ᵉ	01 47 00 12 25
19	D13	Le Divan du Monde	75 r. des Martyrs, 18ᵉ	01 42 55 48 50
19	D14	Élysée-Montmartre	72 bd Rochechouart, 18ᵉ	01 42 52 25 15
16	E8	Espace Wagram	39 av. Wagram, 17ᵉ	01 43 80 30 03
30	H11	Maison de la Chimie	28 r. St-Dominique, 7ᵉ	01 47 05 10 73
44	K15	Palais de la Mutualité	24 r. St-Victor, 5ᵉ	01 40 46 10 52
15	E6	Palais des Congrès de Paris	2 pl. de la Pte-Maillot, 17ᵉ	01 40 68 22 22
39	N6	Palais des Sports	pl. de la Porte de Versailles, 15ᵉ	01 44 68 69 70
46	M19	Palais Omnisports de Paris-Bercy	8 bd de Bercy, 12ᵉ	01 44 68 44 68
11	B21	Zénith	211 av. J.-Jaurès, 19ᵉ	01 42 08 60 00

Suburban theatres, Theater in den Vororten, Teatros de los alrededores

1:8	AV38	Amandiers	Nanterre 7 av. Pablo-Picasso	01 46 14 70 00
2:4	BF67	Centre Municipal d'Animation G.-Philipe	Champigny 54 bd du Château	01 48 80 96 28
2:4	BA57	Daniel-Sorano	Vincennes 16 r. Charles-Pathé	01 43 74 73 74
2:2	BN46	Firmin-Gémier	Antony, pl. Firmin-Gémier	01 46 66 02 74
1:8	AP50	Gérard-Philipe	Saint-Denis 59 bd Jules-Guesde	01 48 13 70 00
1:8	AX41	Hauts-de-Seine	Puteaux 5 r. Henri-Martin	01 47 72 09 59
1:8	AZ37	Jean-Vilar	Suresnes 16 pl. Stalingrad	01 46 97 98 10
2:4	BH53	Jean-Vilar	Vitry 9 av. Youri-Gagarine	01 46 82 83 88
2:4	BK59	Maison des Arts André-Malraux	Créteil pl. Salvador-Allende	01 45 13 19 19
2:2	BR45	Opéra-Théâtre	Massy 1 pl. de France	01 60 13 13 13
2:4	AL35-AL36	Paul-Éluard	Choisy-le-Roi 4 av. Villeneuve-St-Georges	01 48 90 89 79
2:4	BH51	Romain-Rolland	Villejuif 18 r. Eugène-Varlin	01 47 26 15 02
37	N1	Th. de Boulogne-Billancourt (TBB)	Boulogne 60 r. de la Belle-Feuille	01 46 03 60 44
2:0	AT53	Th. de la Commune Pandora	Aubervilliers Square de Stalingrad	01 48 34 67 67
1:8	AT46	Th. de Gennevilliers	Gennevilliers 41 av. des Grésillons	01 47 93 26 30
2:4	BF53	Th. des Quartiers d'Ivry	Ivry 1 r. Simon-Dereure	01 46 72 37 43
1:8	AT45	Th. Armande Béjart	Asnières 16 pl. de l'Hôtel-de-Ville	01 47 33 69 36
60	R23	Th. de Charenton	Charenton-le-Pont 107 r. de Paris	01 43 68 55 81
2:4	BG62	Théâtre Rond-Point Liberté	Saint-Maur 20 r. de la Liberté	01 48 89 99 10

Paris en images

De Lutèce au Paris contemporain, la ville à travers son histoire et ses monuments : projection simultanée d'images sur écran panoramique, avec fond musical.

Toutes les heures de 9 h à 18 h (21 h les vendredi et samedi). 50 F ; enfants 30 F.

Paristoric : 11 bis r. Scribe, 9ᵉ. Tél. 01 42 66 62 06.

Des Kiosques-théâtres offrent au public la possibilité d'acheter des places de théâtre à moitié prix pour des représentations le soir même :
– Terre-plein ouest de l'église de la Madeleine, tous les jours y compris les jours fériés (fermé lundi) entre 12 h 30 et 20 h (16 h le dimanche).
– Sur la dalle de la gare Montparnasse au pied de la Tour ; tous les jours y compris les jours fériés de 12 h 30 à 20 h (16 h le dimanche). Fermé le lundi et 1er janvier.

SPORTS, *SPORT, DEPORTES*

Clubs

44	K15	Assoc. Sportive de la Police de Paris	4 r. Montagne-Ste-Geneviève, 5ᵉ	01 43 54 59 26
53	P10	Assoc. Sportive des PTT de Paris	12 allée G.-Bachelard, 14ᵉ	01 40 52 07 00
22	BC40	Athlétic-Club de Boulogne-Billancourt	Boulogne Mairie de Boulogne	01 46 84 78 15
14	E3	Bowling de Paris	Jardin d'acclimatation av. Mahatma-Gandhi, 16ᵉ	01 40 67 94 00
22	D19	Club Alpin Français (Ile-de-France)	24 av. de Laumière, 19ᵉ	01 42 02 75 94
37	L2	Club Athlétique des Sports Généraux	av. du Général-Sarrail, 16ᵉ	01 46 51 45 77
48	M23	Club des Nageurs de Paris	34 bd Carnot, 12ᵉ	01 46 28 77 03
21	D18	Club de Natation Les Mouettes de Paris	15 av. Jean-Jaurès, 19ᵉ	01 42 39 33 22
37	M2	Paris St-Germain Football-Club	30 av. du Parc des Princes, 16ᵉ	01 40 71 91 91
55	S14	Paris Université-Club (PUC)	17 av. Pierre-de-Coubertin, 13ᵉ	01 44 16 62 62
61	AX	Polo de Paris	Allée du Bord-de-l'Eau Bois de Boulogne, 16ᵉ	01 45 20 10 00
41	K10	Racing-Club de France	5 r. Eblé, 7ᵉ	01 45 67 55 86
25.	G2	– (Croix-Catelan)	Bois de Boulogne, 16ᵉ	01 45 27 55 85
14	E3	Société Bouliste du lac St-James	Rte de la Muette à Neuilly Bois de Boulogne, 16ᵉ	01 40 67 90 44
14	F3	Société Équestre de l'Étrier	Route de Madrid aux Lacs, 16ᵉ	01 45 01 20 02
14	E3	Société d'Équitation de Paris	Route de la Muette à Neuilly Bois de Boulogne, 16ᵉ	01 45 01 20 06
37	M2	Stade Français	2 r. du Cdt-Guilbaud, 16ᵉ	01 46 51 66 53
37	N2	Tennis Club de Paris	15 av. Félix-d'Hérelle, 16ᵉ	01 46 47 73 90
22	BH48	Union Sportive Métropolitaine des Transports	Cachan 129 av. Aristide-Briand	01 40 48 73 97
16	F7	Yacht-Club de France	4 r. Chalgrin, 16ᵉ	01 45 01 28 46

Fédérations, *Federations, Sportverbände, Federaciones*

55	S14	Comité National Olympique et Sportif Français (C.N.O.S.F.) - Maison du Sport	1 av. Pierre-de-Coubertin, 13ᵉ	01 42 65 02 74
5	D9	Aéronautique	155 av. Wagram, 17ᵉ	01 44 29 92 00
16	G7	Aérostation (Montgolfières)	6 r. Galilée, 16ᵉ	01 47 23 56 20
55	S14	Athlétisme	33 av. Pierre-de-Coubertin, 13ᵉ	01 53 80 70 00
19	D14	Badminton	62 r. de Dunkerque, 9ᵉ	01 42 82 94 31
15	D6	Ball-Trap	2 r. des Dardanelles, 17ᵉ	01 44 09 99 09
9	B19	Baseball, Softball et Cricket	73 r. Curial, 19ᵉ	01 40 36 83 01
33	J18	Basket-Ball	14 r. Froment, 11ᵉ	01 49 23 34 00
11	B21	Boxe anglaise	Pantin - Tour Essor 14 r. Scandicci	01 49 42 20 00
19	F13	Boxe française	25 bd des Italiens, 2ᵉ	01 47 42 82 27
24	BD60	Canoë-kayak	Joinville-le-Pont 87 quai de la Marne	01 45 11 08 50
16	G7	Cerf-volant	6 r. Galilée, 16ᵉ	01 47 20 29 90
35	H21	Course d'orientation	37 av. Gambetta, 20ᵉ	01 47 97 11 91
20	AX61	Cyclisme	Rosny-sous-Bois 5 r. de Rome	01 49 35 69 00
56	P15	Cyclotourisme	8 r. Jean-Marie-Jégo, 13ᵉ	01 44 16 88 88
46	L20	Éducation Physique et Gymnastique Volontaire	41-43 r. de Reuilly, 12ᵉ	01 44 68 85 40
57	P18	Équitation	30 av. léna, 16ᵉ	01 53 67 43 43
18	E12	Escrime	14 r. Moncey, 9ᵉ	01 44 53 27 50
16	G8	Football	60 bis av. d'léna, 16ᵉ	01 44 31 73 00
16	F7	Golf	69 av. Victor-Hugo, 16ᵉ	01 44 17 63 00
20	F15	Gymnastique	7 ter cour des Petites-Écuries, 10ᵉ	01 48 01 24 48
101	pli 36	Haltérophilie, musculation et culturisme	Ris-Orangis 85 route de Grigny	01 69 25 91 19
22	BF50	Hand	Gentilly - 62 r. G.-Péri	01 46 15 03 55
36	H23	Handisport	44 r. Louis-Lumière, 20ᵉ	01 40 31 45 00
19	F13	Hockey	64 r. Taitbout, 9ᵉ	01 44 53 08 39
54	P11	Judo, Ju jitsu, Kendo	43 r. des Plantes, 14ᵉ	01 40 52 16 16
54	P12	Karaté, Taekwondo et Arts Martiaux Affinitaires	122 r. Tombe-Issoire, 14ᵉ	01 43 95 42 00

22	BE37	Longue Paume	Sèvres - 22 r. Benoît-Malon	01 45 34 27 84
21	E18	Lutte	11 r. de Meaux, 19ᵉ	01 48 03 19 21
52	R7	Montagne et de l'Escalade	Vanves - 16 r. Louis-Dardenne	01 41 08 00 00
33	H18	Motocyclisme	74 av. Parmentier, 11ᵉ	01 49 23 77 00
33	K18	Motonautique	5 r. de Charonne, 11ᵉ	01 43 57 88 00
23	F22	Natation	148 av. Gambetta, 20ᵉ	01 40 31 17 70
19	F13	Parachutisme	35 r. St-Georges, 9ᵉ	01 44 53 75 00
38	M4	Pelote Basque (Ligue Ile-de-France)	8 quai Saint-Exupéry, 16ᵉ	01 40 50 09 25
19	D13	Pétanque (Ligue Ile-de-France)	9 r. Duperré, 9ᵉ	01 48 74 61 63
19	F14	Randonnée Pédestre	9 r. Geoffroy-Marie, 9ᵉ	01 48 01 80 80
6	C11	Randonneurs Équestres	16 r. des Apennins, 17ᵉ	01 42 26 23 23
19	F13	Rugby	7 cité d'Antin, 9ᵉ	01 48 74 84 75
20	F15	Rugby à Treize	30 r. de l'Echiquier, 10ᵉ	01 48 00 92 56
17	G9	Ski Nautique	16 r. Clément-Marot, 8ᵉ	01 47 20 05 00
21	G18	Spéléologie	130 r. St-Maur, 11ᵉ	01 43 57 56 54
27	G5	Sport Automobile	136 r. de Longchamp, 16ᵉ	01 47 27 97 39
31	H14	Sports de Glace	42 r. du Louvre, 1ᵉʳ	01 40 26 51 38
20	BA56	Sports Sous-Marins	Montreuil - 21 r. Voltaire	01 48 70 92 93
22	AB39	Squash	Saint-Cloud - 306 r. Royale Les Bureaux de la Colline,	01 46 02 70 02
37	L2	Tennis	2 av. Gordon-Bennett, 16ᵉ	01 47 43 48 00
53	S10	Tennis de Table	Montrouge - 4 r. Guillot	01 46 12 43 00
27	H4-H5	Tir	29 bd Jules-Sandeau, 16ᵉ	01 40 72 66 66
20	AW60	Tir à l'Arc	Rosny-sous-Bois 268-270 r. de Brément	01 48 12 12 20
28	G7	Voile	55 av. Kléber, 16ᵉ	01 44 05 81 00
30	K12	Vol à Voile	29 r. de Sèvres, 6ᵉ	01 45 44 04 78
22	D20	Volley-Ball	43 bis r. d'Hautpoul, 19ᵉ	01 42 00 22 34

Hippodromes, *Racecourses, Pferderennbahnen, Hipódromos*

26	J3	Auteuil	Pelouse Bois de Boulogne, 16ᵉ	01 45 27 12 25
		Chantilly (60)	Route de l'Aigle	01 44 57 02 54
18	AJ44	Enghien (95)	Soisy-sous-Montmorency 1 pl. André-Foulon	01 39 89 00 12
101 Pli 37		Évry (91)	Rte départementale 31	01 60 77 82 80
61	AY	Longchamp	Bois de Boulogne, 16ᵉ	01 44 30 75 00
18	AM34	Maisons-Laffitte (78)	av. Molière	01 39 62 90 95
18	BA37	St-Cloud (92)	1 r. du Camp-Canadien	01 47 71 69 26
64	DU	Vincennes	2 route de la Ferme, 12ᵉ Bois de Vincennes	01 49 77 17 17

Patinoires, *Skating rinks, Eisbahnen, Pistas de patinaje sobre hielo*

21	E18	Pailleron	30 r. Édouard-Pailleron, 19ᵉ	01 42 08 72 26
1	B2	Centre Olympique	Courbevoie - pl. Ch.-de-Gaulle	01 47 88 03 33
18	AR44	Patinoire Olympique	Asnières - bd P.-de-Coubertin	01 47 99 96 06
22	BC41	Patinoire municipale	Boulogne - 1 r. V.-Griffuelhes	01 46 21 00 96
18	AR40	Patinoire	Colombes - Ile Marante	01 47 81 90 09
20	BA61	Patinoire	Fontenay-sous-Bois av. Ch.-Garcia	01 48 75 17 00
20	AV64	Patinoire	Le Raincy - 72 allée du Jardin Anglais et de Finchley	01 43 81 41 41
18	AT49	Patinoire	St-Ouen 4 r. du Docteur-Bauer	01 42 51 49 18

Piscines, *Swimming pools, Schwimmbäder, Piscinas*

39	N5	Aquaboulevard	4 r. Louis-Armand, 15ᵉ	01 40 60 15 15
8	B15	Amiraux	6 r. Hermann-Lachapelle, 18ᵉ	01 46 06 46 47
42	L11	Armand-Massard (Centre commercial)	66 bd du Montparnasse, 15ᵉ	01 45 38 65 19
54	N12	Aspirant-Dunand	20 r. Saillard, 14ᵉ	01 45 45 50 37
26	J3	Auteuil	Rte des Lacs-à-Passy, 16ᵉ	01 42 24 07 59
6	B11	Bernard Lafay	79 r. de la Jonquière, 17ᵉ	01 42 26 11 05
7	A14	Bertrand Dauvin	12 r. René-Binet, 18ᵉ	01 44 92 73 40
41	L9	Blomet	17 r. Blomet, 15ᵉ	01 47 83 35 05
56	P15	Butte-aux-Cailles	5 pl. Paul-Verlaine, 13ᵉ	01 45 89 60 05
4	C8	Champerret-Yser	36 bd de Reims, 17ᵉ	01 47 66 49 98
57	P17	Château-des-Rentiers	184 r. Chât.-des-Rentiers, 13ᵉ	01 45 85 18 26

21	D17	Château-Landon	31 r. du Château-Landon, 10ᵉ	01 46 07 34 68
33	H18	Cour des Lions	11 r. Alphonse-Baudin, 11ᵉ	01 43 55 09 23
53	R9	Didot	22 av. Georges-Lafenestre, 14ᵉ	01 45 39 89 29
45	N17	Dunois	70 r. Dunois, 13ᵉ	01 45 85 44 81
28	J7	Émile-Anthoine	9 r. Jean-Rey, 15ᵉ	01 53 69 61 59
19	D14	Georges-Drigny	18 r. Bochart-de-Saron, 9ᵉ	01 45 26 86 93
22	D20	Georges-Hermant	6-10 r. David-d'Angers, 19ᵉ	01 42 02 45 10
35	J21	Georges-Rigal	115 bd de Charonne, 11ᵉ	01 43 70 64 22
23	F22	Georges-Vallerey	148 av. Gambetta, 20ᵉ	01 40 31 15 20
9	B17	Hébert	2 r. des Fillettes, 18ᵉ	01 46 07 60 01
26	G4	Henry-de-Montherlant	32 bd Lannes, 16ᵉ	01 45 03 03 28
44	L15	Jean-Taris	16 r. Thouin, 5ᵉ	01 43 25 54 03
39	L6	Keller	14 r. de l'Ing.-R.-Keller, 15ᵉ	01 45 77 12 12
9	C18	Mathis	15 r. Mathis, 19ᵉ	01 40 34 51 00
34	G19	Oberkampf	160 r. Oberkampf, 11ᵉ	01 43 57 56 19
22	E19	Pailleron	30 r. Édouard-Pailleron, 19ᵉ	01 42 08 72 26
52	P7	La Plaine	13 r. Gal-Guillaumat, 15ᵉ	01 45 32 34 00
44	K15	Pontoise - Quartier Latin	19 r. de Pontoise, 5ᵉ	01 43 54 82 45
39	K6	R. et A. Mourlon (Beaugrenelle)	19 r. Gaston-de-Caillavet, 15ᵉ	01 45 75 40 02
46	L20	Reuilly	13 r. Henard, 12ᵉ	01 40 02 08 08
48	M23	Roger-Le-Gall	34 bd Carnot, 12ᵉ	01 44 73 81 10
10	B19	Rouvet	1 r. Rouvet, 19ᵉ	01 40 36 40 97
31	K13	St-Germain	7 r. Clément, 6ᵉ	01 43 29 08 15
32	H15	St-Merri	14-18 r. du Renard, 4ᵉ	01 42 72 29 45
31	H14	Suzanne-Berlioux (Halles)	10 pl. de la Rotonde, 1ᵉʳ	01 42 36 98 44
19	E14	Valeyre	24 r. de Rochechouart, 9ᵉ	01 42 85 27 61

Stades, *Stadiums, Sportplätze, Estadios*

7	A14	Bertrand-Dauvin	12 r. René-Binet, 18ᵉ	01 44 92 73 30
57	P17	Charles-Moureu	17 av. Edison, 13ᵉ	01 45 83 88 98
52	P8	Charles-Rigoulot	18 av. de la Pte-de-Brançion, 15ᵉ	01 42 50 94 49
55	S14	Charlety	1 av. Pierre-de-Coubertin, 13ᵉ	01 44 16 60 00
18	AZ42	Croix-Catelan (R.C.F.)	Croix-Catelan, 16ᵉ	
			Bois-de-Boulogne	01 45 27 55 85
53	R9	Didot	18 av. Marc-Sangnier, 14ᵉ	01 45 39 89 35
36	J23	Docteurs-Déjérine	32-36 r. des Docteurs-Déjérine, 20ᵉ	01 43 70 83 90
54	R12	Élisabeth	7-15 av. Paul-Appell, 14ᵉ	01 45 40 78 39
28	J7	Émile-Anthoine	9 r. Jean-Rey, 15ᵉ	01 53 69 61 50
37	M2	Fronton Chiquito de Cambo	8 quai St-Exupéry, 16ᵉ	01 42 88 94 99
38	M4	Géo André (Stade Français)	2 r. du Cdt-Guilbaud, 16ᵉ	01 40 71 02 71
57	S17-S18	Georges-Carpentier	81 bd Masséna, 13ᵉ	01 42 16 66 00
37	L2	Jean-Bouin (CASG)	26 av. du Gal-Sarrail, 16ᵉ	01 46 51 55 40
11	C21	Jules-Ladoumègue	1 pl. de la Pte-de-Pantin, 19ᵉ	01 48 43 23 86
53	R10	Jules-Noël	3 av. Maurice-d'Ocagne, 14ᵉ	01 45 39 54 37
47	N22	Léo-Lagrange	68 bd Poniatowski, 12ᵉ	01 46 28 31 57
5	B10	Léon-Biancotto	6 av. de la Pte-de-Clichy, 17ᵉ	01 42 28 04 50
36	H23-J23	Louis-Lumière (Centre international Handisport)	30 r. Louis-Lumière, 20ᵉ	01 43 70 86 32
36	K23	Maryse-Hilsz	34 r. Maryse-Hilsz, 20ᵉ	01 43 73 57 97
6	A12	Max-Rousié	28 r. André-Bréchet, 17ᵉ	01 46 27 17 94
46	M19	Palais omnisports de Paris-Bercy	8 bd de Bercy, 12ᵉ	01 40 02 60 60
37	M2	Parc des Princes	24 r. du Cdt-Guilbaud, 16ᵉ	01 42 88 02 76
15	D6	Paul-Faber	17-19 av. Pte de Villiers, 17ᵉ	01 40 68 09 13
48	M23	Paul Valéry	r. du Général-Archinard, 12ᵉ	01 44 87 00 50
64	DU	Pershing	Bois de Vincennes, 12ᵉ	01 43 28 28 93
			Rte du Bosquet-Mortemart	
37	N2	Pierre-de-Coubertin	82 av. Georges-Lafont, 16ᵉ	01 45 27 79 12
24	BC58	Plaine de jeu du Polygone	Bois-de-Vincennes	01 41 74 80 50
			Rte de la Pyramide, 12ᵉ	
8	A15	Poissonniers	2 r. Jean-Cocteau, 18ᵉ	01 42 51 24 68
36	H23	Porte-de-Bagnolet	72 r. Louis-Lumière, 20ᵉ	01 43 61 29 71
9	A17	Porte de la Chapelle	56 bis bd Ney, 18ᵉ	01 40 35 10 01
26	H4	Porte de la Muette	60 bd Lannes, 16ᵉ	01 45 04 54 85
52	P8	Porte de la Plaine	13 r. du Gal-Guillaumat, 15ᵉ	01 45 33 56 99
56	S15	Poterne-des-Peupliers	2 r. Max-Jacob, 13ᵉ	01 47 80 46 78
37	L1	Roland-Garros	2 av. Gordon-Bennet, 16ᵉ	01 47 43 48 00
50	P4	Suzanne-Lenglen	2-6 r. Louis-Armand, 15ᵉ	01 45 54 54 74
60	P23	Vélodrome Jacques-Anquetil	Bois de Vincennes	01 43 68 01 27
			av. de Gravelle, 12ᵉ	

TAXIS

Compagnies de Taxis-radio

Taxis bleus 01 49 36 10 10 **Taxis G7** 01 47 39 47 39 **Artaxi** 01 42 41 50 50
Alpha-Taxis 01 45 85 85 85 **Taxis Étoile** 01 41 27 27 27

Stations de taxis avec borne téléphonique

Taxi ranks with phone nos, Taxistationen mit Telefon, Paradas de taxis con teléfono.

Sur le plan, le signe 🅣 signale les stations.

1er Arrondissement

31	H13	Pl. André-Malraux	01 42 60 61 40
32	J15	Pl. du Châtelet	01 42 33 20 99
30	G11	Métro Concorde	01 42 61 67 60

2e Arrondissement

19	F13	7 pl. de l'Opéra	01 47 42 75 75
20	G15	Porte St-Denis	01 42 36 93 55

3e Arrondissement

32	H16	Square du Temple	01 42 78 00 00
32	H15	Métro Rambuteau	01 42 72 00 00

4e Arrondissement

32	J16	Métro St-Paul	01 48 87 49 39

5e Arrondissement

44	M15	88 bd St-Marcel	01 43 31 00 00
44	K16	Pont de la Tournelle	01 43 25 92 99
43	L14	Pl. Edmond-Rostand	01 46 33 00 00
31	J14	Pl. St-Michel	01 43 29 63 66
32	K15	Pl. Maubert	01 46 34 10 32

6e Arrondissement

31	K13	Pl. Henri-Mondor	01 43 26 00 00
31	J13	Métro Mabillon	01 43 29 00 00
42	L11	Pl. du 18-Juin-1940	01 42 22 13 13
30	K12	Pl. A.-Deville	01 45 48 84 75
31	J13	Métro St-Germain	01 42 22 00 00
43	M13	20 av. de l'Observatoire	01 43 54 74 37

7e Arrondissement

28	H8	Pl. de la Résistance	01 47 05 66 86
28	J8	Pl. du Général-Gouraud	01 47 05 06 89
29	J9	Pl. de l'École Militaire	01 47 05 00 00
30	J12	Métro rue du Bac	01 42 22 49 64
41	L10	Pl. Léon-Paul-Fargue	01 45 67 00 00
29	H10	Métro La Tour-Maubourg	01 45 55 78 42
30	H11	Métro Solférino	01 45 55 00 00
30	H11	Pl. du Palais-Bourbon	01 47 05 03 14
28	J7	Tour Eiffel	01 45 55 85 41
29	H10	27 bd La Tour-Maubourg	01 45 51 76 76

8e Arrondissement

17	F9	1 av. de Friedland	01 45 61 00 00
18	F11	Pl. de la Madeleine	01 42 65 00 00
18	F11	Pl. St-Augustin	01 47 42 54 73
28	G8	Pl. de l'Alma	01 43 59 58 00
16	E8	Pl. des Ternes	01 47 63 00 00
17	G9	Rd-Pt Champs-Élysées	01 42 56 29 00
17	E10	Pl. Rio-de-Janeiro	01 45 62 00 00

9e Arrondissement

18	D12	Pl. de Clichy	01 42 85 00 00
18	E12	Pl. d'Estienne-d'Orves	01 48 74 00 00
19	F14	Métro Richelieu-Drouot	01 42 46 00 00
19	E14	Square de Montholon	01 48 78 00 00

10e Arrondissement

21	F18	Métro Goncourt	01 42 03 00 00

11e Arrondissement

34	K19	Métro Faidherbe-Chaligny	01 43 72 00 00
34	G19	Métro Ménilmontant	01 43 55 64 00
34	H20	Métro Père-Lachaise	01 48 05 92 12
34	J19	Pl. Léon-Blum	01 43 79 00 00
47	K21	Pl. de la Nation	01 40 73 29 58
33	G17	Pl. de la République	01 43 55 92 64

12e Arrondissement

33	K18	6 pl. de la Bastille	01 43 45 10 00
47	M21	9 pl. Félix-Éboué	01 43 43 00 00
48	N23	Porte Dorée	01 46 28 00 00
64	CT	Terminus RATP Château de Vincennes	01 48 08 00 00

13e Arrondissement

55	N14	Métro Glacière	01 45 80 00 00
57	P18	Carr. Patay-Tolbiac	01 45 83 00 00
56	P16	1 av. d'Italie	01 43 83 34 93
44	N16	Pl. Pinel	01 45 86 00 00
57	S17	36 av. Pte de Choisy	01 45 85 40 00
56	S16	Métro Pte d'Italie	01 45 86 00 44

14e Arrondissement

53	N10	Métro Plaisance	01 45 41 66 00
53	P9	Porte de Vanves	01 45 39 87 33
43	N13	Pl. Denfert-Rochereau	01 43 35 00 00
54	R12	1 pl. du 25-Août-1944	01 45 40 52 05
54	P12	Métro Alésia	01 45 45 00 00
55	P14	1 av. Reille	01 45 89 05 71

15e Arrondissement

40	M8	Mairie du 15e arr.	01 48 42 00 00
28	J7	Métro Bir-Hakeim	01 45 79 17 17
40	M8	Métro Convention	01 42 50 00 00
40	K8	Métro La Motte-Picquet	01 45 66 00 00
41	L10	Métro Sèvres-Lecourbe	01 47 34 00 00
39	L6	Pl. Charles-Michels	01 45 78 20 00
52	N7	Porte de Versailles	01 48 28 00 00
39	L5	Rd-Pt du Pont Mirabeau	01 45 77 48 00
40	M7	Métro Boucicaut	01 45 58 15 00
41	L10	Pl. Breteuil	01 45 66 70 17

16e Arrondissement

16	F7	1 av. V.-Hugo-Étoile	01 45 01 85 24
27	H6	Métro Passy	01 45 20 00 00
38	M4	23 bd Exelmans	01 45 25 93 91
27	G5	78 av. Henri-Martin	01 45 04 00 00
27	K5	Maison de Radio-France	01 42 24 99 99
26	K4	Métro Jasmin	01 45 25 13 13
27	J5	Métro Muette	01 42 88 00 00
39	L5	Pl. de Barcelone	01 45 27 11 11
27	K5	Pl. Clément-Ader	01 45 24 56 17
38	K4	Pl. Jean-Lorrain	01 45 27 00 00
15	G6	12 pl. Victor-Hugo	01 45 53 00 11
27	H6	Pl. du Trocadéro	01 47 27 00 00
38	L3	Pl. de la Pte-d'Auteuil	01 45 51 14 61
15	F5	Métro Pte-Dauphine	01 45 53 00 00
38	L3	Porte Molitor	01 46 51 19 19
38	M3	Pl. Pte-de-St-Cloud	01 46 51 60 40

17e Arrondissement

18	D11	Mairie du 17e arr.	01 43 87 00 00
6	C11	Métro Brochant	01 46 27 00 00
17	D10	Métro Villiers	01 46 22 00 00
16	D8	Pl. Aimé-Maillart	01 46 22 40 70
16	F8	Pl. Charles-de-Gaulle	01 43 80 01 99
16	D8	3 pl. Maréchal-Juin	01 42 27 00 00
5	D9	Pl. du Nicaragua	01 42 67 59 67
17	E9	Pl. Républ.-de-l'Équateur	01 47 66 80 50
5	C9	Porte d'Asnières	01 43 80 00 00
4	D7	Pl. Pte de Champerret	01 47 66 22 77
5	B10	Pte de Clichy	01 46 27 90 06
6	B12	Porte de St-Ouen	01 42 63 00 00

18e Arrondissement

8	C15	Pl. du Château-Rouge	01 42 52 00 00
6	B12	Métro Guy-Môquet	01 42 28 00 00
7	B14	Pl. Jules-Joffrin	01 46 06 00 00
19	D13	Pl. Blanche	01 42 57 00 00
20	D16	Pl. de la Chapelle	01 42 08 00 00
7	D14	Pl. du Tertre	01 42 59 00 00
7	C13	2 r. Damrémont	01 42 54 00 00
8	C16	Métro Marx-Dormoy	01 46 07 86 00
7	C14	Métro Lamarck-Caulaincourt	01 42 55 00 00

19e Arrondissement

22	F20	Église de Belleville	01 42 08 42 66
22	D19	av. Laumière	01 42 06 00 00
22	E20	Métro Botzaris	01 42 05 00 00
21	E18	Métro du Colonel-Fabien	01 46 07 00 00
23	E22	Porte des Lilas	01 42 02 71 40
11	C21	Porte de Pantin	01 42 07 21 10
10	A20	Porte de la Villette	01 42 08 64 00
9	C18	185 r. de Crimée	01 42 39 28 27
21	D17	Métro Stalingrad	01 42 40 00 00

20e Arrondissement

35	H21	Pl. Gambetta	01 46 36 00 00
23	G22	2 pl. Paul-Signac	01 43 62 70 99
36	G23	Pl. Pte-de-Bagnolet	01 43 60 60 79
36	J23	Métro Pte-de-Montreuil	01 43 70 00 00
22	F20	Métro Pyrénées	01 43 49 10 00

Pour vos déplacements en autobus, métro ou R.E.R. :

coupon ***"Formule 1"*** *forfait pour 1 jour : en vente dans toutes les stations de métro et de R.E.R.*

coupon ***"Paris visite"*** *forfait pour 3 ou 5 jours : en vente notamment dans les plus importantes stations de métro et R.E.R., les gares S.N.C.F. et les bureaux S.N.C.F. des aéroports.*

Ces forfaits ouvrent droit à un nombre illimité de voyages. Renseignements au 01 43 46 14 14 - Minitel 36 15 RATP.

TRANSPORTS

VERKEHRSMITTEL, COMUNICACIONES

Autobus Métro

Buses-Metro, Autobus, Metro

31	J14	Régie Autonome des Transports Parisiens (RATP) Renseignements Info-flash (24 h/24)	55 quai Gds-Augustins, 6ᵉ	01 43 46 14 14
				08 36 68 77 14
			MINITEL	08 36 15 RATP

Consulter en outre le plan sur lequel figurent les itinéraires d'autobus p. 182 à 185, et le plan de métro p. 188 et 189.

RATP Tourisme

45	L18	Maison de la R.A.T.P.	Quai de la Rapée, 12ᵉ	
18	G11	–	pl. de la Madeleine, 8ᵉ	01 40 46 44 50

Gare routière

36	G23	Eurolines Gare internationale de Paris-Gallieni	93 - Bagnolet Av. du Général-de-Gaulle	01 49 72 51 51

Chemins de fer

French Railways, Franz. Eisenbahn, Ferrocarriles franceses

		SNCF Renseignements horaires et tarifs : Ile-de-France		
				01 45 65 60 00
		Renseignements et réservations		01 45 82 50 50
		Horaires et réservations	Minitel : 3615 SNCF	

Compagnies aériennes

French airlines, Franz. Fluggesellschaften, Compañías aéreas francesas

20	AN57	Aéroport du Bourget	93 Le Bourget	01 48 62 12 12
69-70		Aéroport Roissy-Charles-de-Gaulle	95 Roissy-en-France	01 48 62 22 80
67		Aéroport d'Orly	94 Orly - Aérogare	01 49 75 15 15
		Aéroport d'Orly : horaires	Minitel	08 36 25 05 05
16	F8	Air France	119 av. des Champs-Élysées, 8ᵉ	01 42 99 23 64
		Renseignements		01 44 08 24 24
		Réservations		01 44 08 22 22
		Renseignements arrivées		01 43 20 12 55
		– départs		01 43 20 13 55
		tous vols attendus ou en cours		01 43 20 14 55
17	F9	Air Inter	49 av. des Champs-Élysées, 8ᵉ	01 42 99 21 00
		Air Liberté		01 49 79 09 09
47	L22	AOM - French Airline	16 cours de Vincennes, 12ᵉ	01 49 79 12 34
39	N5	Héliport de Paris	4 av. de la Pte-de-Sèvres, 15ᵉ	
		Hélicap	–	01 45 57 75 51
		Hélifrance	–	01 45 57 53 67
18	G12	TAT (Transport Aérien Transrégional)	17 r. de la Paix, 2ᵉ	01 42 79 05 05

Compagnies maritimes,

French shipping companies,
Franz. Schiffahrtsgesellschaften, Compañías marítimas francesas

65		Cie Générale Maritime (Siège)	22 q. Gallieni, Suresnes	01 46 25 70 00
18	F11	Paquet (Croisières)	5 bd Malesherbes, 8ᵉ	01 49 24 42 00
18	F12	S.N.C.M. Ferryterranée	12 r. Godot-de-Mauroy, 9ᵉ	01 49 24 24 24

Légende

Voirie

	Autoroute, boulevard périphérique
	Rue en construction, interdite ou impraticable
	Rue à sens unique, en escalier
	Allée dans parc et cimetière, rue piétonne - Rue réglementée
	Chemin de fer, métro aérien
	Passage sous voûte, tunnel

Bâtiments (avec entrée principale)

Repère important - Autre bâtiment repère

Culte catholique ou orthodoxe

Culte protestant - Synagogue - Mosquée

Caserne - Caserne de Sapeurs-Pompiers

Hôpital, hospice - Marché couvert

Bureau de poste - Commissariat de police

Sports et Loisirs

Piscine de plein air, couverte - Patinoire

Tennis - Gymnase

Stade - Terrain d'éducation physique

Centre hippique - Hippodrome

Aviron - Canoë-kayak - Ski nautique

Motonautisme - Club de voile

Signes divers

Monument - Fontaine - Usine

Station de : taxi, métro, R.E.R.

Parking avec entrée

Station-service ouverte jour et nuit

Numéro d'immeuble

Limite de Paris et de département

Limite d'arrondissement et de commune

Repère de carroyage

Échelle : 1 cm sur le plan représente 100 m sur le terrain.

Key

Roads and railways

Motorway, ring road
Street under construction, No entry - unsuitable for traffic
One-way street - Stepped street - Pedestrian street
Arch, tunnel - Street subject to restrictions

Buildings (with main entrance)

Reference point: large building, other building

Catholic or orthodox church - Protestant church - Synagogue - Mosque

Barracks - Police station - Fire station

Hospital, old people's home - Post office - Covered market

Sports - Leisure activities

Outdoor, indoor swimming pool - Skating rink
Tennis courts - Gymnasium
Stadium - Sports ground

Miscellaneous

Monument - Foutain - Factory - House no. in street
Taxi rank - Metro and R.E.R. station
Car park showing entrance - 24 hour petrol station
Paris limits: adjoining departments
« Arrondissement » and « commune » boundaries

Map grid reference number

(Secteur en travaux) : work in progress

Zeichenerklärung

Verkehrswege

Autobahn - Stadtautobahn
Straße im Bau - für Kfz gesperrt, nicht befahrbar
Einbahnstraße - Treppenstraße - Fußgängerstraße
Gewölbedurchgang - Tunnel - Straße mit Verkehrsbeschränkungen

Gebäude (mit Haupteingang)

Wichtiger Orientierungspunkt - Sonstiger Orientierungspunkt

Katholische oder orthodoxe Kirche - Evangelische Kirche - Synagoge - Moschee

Kaserne - Polizeirevier - Feuerwehr

Krankenhaus, Altersheim - Postamt - Markthalle

Sport - Freizeit

Freibad - Hallenbad - Schlittschuhbahn
Tennisplatz - Turn-, Sporthalle
Stadion - Sportplatz

Verschiedene Zeichen

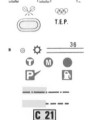

Denkmal - Brunnen - Fabrik - Hausnummer
Taxistation - Metrostation - R.E.R.-Station
Parkplatz und Einfahrt - Tag und Nacht geöffnete Tankstelle
Grenze : Pariser Stadtgebiet u. Departement
Arrondissement und Vorortgemeinde

Nr. des Planquadrates

(Secteur en travaux) : Das Viertel wird neugestaltet.

Signos convencionales

Vías de circulación

Autopista, autovía de circunvalación
Calle en construcción, prohibida, impracticable
Calle de sentido único, con escalera - Calle peatonal
Paso abovedado, túnel - Calle reglamentada

Edificios (y entrada principal)

Grand edificio, punto de referencia - Otro edificio, punto de referencia

Iglesia católica u ortodoxa - Culto protestante - Sinagoga - Mezquita

Cuartel - Comisaría de Policía - Parque de Bomberos

Hospital, hospicio - Oficina de Correos - Mercado cubierto

Deportes y Distracciones

Piscina al aire libren, cubierta - Pista de patinaje
Tenis, Gimnasio
Estadio - Terreno de educación física

Signos diversos

Monumento - Fuente - Fábrica - Número del edificio
Parada de taxis - Boca de metro - R.E.R.
Aparcamiento y entrada - Estación de servicio abierta las 24 h.
Límite de París departamento
Límite de distrito o de municipio

Referencia de la cuadrícula del plano

(Secteur en travaux) : Sector en obras.

Le pont Alexandre-III et les Invalides

Utilisez le plan MICHELIN à 1/15 000 « Banlieue de Paris Nord-Ouest » n° 18

↗ LA GARENNE-COL.
NANTERRE ↑
A 14 ROUEN
CERGY-PONTOISE ↑
ST-GERMAIN-EN-LAYE
RUEIL-MALMAISON ←
N 13

p.13

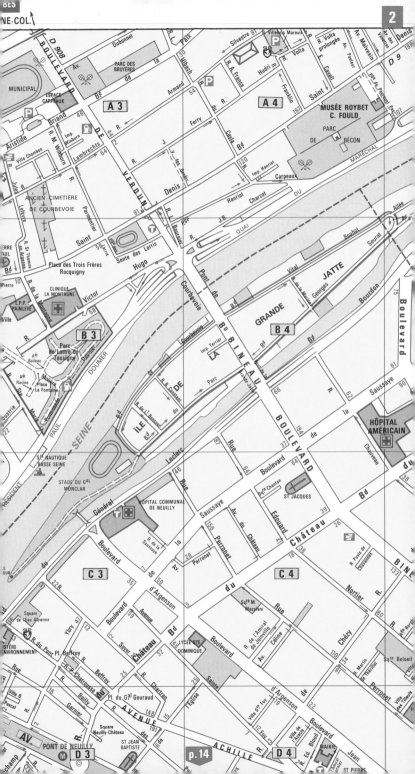

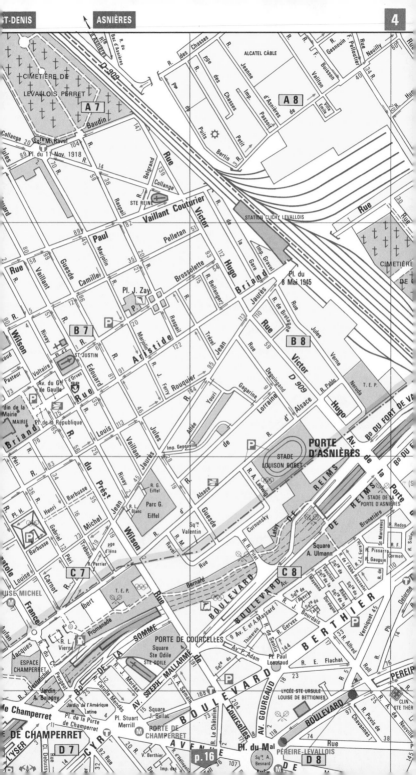

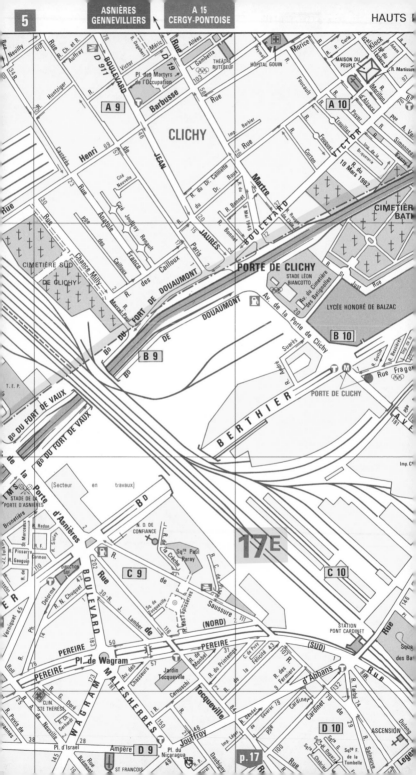

CLICHY

A 9

A 10

B 9

B 10

PORTE DE CLICHY

CIMETIÈRE SUD
DE CLICHY

FORT DE DOUAUMONT

BERTHER

STADE LÉON
BIANCOTTO

LYCÉE HONORÉ DE BALZAC

CIMETIÈRE
BAT

PORTE DE CLICHY

STADE DE LA
PORTE D'ASNIÈRES

Porte
d'Asnières

C 9

C 10

17 E

N. D. DE
CONFIANCE

Sqre Paul
Paray

STATION
PONT CARDINET

PEREIRE

Pl. de Wagram

Jardin
Tocqueville

D 10

ASCENSION

Ampère D 9

Pl. du
Nicaragua

p. 17

ST FRANCOIS

PORTE DE CLIGNANCOURT

A 13

A 14

Pasteur-Vallery-Radot

STADE BERTRAND DAUVIN

BICHAT
CLAUDE BERNARD

Jardin
René Binet

LYCÉE
RABELA

BD   **N E Y**   **BD**

PORTE MONTMARTRE

PORTE DE CLIGNANCOURT

BOULEVARD

Rue Gustave Rouanet

Rue   **STE-HÉLÈNE**   Championnet   PL.
A. Kahn

Championnet   **B 13**   Rue   **B 14**   Duhesme

DIX-HUIT
THÉÂTRE
STE GENEVIÈVE
DES GRANDES CARRIÈRES

T.E.P.

CENTRE DE
RÉÉDUCATION
FONCTIONNELLE

Rue   Ordener   N.D. DE
CLIGNANC

Rue   Vauvenargues

Square
Léon Serpollet

Marcadet   Duhesme   MAIRIE DU
18ª ARR.

CLIN.
MARCADET

Rue   Lamarck

CLIN.
DUHESME   MUSÉE
D'ART JUIF

MAISON VERTE

C 13
**LAMARCK
CAULAINCOURT**   Caulaincourt   **C 14**

Rue   Lamarck   Custine

CIMETIÈRE
ST VINCENT

LP. ST JEAN
DE MONTMARTRE

CLIN.
JUNOT

MUSÉE DE
MONTMARTRE
LYCÉE
MAÎTRISE
DE MONTMARTRE

Parc
de la
Turlure

MOULIN DE LA GALETTE

MOULIN
RADET

Pl. Marcel Aymé

**BASILIQUE
DU
SACRÉ CŒUR**

ESPACE
MONTMARTRE

PL. DU
TERTRE
ST PIERRE DE
MONTMARTRE
RÉSERVOIR

D 13   DANSE   **p. 19**   **D 14**

MUSÉE D'ART
MAX FOUR

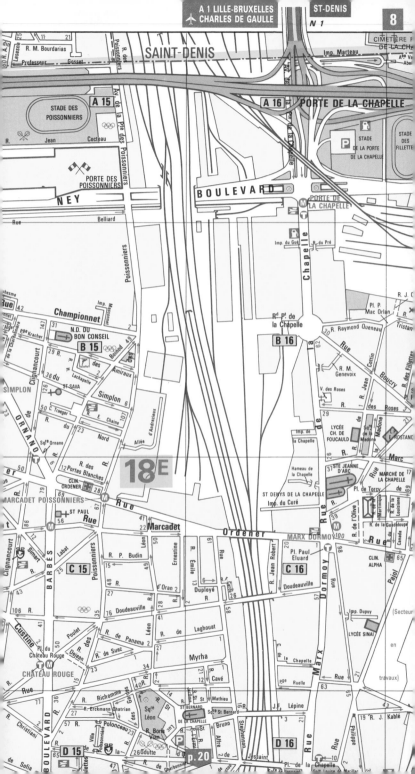

CIMETIÈRE PARISIEN
DE LA CHAPELLE

Av. V. Hugo

N 301

Bassin des E

Aée Valentin
Abeille

R. de la Haie Coq

R. de la Gare

Place
Skanderbeg

**PORTE
D'AUBERVILLIERS**

CHAPELLE

A 17

Sq. Ch. Hermite
ST PIERRE
ST PAUL

A 18

STADE
DES
FILLETTES

Imp. des
Fillettes

R. Gaston

Charles

L.E.I.

Hermite

Av. de la Porte

d'Aubervilliers

(Secteur

STADE
LA PORTE
A CHAPELLE

Rue

R. Émile
Bertin

R. Gaston
Tissandier

R. Charles

Lauth

R. Gaston
Darbury

182

41

36

18

N E Y

B O U L E V A R D

R. J. Cottin

QUATRE ÉVANGÉLISTES

J. de la Croix

CAP

18

Tessier

R.

Gaston

Pl. P.
Mac Orlan

R.

Moreau

Jardin
Rachmaninov

Tchaïkovski

Aée Rimski-Korsakov

l'Evangile

R.

Curial

B 18

Queneau

Tristan

B 17

Rue

Moussorgsky

Rue

de

16

pge

Wattieaux

Tzara

Rue

112

168

Rue

de

98

R. des Fillettes

T.E.P.

R. Labois

Rouillon

2

Crimée

R. Jean

Boucry

de

Sqte
P. Robin

25

10

R. de l'Escaut

53

Archereau

R.

des Roses

Sqte
de la
Madone

Pl. Hébert

R.

Cugnot

L.P. DU
BÂTIMENT

pge de Crimée

Cité Pottier

19

Madone
E. ROSTAND

Paul

R. Raymond

Radiguet

BAZAR
L'HOTEL D
FLAN

Marc

Séguin

Rue

Cugnot

pge

Desgrais

Rue

MARCHÉ DE
LA CHAPELLE

17

14

Torcy

3

Villa Curial

46

Rue

Mathis

de Torcy

de

Rue

R. de la
Louisiane

Buzelin

Imp. Molin

POMPES FUNÈBRES
MUNICIPALES

T.E.P.

M

R. de la Guadeloupe

Canada

24

20

Rue

Rue du Dr. Lamaze

C 18

Rue

CLIN.
ALPHA

65

R i q u e t

Rue

64

96

R i q u e t

MARCHÉ
RIQUET

Rue

des

FLANDRE

Imp. des Anglais

C 17

Paul

Tanger

23

18

Riquet

Dupuy

(Secteur

LYCÉE
BETH HANNA

M

RIQUET

EE SINAI

en

55

Rue de Rouen

MOSQUÉE
ED DAWA

M

pge de Flandre

2

travaux)

38

Rue

du

Imp. du
Maroc

33

N. D. DES FOYERS

DE

19 R. J. Kablé

du

19

Pl. du Maroc

R. Bellot

Tanger

CIMETIÈRE
ISRAÉLITE

Caillié

Rue

de

Département

R.G. Rebufat

Secteur

Maroc

R. de
Soissons

DE

26

LA

D 17

pge

R. de

p. 21

D 18

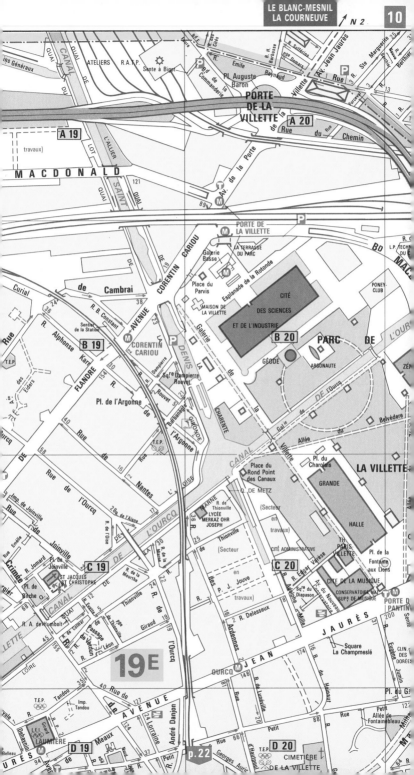

p. 22

19E

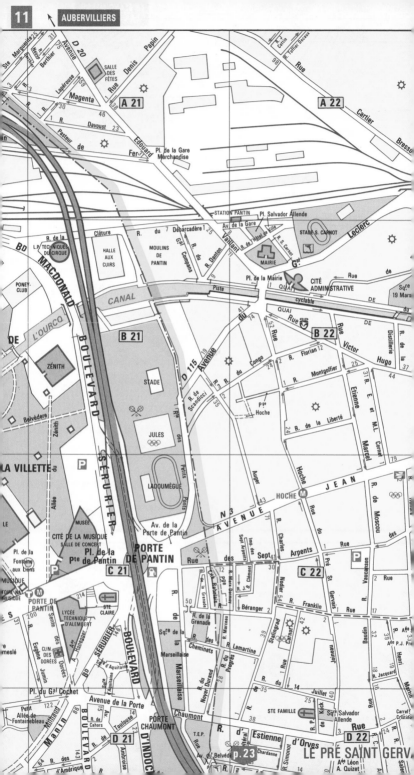

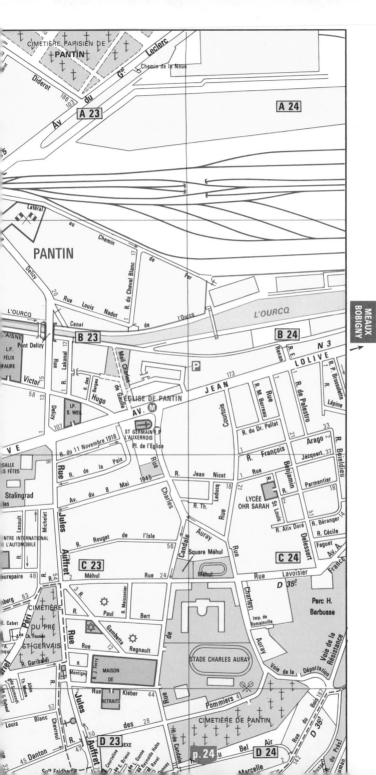

Utilisez le plan MICHELIN à 1/15 000 « Banlieue de Paris Nord-Est » n° 20

Utilise le plan MICHELIN à 1/15 000 « Banlieue de Paris Nord-Ouest » n° 18

SPORTIF

R. Roger
R. Arago
Jean 28
Bd A. Soljenitsyne
BOUTON
p.1

PARC
LEBAUDY

PUTEAUX

R. 60
Sqre Léon Blum
LE FRANCE

D 1

D 2

PUTEAUX

R. des Pavillons

R. Général
Kœnig

Ville Neufchâteau
R. de Longpont
R. v. Deux
R. F. Passy
R. du Bois

LYC
LA FON
ST JAM
Av.

DE

DION

QUAI

BRAS

ILE

DE

D 7

GRAND

BRAS

DE

NEUILLY

DE

Boulevard

Général

Longchamp

Delabordère

Saint James

STADE COMMUNAL
DE L'ÎLE DE
PUTEAUX

CENTRE ARTURO
LOPEZ-MUSÉE
Rue

Windsor

R. Charles
Bernard Metman
R.

du

Rd Pt
St James

Centre

E 1

Kœnig

Général

Rue

de

Villa L.
de Vinci

de

la

Rue

E 2

Ferme

Pont

de

Puteaux

R. Julien Potin

Bd

Ernest
Deloison

Villa des
Peupliers
STE ISABELLE

Pl. de
Bagatelle

P

Porte St James

Porte
de la Seine

Bd

Rue

Av.

de

Bretteville

HAUTS DE SEINE

SURESNES

A 10-A 13

Bd
du

Neuilly

Route

du

Porte de Bagatelle

LES ARCHERS
DE PARIS

Richard

R. de Bagatelle

R. du Mal de
Lattre de Tassigny

Wallace

Bd

Carrefour de la
Porte de Madrid

BOULOGNE-
BILLANCOURT

D 1

Allée du Nord et l'Eau

Champ

d'Entraînement

F 1

F 2

CHAMP

D'ENTRAÎNEMENT

Sèvres

la

PARC

DE

Longue

Marguerite

Cavalière

des

BAGATELLE

Route

de

Allée

Route du Point du

p. 25

la

des

Reine

DE

BOIS

LONGCH

Route

G 1

G 2

PONT DE NEUILLY

ST JEAN BAPTISTE

R. Charcot

R. Boudet

Madrid

D 3

Henrion Bertier

Madrid

de

MES

James

R. Salignac

Fénelon

Porte de Neuilly

Boulevard

R. des Huissiers

Poissonniers

ACHILLE

R. Ed. Blou

MAIRIE

Jean

A. Peretti

ST PIERRE

Jean Mermoz

PERETTI

PJ. W. C

CHARLES

R. Rigaud

124

l'Hôtel de ville

L.P. G. GUÉRIN

R. Deves

Saint Pierre

R. Louis

Philippe

d'Orléans

DE

LES SABLONS

THÉÂTRE DE NEUILLY

Graviers

MAISON DE RETRAITE

des

ANCIEN CIMETIÈRE DE NEUILLY

Victor

Noi. 2

Ancelle

Rue

Rue

Delvau

Maurice

V. Maillot

Jacques

Sq.^re du Cap Cl. Barrès

Charles

Barrès

Rue des Sablons

Dulud

Porte des Sablons

Boulevard

Route

E 3

SOCIÉTÉ D'ÉQUITATION DE PARIS

BOULE AC ST-JAMES

JARDIN

D'ACCLIMATATION

E 4

MUSÉE EN HERBE

Carrefour des Sablons

MUSÉE NATIONAL DES ARTS ET TRADITIONS POPULAIRES

Porte

de

la

Saint James

BOWLING DE PARIS

St-James

Porte

de

la

Mahatma

Allée

Gandhi

des

Marronniers

Bouleaux

des

Ruisseau

des

ÎLE DES CÈDRES

Rte de la Pte Dauphine

LONGCHAMP

Sablons

d'AR

Cavalière

Muette

Route

DE

de

à

Route

d'Armenonville

l'Étoile

Fortunée

la

Pte

St Denis

la

Pte

des

Sablons

Cavalière

F 3

le Patinage

pour

ALLÉE

Cavalière

F 4

Cavalière

Allée

des

Cavalière

PORTE DAUP

Poteaux

PAVILLON DAUPHINE

UNI PAR E.S.T

Allée

Madrid

des

Lacs

Neuilly

Allée

Sablonneuse

Route

de

la

Porte

Dauphine

Fayolle

Av. de

Pologne

DE

au

Bout

des

Lacs

PAVILLON ROYAL

Carrefour du Bout des Lacs

Maréchal

Sqr R. Schuman

Jardin du Gal Anselin

LANNES

ongchamp

Suresnes

St Denis

Intérieur

G 3

Cavalière

des

Lacs

G 4

du

Jardin

LYCÉE PASCAL

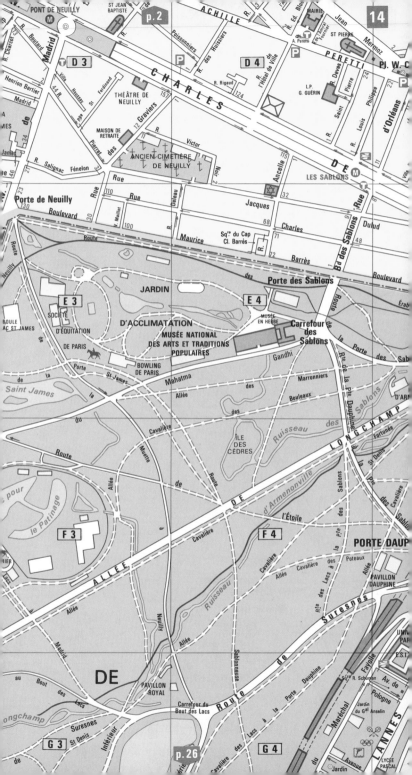

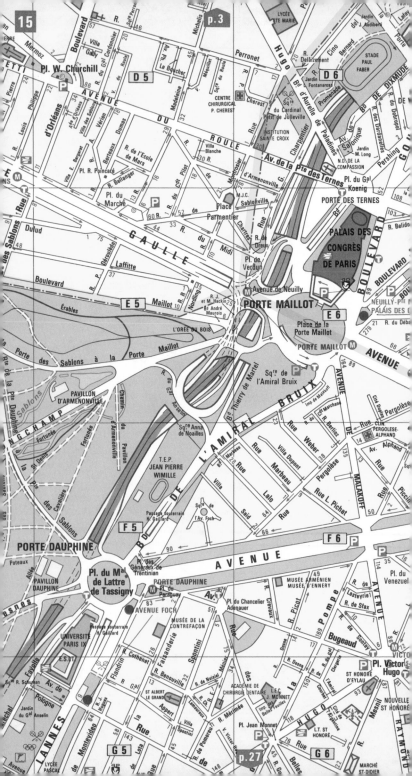

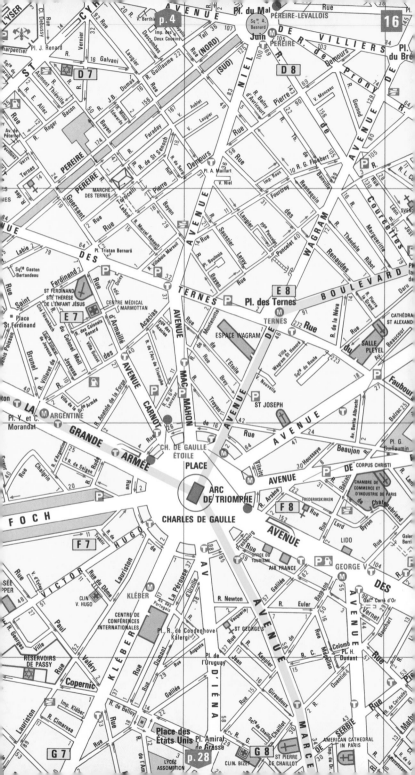

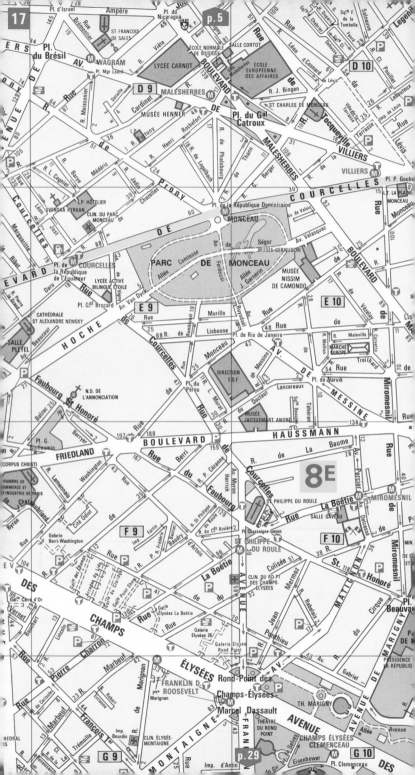

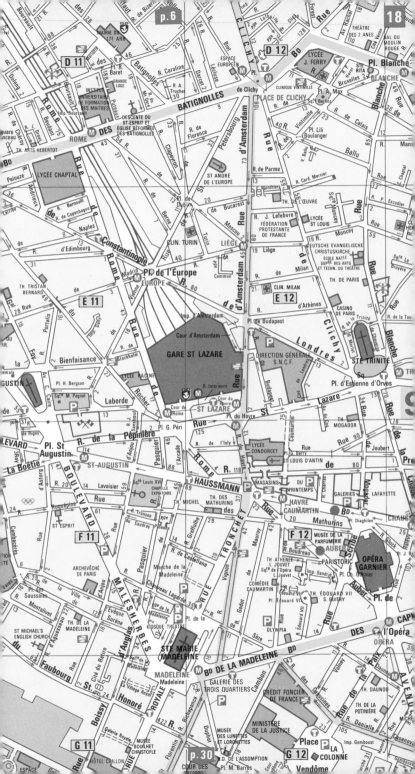

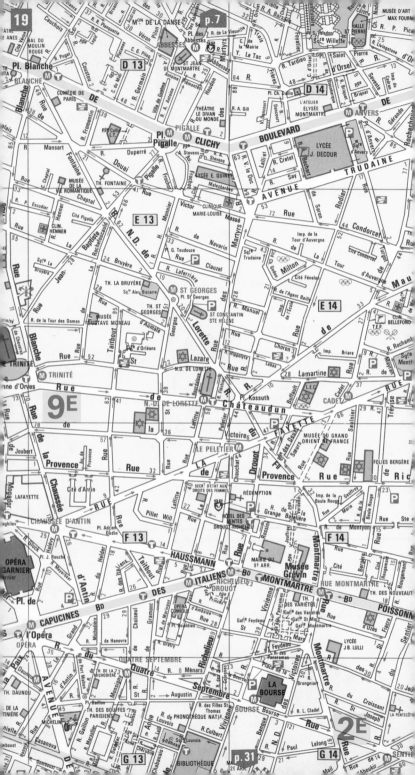

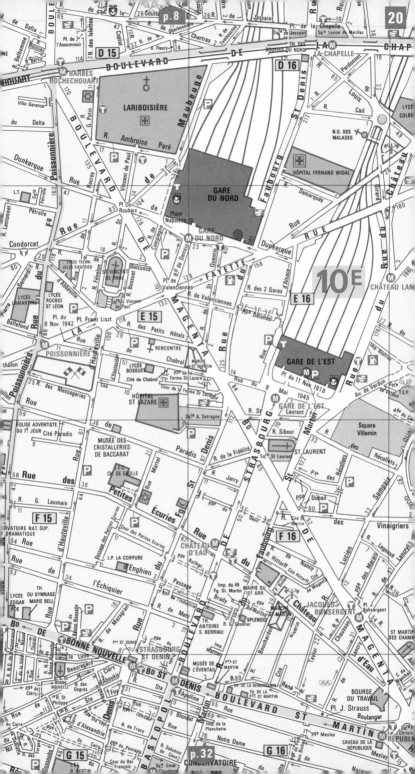

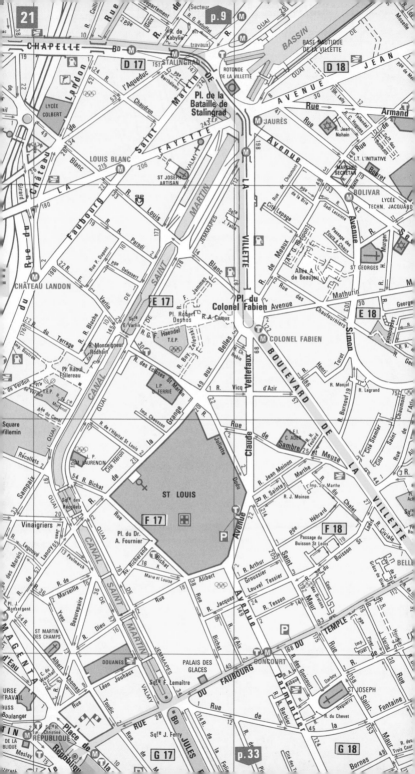

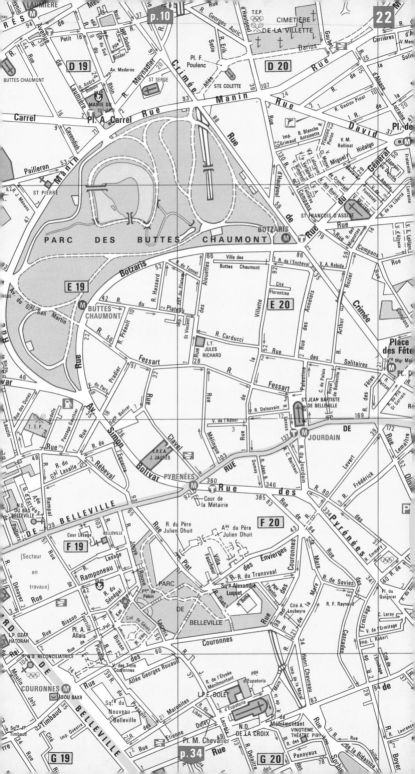

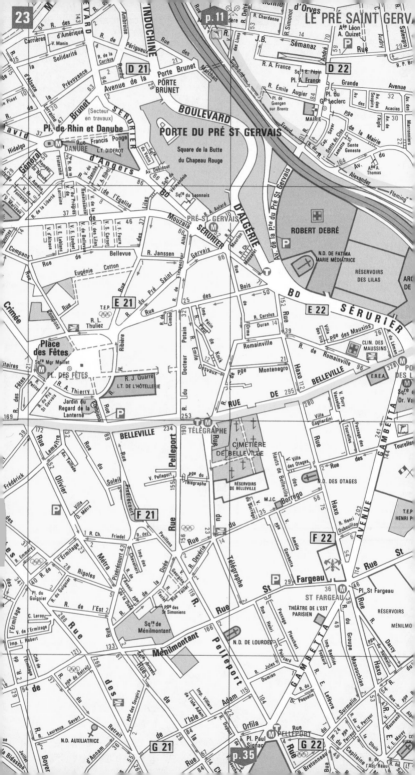

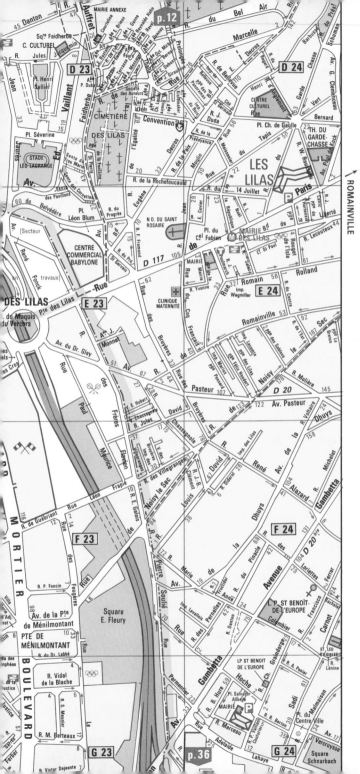

ROMAINVILLE

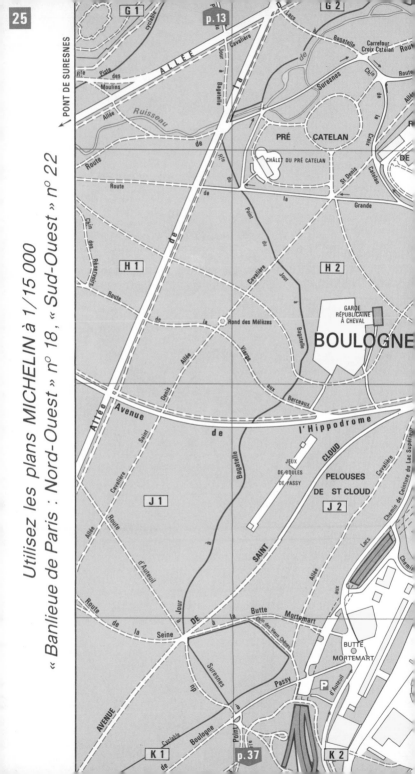

← PONT DE SURESNES

Utilisez les plans MICHELIN à 1/15 000
« Banlieue de Paris : Nord-Ouest » n° 18, « Sud-Ouest » n° 22

G 1

p. 13

G 2

Bagatelle

Carrefour
Croix Catelan   Rout

Rte   Piste   des
Moulins

Suresnes

Ch¹ⁿ   de   la   Croix

Allée

Allée   Ruisseau

de

PRÉ   CATELAN

DE

Route

CHÂLET DU PRÉ CATELAN

Route

de

St Denis   Catelan

Grande

la

R

Ch¹ⁿ   des   Réservoirs

H 1

Cavalière   Jour

H 2

Route

de   la   Rond des Mélèzes

Point   du

à

GARDE
RÉPUBLICAINE
À CHEVAL

BOULOGNE

Allée   Denis

Vierge

Bagatelle

aux   Berceaux

Avenue

Allée

de

l'Hippodrome

CLOUD

Cavalière   Saint

Bagatelle

JEUX
DE BOULES
DE PASSY

PELOUSES

Cavalière

Chemin de Ceinture du Lac Supérieur

J 1

Route

DE   ST CLOUD

J 2

Allée

Lacs

Allée   d'Auteuil

SAINT

aux

Chemin

Route   de   la   Seine

Jour   à

DE   la   Butte   Mortemart

Chⁱⁿ des Vieux Chênes

BUTTE
MORTEMART

Suresnes   np

Passy   P   d'Auteuil

AVENUE   Cyclable   Boulogne   Point

K 1

p. 37

K 2

de

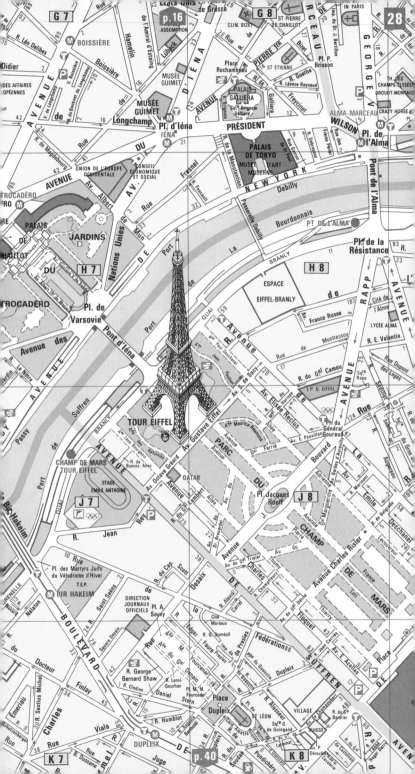

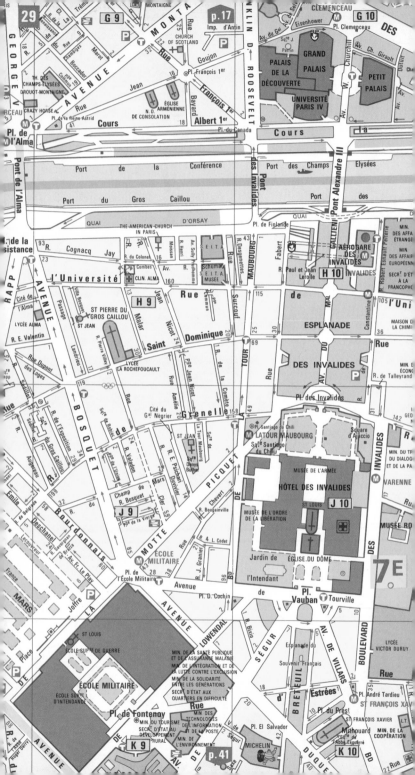

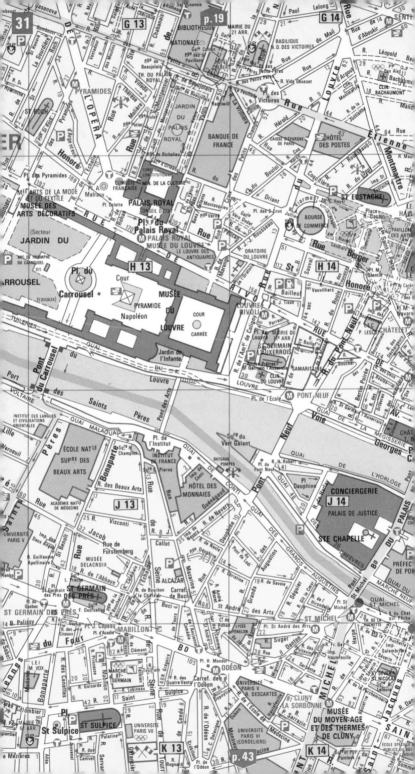

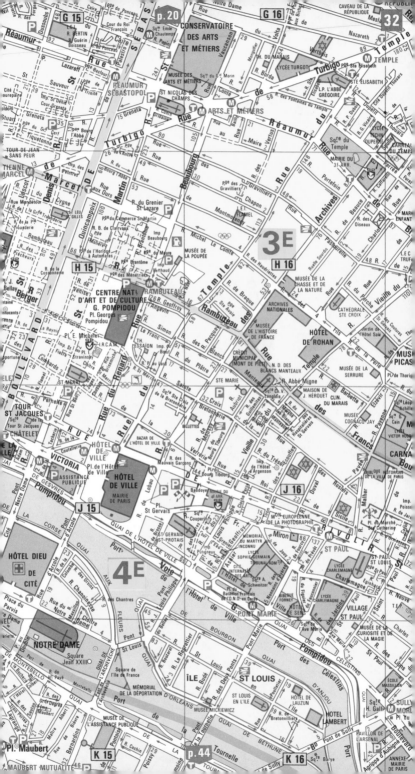

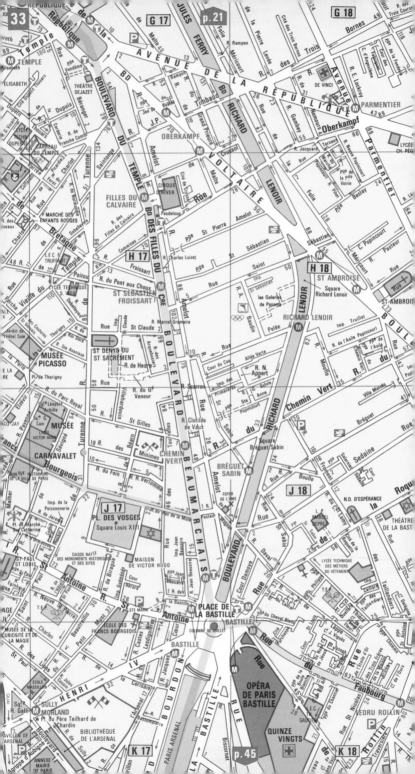

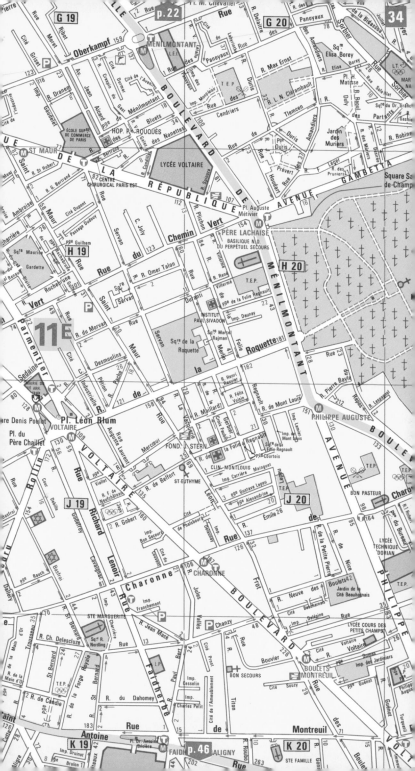

p.22

G 19

G 20

H 19

H 20

11E

J 19

J 20

K 19

p.46

K 20

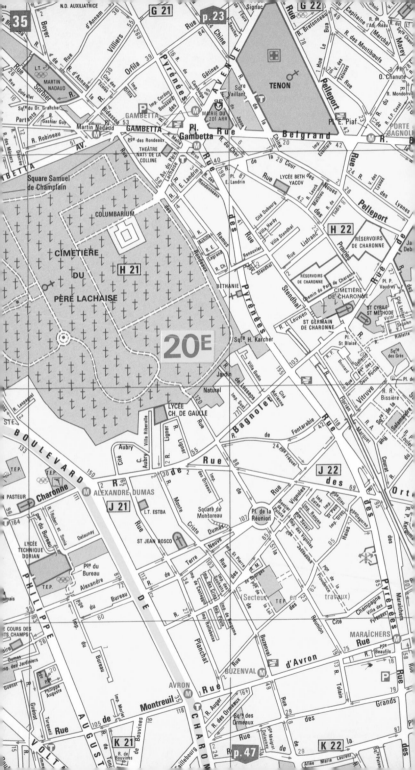

SEINE ST DENIS

MONTREUIL-CENTRE →

MONTREUIL-CENTRE →

p. 24

G 23 G 24

PORTE DE BAGNOLET

BEL-EST
CENTRE
COMMERCIAL

GARE ROUTIÈRE
INTERNATIONALE
DE PARIS-GALLIÉNI

GALLIÉNI M

A 3

Av. de la Pte de Bagnolet
Pl. de la Pte de Bagnolet

R. Victor Dejeante

Sqre Séverine

BOULEVARD MORTIER

R. Louis Ganne
R. Jean Veber

STADE DE
LA PORTE DE
BAGNOLET

H 23

T.E.P. DAVOUT
(Centre Sportif)

CENTRE
D'ACCUEIL
ET D'ANIMATION
PARIS 20

CENTRE
INTERNATIONAL
HANDISPORT

STADE

LOUIS LUMIÈRE

R. Harpignies
R. Félix Terrier
R. Lucien Lambeau

BOULEVARD DAVOUT

Sqre
Vitruve

R. Blanchard

Pl. Marie
de Miribel

J 23

R. Mouraud
R. A. Chapuis
Sqre Chéret

Sqre de
Goyenne

Pl. de la Porte

PORTE
DE MONTREUIL

M

BOULEVARD DAVOUT

Jardin
de la Gare
de Charonne

Pl. du Gal Tessier
de Marguerites

Philidor

K 23

p. 48

la BAGNOLET

H 24

République D 37

N.D. DE PONTMAIN

Parc
J. Ferry

R. Sesto Fiorentino

D 39

R. Désiré Vienot

R. de la Capselerie

R. Robespierre

R. Jules Ferry

R. Thomas

R. de l'Avenir

R. Paul

R. G. Nicklas

R. Victor Hugo

R. Marcel

R. Étienne

J 24

de Paris

LA GRDE PORTE
CENTRE
COMMERCIAL

Rue N 302

PORTE
DE MONTREUIL

de Montreuil

R. Voltaire

R. Émile Zola

R. Lavoisier

République

MONTREUIL

R. du Progrès

de Valmy

K 24

Utilisez le plan MICHELIN à 1/15 000 « Banlieue de Paris Sud-Ouest » n° 22

HAUTS DE SEINE

A 13
PONT DE ST-CLOUD

PONT DE SÈVRES

K 1 p. 25 **K 2**

AUTOROUTE A 13

PORTE D'AUTEUIL

Avenue de la Porte d'Auteuil

Jardin des Poètes

STADE ROLAND GARROS

JARDIN DES SERRES D'AUTEUIL

T.E.P.

PORTE MOLITOR

d'Auteuil

Av. de la Porte Molitor

L 1

MUSÉE PAUL LANDOWSKI

Gutenberg

R. Moreau
Vauthier
R. Escudier
R. des Tilleuls
R. du Château Rochereau
R. Albert-Laurenson
SAINTE CÉCILE
R. Lazare Hoche
Rond Point André Malraux

L 2

STADE JEAN BOUIN

R. Claude Farrère

LYCÉE CLAUDE BERNARD

PARC DES PRINCES

MUSÉE DU SPORT

Avenue

Rochereau

Villa Rosendael

Pavillon

R. du Commandant-Guilbaud

des Princes

R. du Belvédère

La Tourelle

M 2

T.E.P.
CENTRE SPORTIF GÉO ANDRÉ

Pl. du Docteur Paul Micheux

M 1

ROUTE DE LA REINE D 907

ANCIEN CIMETIÈRE

Rue Ed. Detaille

Gallieni

R. Samaricq

R. Henri Martin

PORTE DE ST CLOUD

Avenue de la Porte de Saint Cloud

PORTE DE ST

TH. DE BOULOGNE BILLANCOURT

Place Princes

Emile Landrin

Rue du Chemin Vert

VAILLANT

EDOUARD

N 10

Dassault

BOULOGNE-BILLANCOURT

N 1

Place Sembat

MARCEL SEMBAT

Boulevard

AVENUE

Pont de Sèvres

Pierre

N 2

p. 49 D 50

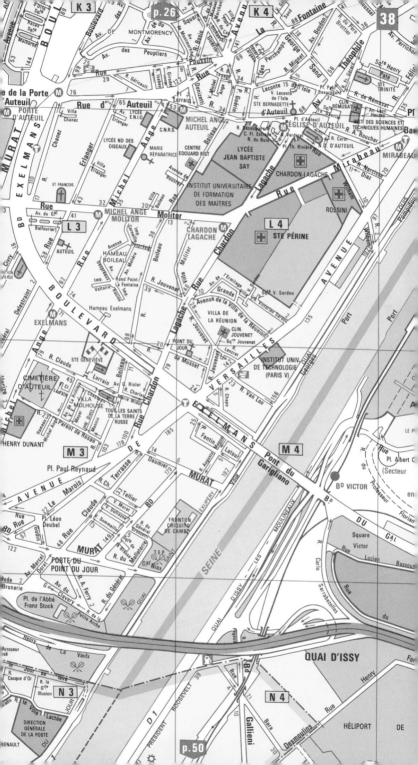

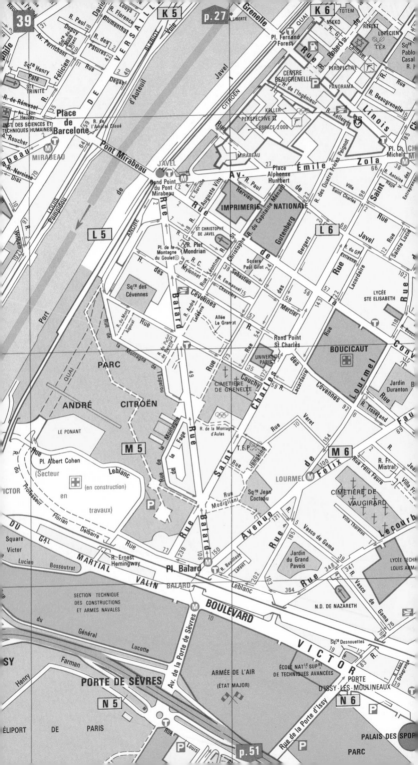

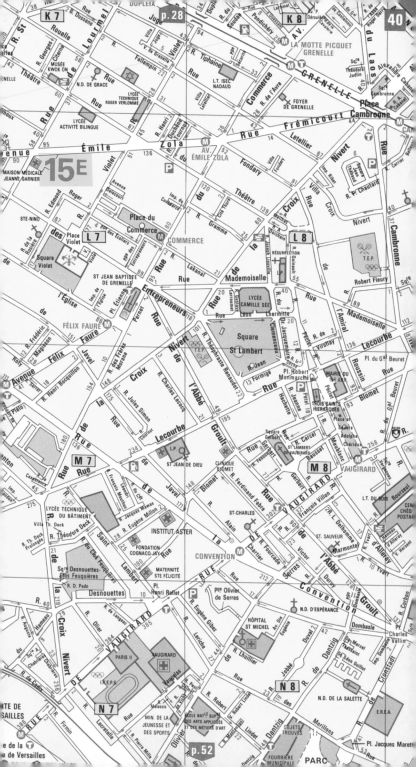

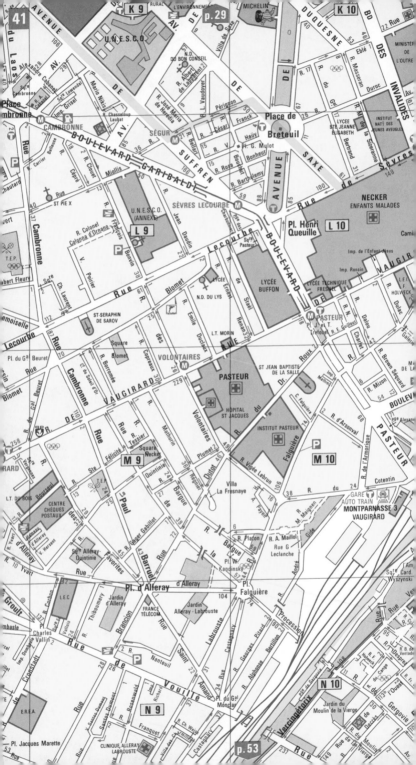

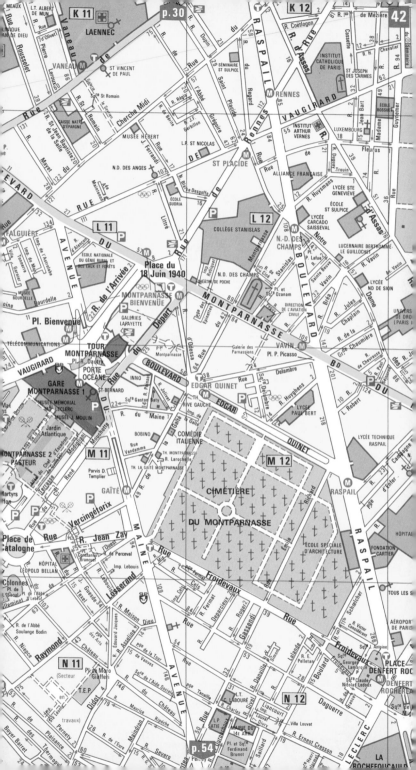

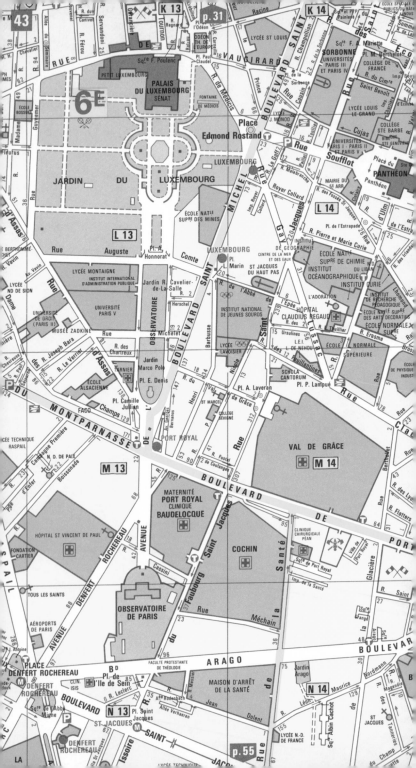

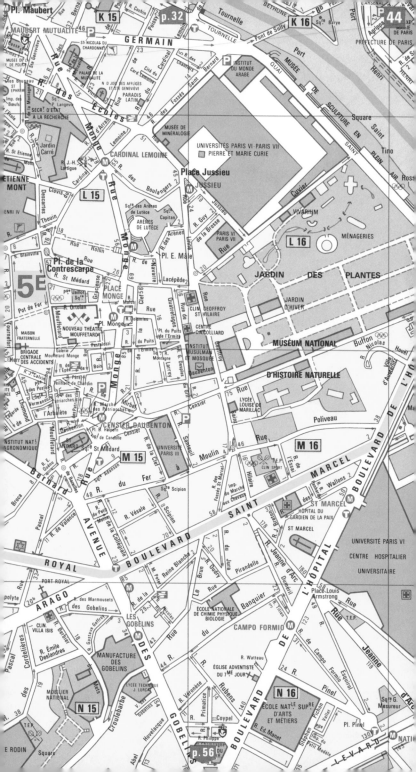

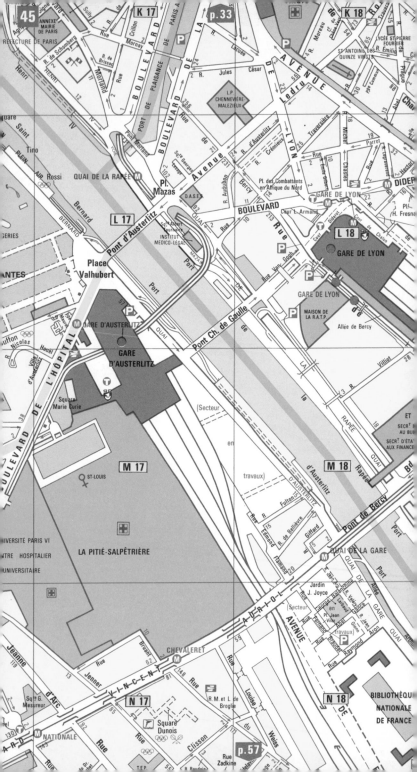

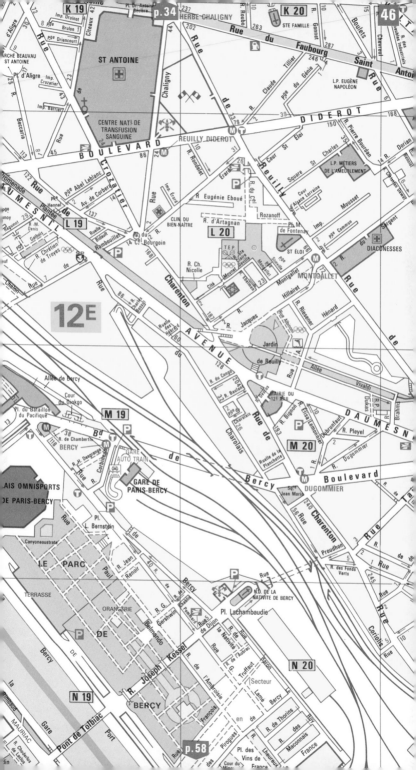

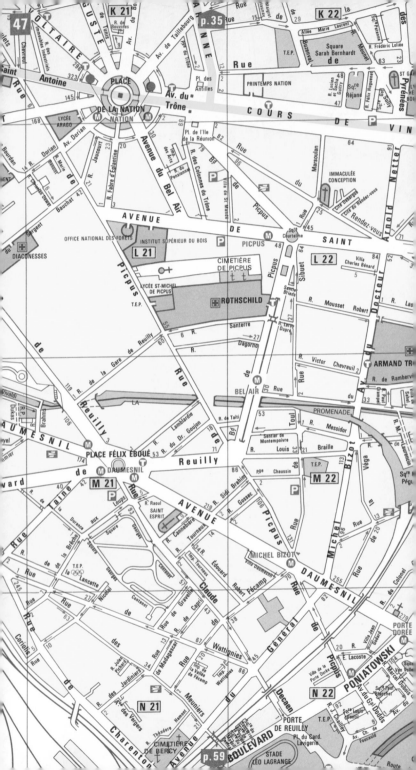

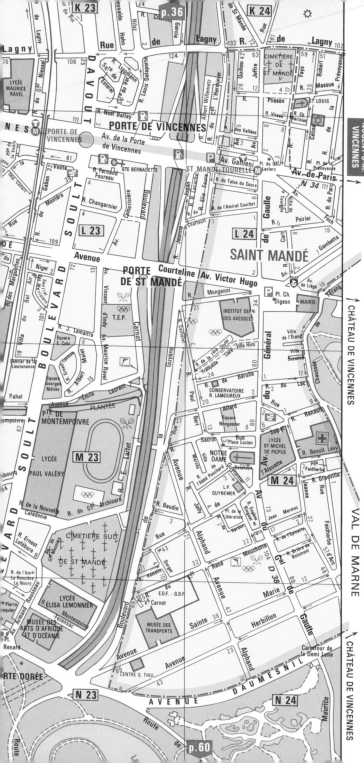

Utilisez le plan MICHELIN à 1/15 000 « Banlieue de Paris Sud-Ouest » n° 22

p. 37

N 1

N 2

IMMACULÉE CONCEPTION

NOUVEAU CIMETIÈRE
DE BOULOGNE-BILLANCOURT

Pl. J. Racine

Pl. Corneille

BOULOGNE

P 1

P 2

Ste de l'Avre

EDF

Seine

GDF

Pl. St Germain
des Longs Prés

BRAS

DE

L'ÎLE ST

P

Pl. du Pont de Billancourt (extension du parc

Pont de
Billancourt

en cours d'aménagement)

BRAS D' ISSY

D 1

ÎLE DE

Prom. Robinson

Av. J.
Monnet

R 2

Allée Meudon

 des Îles

R 1

STATION LES MOULINEAUX
BILLANCOURT

Pl. de la Résistance

Rue

BILLANCOURT

Pl. J. Gévelot

CENTRE
COMMERCIAL

Esplanade
Raoul Follereau

MAIRIE ANNEXE

Prom. Constant Pape

STALINGRAD

D 7

Parc de la
Résistance

Miquel

Viaduc

STE LUCIE

Mon DE RETRAITE
M. VIGNE

Avenue 152

de

Verdun

Av.

D 989

Paris

S 1

S 2

Boulevard

MEUDON

CLAMART

Av. Henri

PERCY

A 10 NANTES
BORDEAUX

LA DÉFENSE

VERSAILLES
CHAVILLE

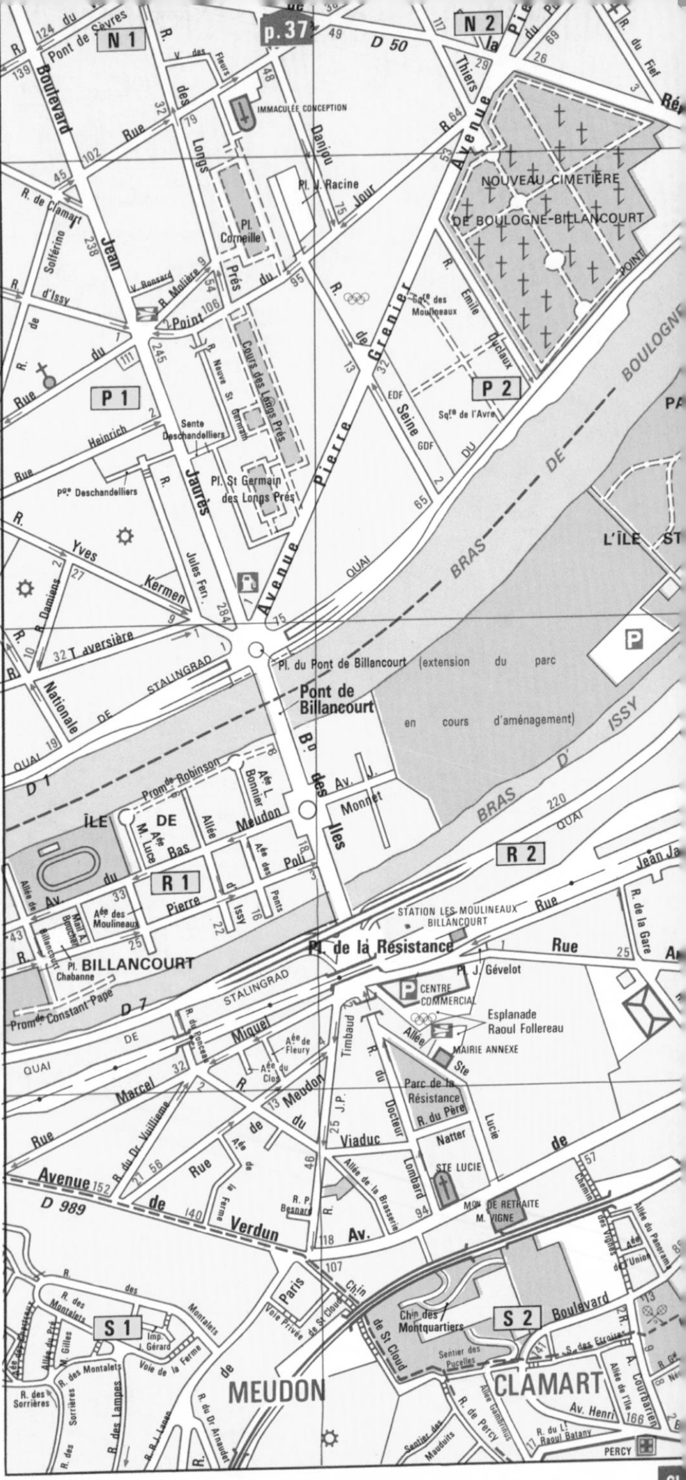

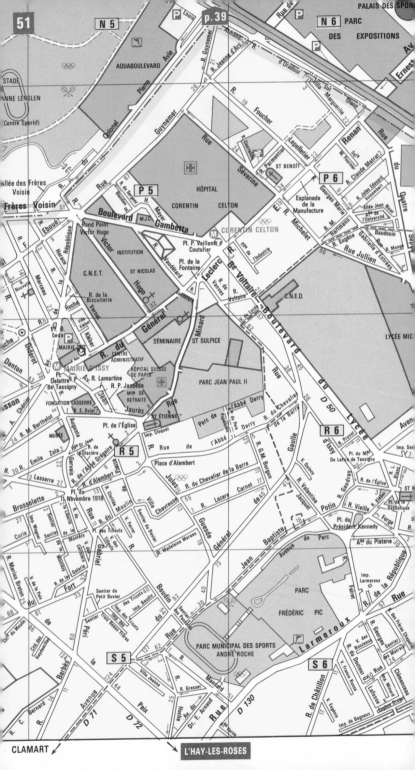

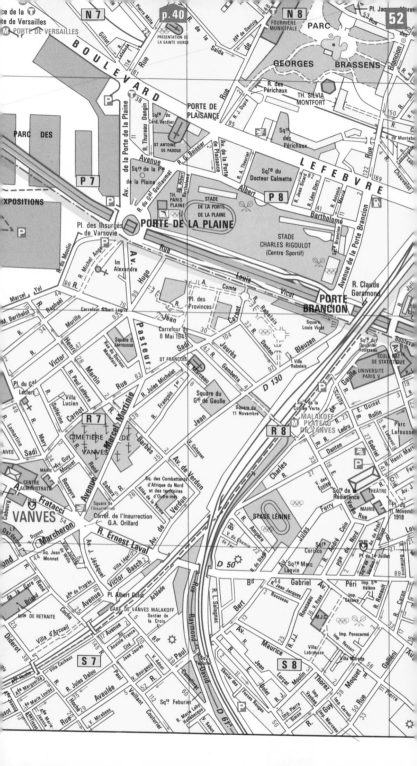

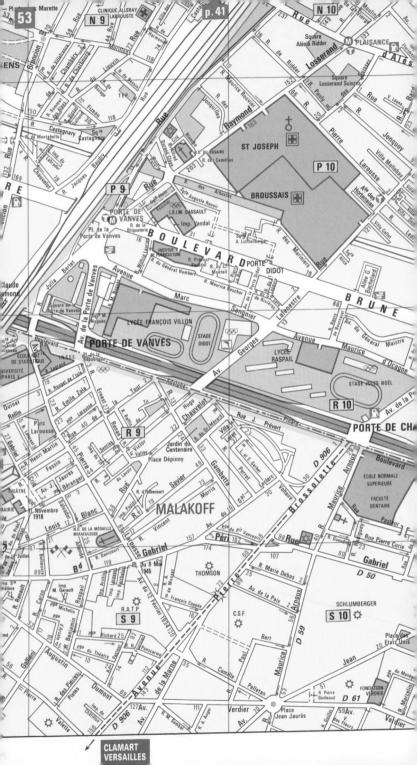

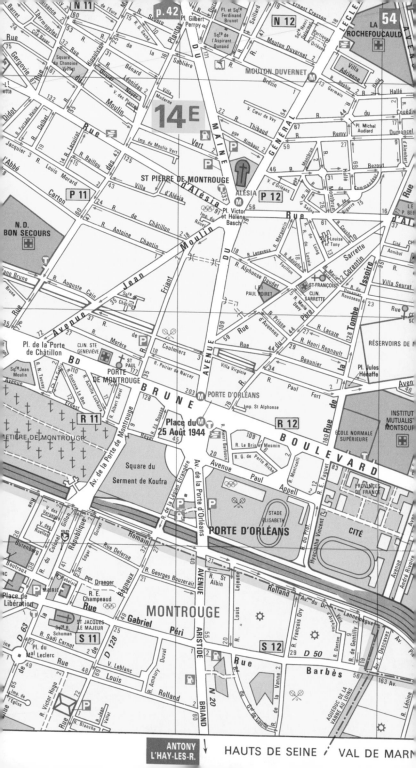

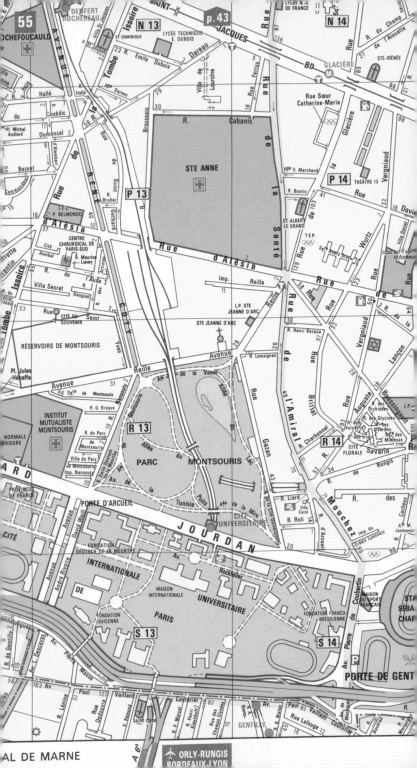

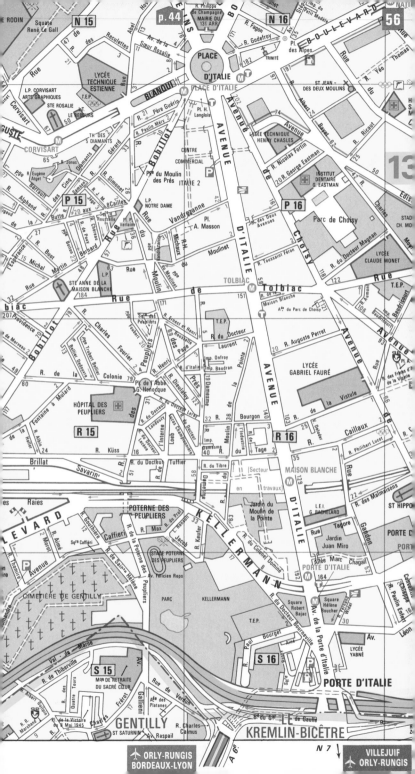

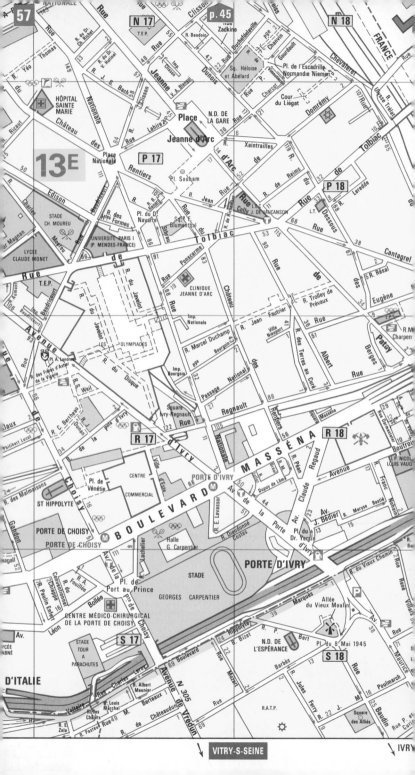

p. 48

N 23

N 24

PARC ZOOLOGIQUE

ÎLE DE BERCY

Lac

Ceinture

du

Rouge

de

Route

ÎLE DE REUILLY

Daumesnil

Route

Ceinture

Route

Lac

du

des

Îles

Route

Bac

TEMPLE BOUDDHIQUE

Dom

Route

P 23

DE

VINCENNES

Lac

Daumesnil

P 24

Pérignon

Route

Carrefour de la Conservation

Route

de

la

Plaine

Route

du

Parc

de

St

Maurice

VÉLODROME JACQUES ANQUETIL

CIMETIÈRE DE CHARENTON

Chemin du Cimetière

Av. de St Maurice

P
A
R
I
S

733

Mouquet

Av.

Avenue

de

Gravelle

104

R. d'Estienne d'Orves

R. des Ormes

R. de Bac

LYCÉE JEAN JAURÈS

60

Rue

R. E. Delacroix

Camille

Verdun

de

Négro

Jean

THÉÂTRE MUNICIPAL

France

Jean

Stinville

Av.

Victor

Rue

du

Rue

de

Basch

Rue

Général

Guérin

la

Leclerc

République

Parc

75

Av. de Verdun

36

de

37

R. E. Nocard

Jean

Pigeon

Conflans

Rue

R 23

CENTRE CULTUREL

Pierre

Pl. A. Briand

Pl. Rambo

MUSÉE DU PAIN

CHARENTON ÉCOLES

Pl. de l'Église

M

St PIERRE

Rue

Rue

Savoure

Alfred

Henri IV

Labaletr

Rue

Thiébault

R 24

Lattre

Rue

Gabrielle

R. E. Nocard

de

43

des

R. de la Cerisaie

R. P. A.
JEANNE D'ALBRET

Rue

Pierre

ESP. MÉDICIS

P

R. du Cadran

R. Arthur Croquette

Rue

de

Rue

Arthur Bisséault

Martin

Sully

du

V. des Épinettes

des

Sqre de la Cerisaie

Hugo

Rue Schuman

P

MAIRIE

TRIBUNAL

Rue

Gabriel

Pêri

Épinettes R. de la Pompe

Square

R. Cuil

Éluard

Villa

Rue

Rue

Square Jules Noël

Pl. de Valois

Paris

Av.

du

R. du Mal Leclerc

CENTRE DE LOISIRS

CARRIÈRES

R. Sqre du 8 Mai 1945

QUAI

DES

R. du Séjour

de la Mairie

P

Rue de l'Abreuvoir

CARRIÈRES

Pont de Charenton

N 19

ÎLE MARTINET

Pont Martinet

S 23

STADE HENRI GUÉRIN

S 24

Mermoz

CRÉTEIL

M

Passerelle d'Alfortville

MARNE

QUAI DU DR MASS

ALFORT ÉCOLE VÉTÉRINAIRE

M

Pl. du Confluent France-Chine

QUAI

CHINAGORA

D'ALFORTVILLE

R. de Marne

R. Véron

R. Vaillant Couturier

R. Bourgelat

R. A. Maire

R. du Parc

N 6

MAISONS-ALFORT SÉNART

Utilisez le plan MICHELIN à 1/15 000 « Banlieue de Paris Sud-Est » n° 24

HIPPODROME DE VINCENNES : VAL DE MARNE

METZ TROYES CRÉTEIL-MARNE-LA-V.

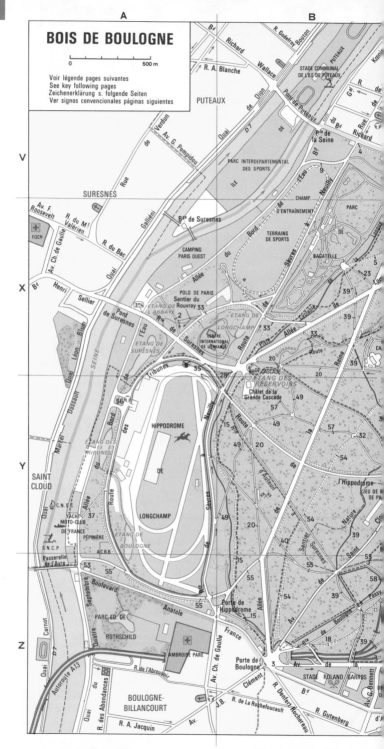

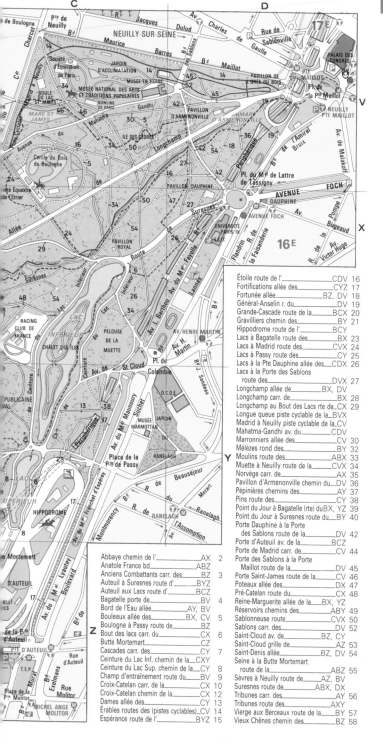

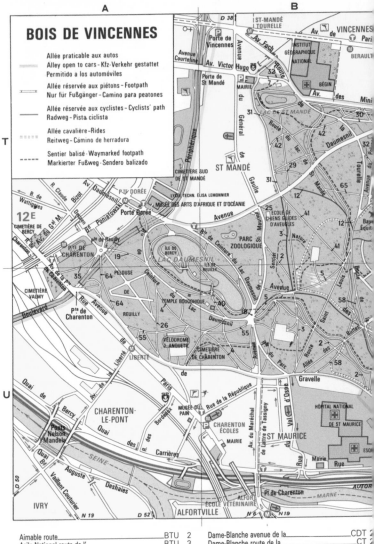

63

BOIS DE VINCENNES

Allée praticable aux autos - Alley open to cars - Kfz-Verkehr gestattet
Permitido a los automóviles

Allée réservée aux piétons - Footpath
Nur für Fußgänger - Camino para peatones

Allée réservée aux cyclistes - Cyclists' path
Radweg - Pista ciclista

Allée cavalière - Rides
Reitweg - Camino de herradura

Sentier balisé - Waymarked footpath
Markierter Fußweg - Sendero balizado

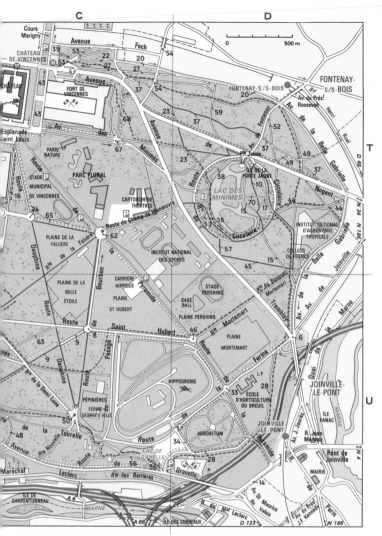

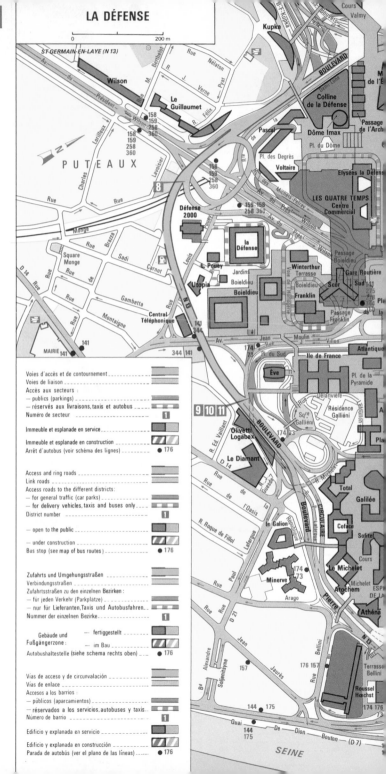

LA DÉFENSE

65

ST-GERMAIN-EN-LAYE (N 13)

PUTEAUX

MAIRIE

Voies d'accès et de contournement

Voies de liaison

Accès aux secteurs :
— publics (parkings)
— réservés aux livraisons, taxis et autobus
Numéro de secteur — 1

Immeuble et esplanade en service
Immeuble et esplanade en construction
Arrêt d'autobus (voir schéma des lignes) — ● 176

Access and ring roads

Link roads

Access roads to the different districts:
— for general traffic (car parks)
— for delivery vehicles, taxis and buses only
District number — 1

— open to the public
— under construction
Bus stop (see map of bus routes) — ● 176

Zufahrts und Umgehungsstraßen

Verbindungsstraßen

Zufahrtsstraßen zu den einzelnen Bezirken:
— für jeden Verkehr (Parkplätze)
— nur für Lieferanten, Taxis und Autobusfahren
Nummer der einzelnen Bezirke — 1

Gebäude und — fertiggestellt
Fußgängerzone : — im Bau
Autobushaltestelle (siehe schema rechts oben) — ● 176

Vias de acceso y de circunvalación

Vias de enlace

Accesos a los barrios:
— públicos (aparcamientos)
— réservados a los servicios, autobuses y taxis
Número de barrio — 1

Edificio y explanada en servicio
Edificio y explanada en construcción
Parada de autobús (ver el plano de las líneas) — ● 176

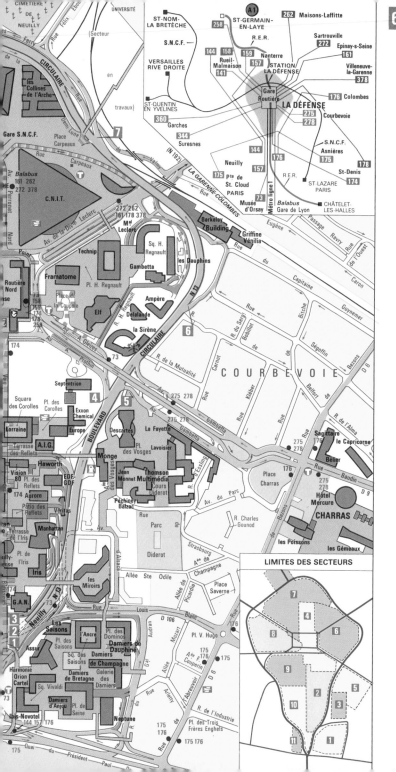

CIMETIÈRE
DE
NEUILLY

UNIVERSITÉ

ST-NOM-
LA BRETÈCHE
258   ST-GERMAIN-
EN-LAYE   262   Maisons-Laffitte

(Secteur

S.N.C.F.   R.E.R.   Sartrouville
                                                  272
144 158 159 Nanterre   Epinay-s-Seine 161
VERSAILLES   157 STATION   Villeneuve-
RIVE DROITE   141   LA DÉFENSE   la-Garenne 378

en

travaux)
          ST-QUENTIN
          EN YVELINES   Gare   176 Colombes
                   360   Garches   Routière   275
                   344   Suresnes   LA DÉFENSE   278 Courbevoie

7

Place   S.N.C.F.
Carpeaux   Neuilly   144   Asnières   175
                                157   178
Balabus   175 Pte de   St-Denis
161 262   St. Cloud   176 R.E.R.   174
272 378   PARIS   ST-LAZARE
C.N.I.T.   73   PARIS
                  Musée   Balabus   CHÂTELET-
272 262   d'Orsay   Gare de Lyon LES-HALLES
161 178 378
Mal   Berkeley
Leclerc   Building
Technip   les Dauphins Griffine
                              Vénilia
Framatome   Sq. H.
Pl. H. Regnault Regnault
Place de   Elf Ampère
la Coupole
174 Av. A. Gleizes la Sirène
178   CIRCULAIRE 6
259   R. de la Mutualité

174   C O U R B E V O I E

Septentrion
4   Av. 275 278
5   275 278
Descartes   La Fayette
Lorraine   Europe   Pl. des
A.I.G.   Monge   Vosges Lavoisier
Haworth   Jean   Thomson
Vision EDF-   Monnet Multimédia Place
80 Pl. des GDF   Cours   Charras
Reflets   Veritas   Diderot
174 Aurore   Av. du Parc   275
Pátio des   R. Charles   278
Reflets   Manhattan Parc Gounod   Hôtel
Terrasse   Diderot   Mercure
de l'Iris   Strasbourg CHARRAS
Pl. de   les   Allée Ste Odile
l'Iris   Miroirs   les Poissons
174 G.A.N.   Louis   les Gémeaux
3 Neuilly   Les
2   Saisons   D 106
1 Assur   l'Ancre Pl. des   Pl. V. Hugo 176
Harmonie   Pl. des Dominos Damiers de
Orion   Saisons Damiers Dauphine 175
Cartel   Sq. des de Champagne 176
73   Saisons Galerie   175
Damiers   des
de Bretagne   Damiers
Sq. Vivaldi
Damiers   Pl. de
d'Anjou   Seine
Ibis-Novotel Neptune   Pl. des Trois
144 157 176   Frères Enghels
175 Quai   du   Président Paul   175 176

LIMITES DES SECTEURS

7
4
8   6
9
2   5
10   3
11   1

AÉROPORTS DE PARIS

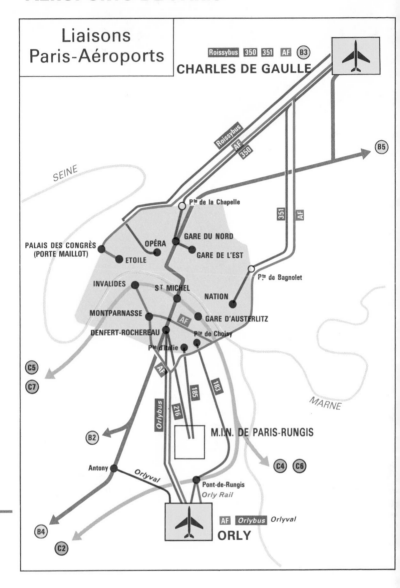

Liaisons
Paris-Aéroports

Roissybus 350 351 AF B3
CHARLES DE GAULLE

B5

SEINE

Roissybus
AF
350

Pte de la Chapelle

351 AF

PALAIS DES CONGRÈS
(PORTE MAILLOT)

OPÉRA   GARE DU NORD

ETOILE   GARE DE L'EST

Pte de Bagnolet

INVALIDES   ST MICHEL

NATION

MONTPARNASSE   AF   GARE D'AUSTERLITZ

DENFERT-ROCHEREAU   Pte de Choisy

Pte d'Italie

C5

C7

AF

185 183

Orlybus

216

B2

M.I.N. DE PARIS-RUNGIS

Antony   Orlyval

C4 C6

Pont-de-Rungis
Orly Rail

B4

AF Orlybus Orlyval

C2   **ORLY**

MARNE

Autobus RATP - RATP bus service - Busse der Pariser - Verkehrsbetriebe RATP
Autobus RATP - Autobuses RATP

Autocars Air France - Air France bus service - Air France-Autobusse
Autobus Air France - Autobuses Air France

RER (Réseau Express Régional) - RER (Regional Express Network)
RER (Regionales Schnellverkehrsnetz) - RER (Rete Espresso Regionale) -
RER (metro expreso regional)

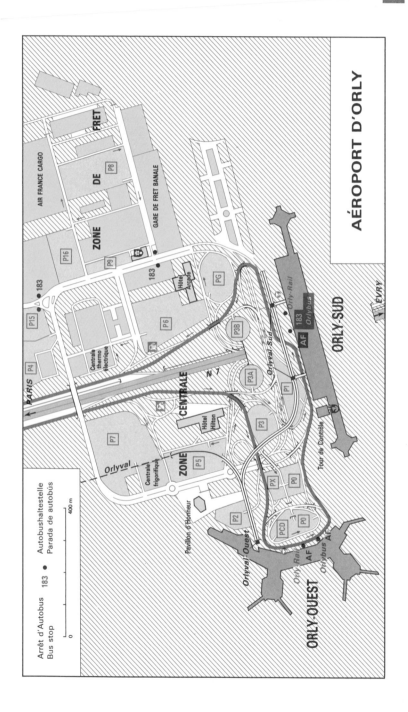

AÉROPORT D'ORLY

Arrêt d'Autobus 183
Bus stop

Autobushaltestelle ●
Parada de autobús

0   400 m

PARIS

ZONE DE FRET

AIR FRANCE CARGO

GARE DE FRET BANALE

P8

P16

P9

183

P15

P4

Centrale thermo électrique

P6

Hôtel Arcade

PG

183

ZONE CENTRALE

N 7

P3B

P3A

Orlyval-Sud

Orly-Rail

Orlybus

183

AF

ORLY-SUD

ÉVRY

P1

Hôtel Hilton

P3

Tour de Contrôle

P7

Orlyval

Centrale frigorifique

ZONE

P5

Pavillon d'Honneur

P2

PX

P0

PCD

P0

Orlyval-Ouest

Orly-Rail

AF

Orlybus AF

ORLY-OUEST

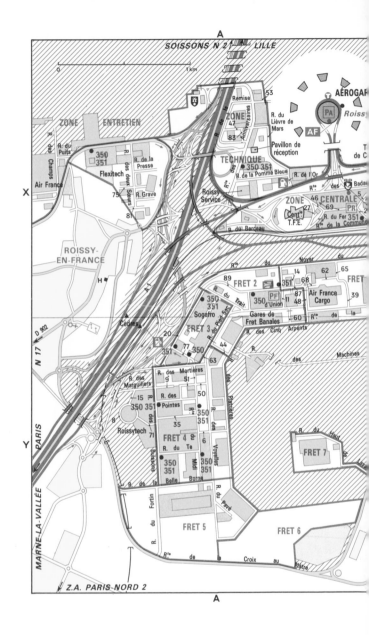

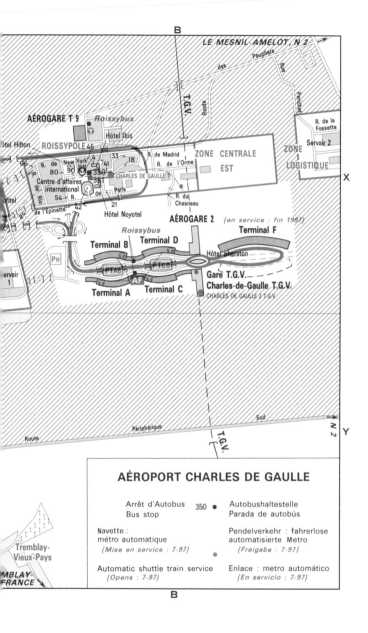

LE MESNIL-AMELOT, N 2

Peupliers
des
Rue
Périchet

T.G.V.
Route

R. de la Fossette
Servair 2

AÉROGARE T 9   *Roissybus*
Hôtel Ibis

Hôtel Hilton
ROISSYPOLE 45

ZONE CENTRALE
EST

ZONE
LOGISTIQUE

X

R. de   New York   4
80   90   35   41   18
R. de Madrid
R. de l'Orme
CHARLES DE GAULLE 1
33
66
Centre d'affaires international
54   R. de Rio   de   Paris
21
42
de l'Epinette
Hôtel Novotel

R. du Chesneau

AÉROGARE 2   *(en service : fin 1997)*

Roissybus
Terminal B   **Terminal D**
Terminal F

Hôtel Sheraton

PH

ervair 1

PTAB   PTCD
AF
Terminal A   **Terminal C**

Gare T.G.V.
Charles-de-Gaulle T.G.V.
CHARLES DE GAULLE 2 T.G.V.

Sud
N 2
Y

Périphérique
Route
T.G.V.

AÉROPORT CHARLES DE GAULLE

Arrêt d'Autobus   350   ●   Autobushaltestelle
Bus stop   Parada de autobús

Navette :   Pendelverkehr : fahrerlose
métro automatique   automatisierte Metro
(Mise en service : 7-97)   ●   *(Freigabe : 7-97)*

Automatic shuttle train service   Enlace : metro automático
(Opens : 7-97)   *(En servicio : 7-97)*

B

Tremblay-Vieux-Pays

MBLAY-FRANCE

GARONOR

Les couleurs des bâtiments correspondent au fléchage de circulation disposé à l'intérieur de Garonor.
The colours of the buildings correspond to the colour of traffic signs within Garonor.
Die Gebäudefarben entsprechen den Wegmarkierungspfeilen innerhalb von Garonor.
Los colores de los edificios se corresponden con los de las flechas de circulación utilizadas en el interior de Garonor.

B – Pièces détachées PL – Spare parts – LKW-Ersatzteile – Repuestos
C – Pneumatiques – Tyres – Reifen – Neumáticos
E – Station lavage – Vehicle wash – Autowaschanlage – Lavado
T – Service médical – Infirmary – Ärztlicher Hilfsdienst – Servicio médico
Q – Location véhicule – Vehicle hire – Autovermietung – Coches de alquiler

● – Arrêt d'Autobus – Bus stop – Autobushaltestelle – Parada de autobús
350 (RATP) – Gare de l'Est – GARONOR – Aéroport Charles-de-Gaulle

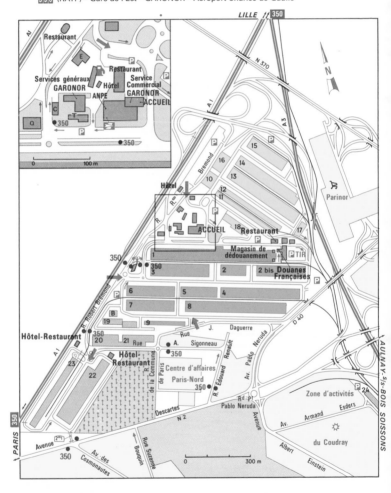

Comment s'y retrouver dans la banlieue parisienne ?
*Utilisez la **carte Michelin** n° 101 : claire, précise, à jour.*

MARCHÉ D'INTÉRÊT NATIONAL DE PARIS-RUNGIS

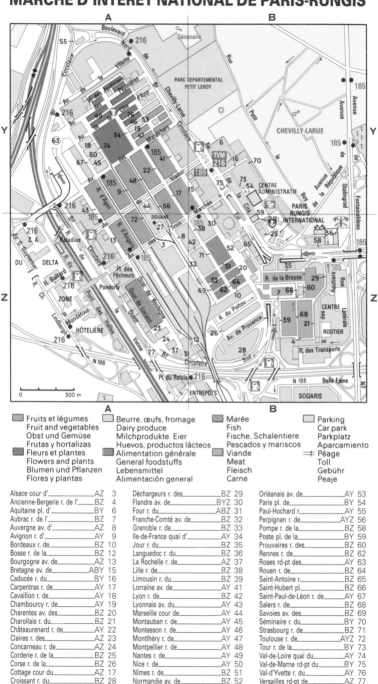

Fruits et légumes
Fruit and vegetables
Obst und Gemüse
Frutas y hortalizas

Fleurs et plantes
Flowers and plants
Blumen und Pflanzen
Flores y plantas

Beurre, œufs, fromage
Dairy produce
Milchprodukte Eier
Huevos, productos lácteos

Alimentation générale
General foodstuffs
Lebensmittel
Alimentación general

Marée
Fish
Fische, Schalentiere
Pescados y mariscos

Viande
Meat
Fleisch
Carne

Parking
Car park
Parkplatz
Aparcamiento

Péage
Toll
Gebühr
Peaje

LIGNES URBAINES D'AUTOBUS
LIST OF CITY BUSES

Service général de 7 h à 20 h 30 – Normal service from 7am to 8.30pm

service assuré jusqu'à 0 h 30	■	buses running to 0.30am
service assuré les dimanches et fêtes	●	buses running on Sundays and holidays
ligne accessible aux personnes à mobilité réduite	♿	line accessible to persons with reduced mobility

20 ● ♿ Gare St-Lazare – Opéra – Poissonnière-Bonne Nouvelle – Sentier – République – Bastille – Gare de Lyon.

21 ■● Gare St-Lazare – Opéra – Palais Royal – Châtelet – Luxembourg – Berthollet-Vauquelin – Glacière-Auguste Blanqui – Pte de Gentilly.

22 Opéra – Pasquier-Anjou/Gare St-Lazare – Haussmann-Courcelles – Ch. de Gaulle-Étoile – Trocadéro – La Muette-Boulainvilliers – Chardon Lagache-Molitor/Pt Mirabeau – Pte de St-Cloud.

24 Gare St-Lazare – Concorde – Pt du Carrousel/Pt royal – Pt Neuf – Maubert-Mutualité/Pt de l'Archevêché – Gare d'Austerlitz – Gare de Bercy – Parc de Bercy – Charenton-Écoles – Maisons-Alfort-École Vétérinaire (● Gare d'Austerlitz – Maisons-Alfort-École Vétérinaire).

26 ■● Gare St-Lazare – Carrefour de Châteaudun – Gare du Nord – Jaurès-Stalingrad – Botzaris-Buttes Chaumont – Pyrénées-Ménilmontant – Pyrénées-Bagnolet – Cours de Vincennes.

27 ● Gare St-Lazare – Opéra – Palais Royal – Pt Neuf – Luxembourg – Berthollet-Vauquelin – Pl. d'Italie – Mairie du 13e – Nationale – Pte de Vitry (■: Pt Neuf – Pte de Vitry).

28 Gare St-Lazare – St-Philippe du Roule/Matignon-St-Honoré – Pt des Invalides – École Militaire – Breteuil – Losse-rand-Maine – Pte d'Orléans.

29 Gare St-Lazare – Opéra – É. Marcel-Montmartre – Grenier St-Lazare – Archives – Bastille – Gare de Lyon/Daumes-nil-Diderot – Daumesnil-F.-Éboué – Pte de Montempoivre. (●: Centre Pompidou – Pte de Montempoivre).

30 Gare de l'Est – Barbès-Rochechouart – Pigalle – Pl. de Clichy – Malesherbes-Courcelles – Ch. de Gaule-Étoile – Trocadéro.

31 ■● Gare de l'Est – Barbès-Rochechouart – Mairie du 18e – Jules Joffrin – Vauvenargues – Brochant-Cardinet – Jouffroy-Malesherbes – Ch. de Gaulle-Étoile.

32 Gare de l'Est – Carrefour de Châteaudun – Gare St-Lazare – St-Philippe du Roule/Matignon St-Honoré – Marceau-Pierre 1er de Serbie – Trocadéro – La Muette-Boulainvilliers – Porte de Passy – Pte d'Auteuil.

38 Gare de l'Est – Réaumur-Arts et Métiers/Réaumur-Sébastopol – Châtelet – Luxembourg – Denfert-Rochereau – Pte d'Orléans (■●: Châtelet – Pte d'Orléans).

39 Gare de l'Est – Poissonnière-Bonne Nouvelle/Sentier – Richelieu-4 Septembre – Palais Royal – St-Germain des Prés – Hôp. des Enfants Malades – Mairie du 15e/Vaugirard-Favorites – Pte de Versailles.

42 Gare du Nord – Carrefour du Châteaudun/Le Peletier – Opéra – Concorde – Alma-Marceau – Champ de Mars – Charles Michels – André Citroën.

43 Gare du Nord – Carrefour de Châteaudun – Gare St-Lazare – Haussmann-Courcelles – Ternes – Pte des Ternes – Général Koenig-Palais des Congrès – Neuilly-Église St-Pierre – Pt de Neuilly – Neuilly-Pl. de Bagatelle (●: Gare St-Lazare – Neuilly-Bagatelle).

46 Gare du Nord – Gare de l'Est – Goncourt – Voltaire-L. Blum – Faidherbe-Chaligny – Daumesnil-F.-Éboué – Pte Dorée – St-Mandé-Demi Lune-Zoo (Desserte périodique jusqu'au Chât. de Vincennes). (●: Gare du Nord – Chât. de Vincennes).

47 Gare du Nord – Gare de l'Est – Réaumur-Arts et Métiers/Réaumur-Sébastopol – Châtelet – Maubert-Mutualité – Censier-Daubenton – Pl. d'Italie – Pte d'Italie – Hôpital – Le Kremlin-Bicêtre-Fort.

48 Gare du Nord – Petites Écuries/Cadet – Richelieu-4 Septembre/Réaumur-Montmartre – Palais Royal – St-Germain des Prés – Gare Montparnasse/pl. du 18 Juin 1940 – Institut Pasteur – Pte de Vanves.

49 Gare du Nord – Carrefour de Châteaudun – Gare St-Lazare – St-Philippe du Roule/Matignon-St-Honoré – Pt des Invalides – École Militaire – Mairie du 15e/Vaugirard-Favorites – Pte de Versailles.

52 ● Opéra – Concorde/Boissy d'Anglas – St-Philippe du Roule – Ch. de Gaulle-Étoile – Jean Monnet – la Muette-Boulainvilliers – Auteuil – Boulogne-Château – Pt de St-Cloud (■: Ch. de Gaulle-Étoile – Pte d'Auteuil).

53 Opéra – Gare St-Lazare – Rome-Haussmann – Legendre – Pte d'Asnières – Aristide-Briand – Pont de Levallois.

54 République – Gare de l'Est – Barbès-Rochechouart – Pigalle – La Fourche – Pte de Clichy – Clichy-Landy-Martre/Clichy Casanova – Asnières Gennevilliers-Gabriel Péri.

56 Pte de Clignancourt – Barbès-Rochechouart – Gare de l'Est – République – Voltaire-L. Blum – Nation – Pte de St-Mandé – Vincennes-les Laitières – Chât. de Vincennes.

57 Gare de Lyon – Gare d'Austerlitz – Pl. d'Italie – Poterne des Peupliers – Mairie de Gentilly.

58 Châtelet – Pt Neuf – Palais du Luxembourg – Gare Montparnasse/pl. du 18 Juin 1940 – Château - Mairie du 14e – Pte de Vanves – Vanves-Lycée Michelet. (●: Pont-Neuf – Vanves Lycée Michelet).

60 ● Gambetta – Borrégo – Botzaris – Ourcq-Jaurès – Crimée – Ordener-Marx Dormoy – Mairie du 18e – Jules Joffrin – Pte de Montmartre.

61 Gare d'Austerlitz – Ledru Rollin-Fbg St-Antoine – Roquette-Père Lachaise – Gambetta – Mairie du 20e – Pte des Lilas – Pré St-Gervais-Pl. Jean-Jaurès.

62 ● Cours de Vincennes – Daumesnil-F.-Éboué – Pt de Tolbiac – Italie-Tolbiac – Glacière-Tolbiac – Alésia-Gal.-Leclerc-Jean Moulin – Vercingétorix – Convention-Vaugirard – Convention-St-Charles – Chardon Lagache-Molitor/Michel Ange-Auteuil – Pte de St-Cloud-Édouard Vaillant.

63 ■● Gare de Lyon – Gare d'Austerlitz – Monge-Mutualité/Maubert-Mutualité – St-Sulpice/St-Germain des Prés – Solférino-Bellechasse – Invalides – Alma-Marceau – Trocadéro – Pte de la Muette-Henri-Martin.

Normaler Busverkehr von 7 bis 20.30 Uhr – Circulacíon general de 7 h a 20 h 30

Busverkehr bis 0.30 Uhr	■	servicio hasta las 0 h 30
Busverkehr auch an Sonn- and Feiertagen	●	servicio los domingos y festivos
Buslinie für Behinderte geeignet	♿	Línea de autobuses de piso bajo (minusválidos)

65 Gare d'Austerlitz – Bastille – République – Gare de l'Est – Pl. Chapelle – Pte de la Chapelle – Aubervilliers-La Haie Coq – **Mairie d'Aubervilliers** (● : Gare de l'Est – Mairie d'Aubervilliers).

66 Opéra – Gare St-Lazare/Rome-Haussmann – Sq. des Batignolles – Pte Pouchet – Clichy-Bd. V.-Hugo.

67 Pigalle – Carrefour Châteaudun – Richelieu-4 Septembre/Réaumur-Montmartre – Palais Royal/Louvre-Rivoli – Hôtel de Ville – St-Germain-Cardinal Lemoine – Buffon-Mosquée – Pl. d'Italie-Mairie du 13ᵉ – **Pte de Gentilly.** (● : Châtelet-Hôtel de Ville – Pte de Gentilly).

68 Pl. de Clichy – Trinité – Opéra – Palais Royal/Pyramides-Sᵗ Honoré – Sèvres-Babylone – Vavin – Denfert Rochereau – Pte d'Orléans – Montrouge-Pl. des États Unis/Montrouge-Verdier-République – **Montrouge-Cim. Bagneux** (● : Pte d'Orléans – Montrouge-Cim. Bagneux).

69 Gambetta – Roquette-Père Lachaise – Bastille – Palais Royal/Pt Carrousel – Grenelle-Belle-chasse/Solférino-Bellechasse – Invalides-La Tour Maubourg/La Tour Maubourg-St-Dominique – **Champ de Mars.**

70 Hôtel de Ville – Pt Neuf – St-Sulpice/St-Germain des Prés – Hôp. des Enfants Malades – Peclet – Charles Michels – **Radio-France. (RER).**

72 Hôtel de Ville – Palais Royal/Pt Carrousel – Concorde – Alma-Marceau – Pt Bir-Hakeim – Pt Mirabeau – Pte St-Cloud – Boulogne Billancourt – Rte de la Reine – J.-Jaurès – **Pt St-Cloud** (● : Concorde – ■: Pte St-Cloud – Pt St-Cloud).

73 Musée d'Orsay – Concorde – Rond Point des Champs Élysées – Ch. de Gaulle-Étoile – Pte Maillot – Neuilly-Rue de l'Hôtel de Ville – Pt de Neuilly – **Gde Arche de la Défense.**

74 Hôtel de Ville – Louvre-Rivoli – Réaumur-Montmartre/Richelieu-4 Septembre – Carrefour de Châteaudun – La Fourche – Pte de Clichy – Clichy-Général Leclerc-V. Hugo – **Clichy-Hôp. Beaujon** (■● : Pte Clichy – Hôp. Beaujon).

75 Pt Neuf – Archives-Haudriettes/Grenier St-Lazare – République – Grange aux Belles/Sambre et Meuse – Armand Carrel-Mairie du 19ᵉ – Pte Chaumont – Pte de Pantin – **Pte de la Villette.**

76 Louvre – Rivoli – Hôtel de Ville – Bastille – St Antoine – Charonne-Ph. Auguste – Pte de Bagnolet – Mairie de Bagnolet – **Bagnolet-R. Louise Michel.**

80 ■ Mairie du 15ᵉ – École Militaire – Alma-Marceau – Matignon-St-Honoré/St-Philippe du Roule – Gare St-Lazare – Damrémont-Caulaincourt – Mairie du 18ᵉ Jules Joffrin (● : Mairie du 18ᵉ – Pte de Versailles).

81 Châtelet – Palais Royal – Opéra – Trinité/Gare St-Lazare – La Fourche – **Pte de St-Ouen.**

82 ● Luxembourg (RER) – Pl. du 18 Juin 1940 – Oudinot – École Militaire – Champ de Mars – Kléber-Boissière –Pte Maillot – Neuilly-Église St Pierre – **Neuilly-Hôpital Américain.**

83 Friedland-Haussmann – St-Philippe du Roule – Invalides – Solférino-Bellechasse – Sèvres-Babylone – Observatoire – Les Gobelins – Pl. d'Italie – **Pte d'Ivry.**

84 Pl. du Panthéon – Luxembourg (RER) – Sèvres-Babylone – Solférino-Bellechasse – Concorde – St-Augustin – Courcelles – **Pte de Champerret.**

85 Gare du Luxembourg (RER) – Châtelet – Louvre-Rivoli – Réaumur-Montmartre/Richelieu-4 Septembre – Cadet/Carrefour de Châteaudun – Muller – Pte Clignancourt – **Mairie de St-Ouen** (■ ● : Mairie du 18ᵉ – Mairie de St-Ouen).

86 St-Germain des Prés – Mutualité – Bastille – Faidherbe-Chaligny – Pyrénées/Pte de Vincennes – St-Mandé-Tourelle – **St-Mandé-Demi Lune-Zoo.**

87 Champ de Mars – École Militaire – Oudinot/Vaneau-Babylone – St-Germain-Bonaparte/St-Sulpice – Mutualité – Bastille – Gare de Lyon – Charenton-Wattignies – **Porte de Reuilly.**

89 Gare d'Austerlitz – Cardinal Lemoine-Monge – Gare Luxembourg – Pl. du 18 Juin 1940 – Cambronne-Vaugi-rard/Vaugirard-Favorites – Pte de Plaisance – **Vanves-Lycée Michelet.**

91 ■ ● Gare Montparnasse 2-Gare TGV – Observatoire-Port Royal – Gobelins – Gare d'Austerlitz – **Bastille.**

92 ■ ● Gare Montparnasse – Oudinot – École Militaire – Alma-Marceau – Ch. de Gaulle-Étoile – **Pte de Champerret.**

93 Espl. des Invalides – St-Philippe du Roule – Ternes – Pte de Champerret – **Levallois-Pl. de la Libération.**

94 Gare Montparnasse – Sèvres-Babylone – Solférino-Bellechasse – Concorde – Pasquier-Anjou/St-Augustin/St Lazare – Malesherbes-Courcelles – Pte d'Asnières – **Levallois-Eiffel.**

95 ■ ● Gare Montparnasse – St-Germain des Prés – Palais Royal – Opéra – Gare St-Lazare – Damrémont-Caulaincourt – **Pte de Montmartre.** (● : Porte de Vanves – Porte de Montmartre).

96 ● Gare Montparnasse – St-Germain-Bonaparte/St-Sulpice – St-Michel – Hôtel de Ville – Pl. des Vosges – Par-mentier-République – Pyrénées-Ménilmontant – **Pte Lilas** (■ : Châtelet – Pte des Lilas).

PC ■ ● Pte d'Auteuil – Pte Passy – Longchamp – Pte Maillot – Pte Champerret – Pte Clichy – Pte St-Ouen – Pte Clignancourt – Pte Chapelle – Pte Villette – Pte Chaumont – Pte Lilas – Pte Bagnolet – Pte Vincennes – Pte Charen-ton – Pte Vitry – Pte Italie – Cité Universitaire – Pte Orléans – Pte Vanves – Pte Versailles – Bd Victor – **Pte Auteuil.**

Montmartrobus ● Pigalle – Sacré-Cœur – **Mairie du 18ᵉ.**

Balabus ● *12 h 30 à 20 h du 15 avril au 15 sept.* Gare de Lyon – Gare d'Austerlitz – Maubert-Mutualité/Pt de l'Archevêché – Pt Neuf – Pt du Carrousel/Pt Royal – Concorde – Rond Point des Champs-Élysées – Ch. de Gaulle-Étoile – Pte Maillot – Neuilly-R. de l'Hôtel de Ville – Pt de Neuilly-Rive Gauche – **Gde Arche de la Défense.**

PARIS AUTOBUS

☎ **RATP : 01 43 46 14 14**

Service de nuit : *un passage par heure de 1 h 30 à 5 h 00 du matin.*
Night services : *hourly between 1.30am and 5.00am.*

A Châtelet – Palais Royal – Concorde – Champs-Élysées – Pl. Charles-de-Gaulle-Étoile – Pt de Neuilly – Gde Arche de la Défense

B Châtelet – Palais Royal – Opéra – Gare St-Lazare – Pte Champerret-Levallois-Mairie.

C Châtelet – Rue du Louvre – Carr.-de-Châteaudun – Pigalle – Pl. Clichy – Pte Clichy – Clichy-Mairie.

D Châtelet – Palais Royal – Gare du Nord – Pte de Clignancourt – Pte Montmartre – St-Ouen-Mairie.

E Châtelet – Strasbourg St-Denis – Gare de l'Est – Jaurès – Pte Pantin – Pantin-Église.

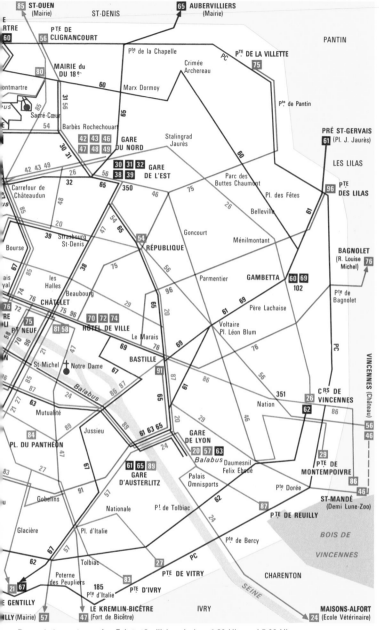

Busverkehr nachts : *eine Fahrt stündlich zwischen 1.30 Uhr und 5.00 Uhr.*
Líneas nocturnas : *todas las horas de 1 h 30 a 5 h 00 de la mañana.*

F Châtelet – Strasbourg St-Denis – République – Belleville – Pte des Lilas – Les Lilas-Mairie.

G Châtelet – République – Voltaire – Gambetta – Pte de Bagnolet – Montreuil-Mairie.

H Châtelet – Bastille – Nation – Pte de Vincennes – Vincennes-Château.

J Châtelet – St-Michel – Luxembourg – Denfert-Rochereau – Pte d'Orléans.

R Châtelet – Maubert-Mutualité – Gobelins – Pl. d'Italie – Pte d'Italie – Kremlin Bicêtre – Villejuif – Thiais – Chevilly Larue – Rungis-M.I.R. Marée.

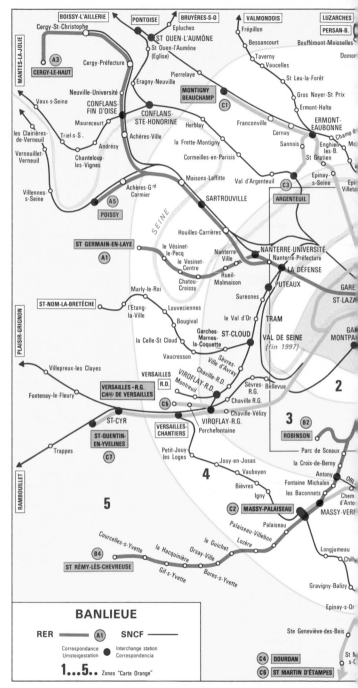

BANLIEUE

RER ━━━ (A1)   SNCF ──────

Correspondance ● Interchange station
Umsteigestation   Correspondencia

1...5.. Zones "Carte Orange"

190

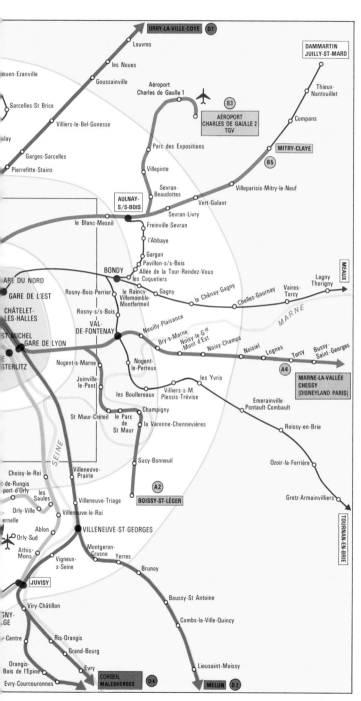

ORRY-LA-VILLE-COYE (D1)

DAMMARTIN
JUILLY-ST-MARD

Louvres

les Noues

Goussainville

Aéroport
Charles de Gaulle 1

(B3)

AÉROPORT
CHARLES DE GAULLE 2
TGV

Thieux-
Nantouillet

Compans

jouen-Ezanville

Sarcelles-St Brice

Villiers-le-Bel-Gonesse

Parc des Expositions

MITRY-CLAYE

slay

Garges-Sarcelles

Pierrefitte-Stains

Villepinte

(B5)

Villeparisis-Mitry-le-Neuf

Sevran-
Beaudottes

Vert-Galant

AULNAY-
S/S-BOIS

Sevran-Livry

le Blanc-Mesnil

Freinville-Sevran

l'Abbaye

Gargan

Pavillon-s/s-Bois

Allée de la Tour-Rendez-Vous

BONDY

les Coquetiers

Lagny
Thorigny

MEAUX

ARE DU NORD

GARE DE L'EST

Rosny-Bois-Perrier

le Raincy
Villemomble-
Montfermeil

Gagny

le Chênay-Gagny

Chelles-Gournay

Vaires-
Torcy

CHÂTELET-
LES-HALLES

Rosny-s/s-Bois

MARNE

ST MICHEL

GARE DE LYON

VAL-
DE-FONTENAY

Neuilly-Plaisance

Noisy-le-Grd
Mont d'Est

Noisy-Champs

Noisiel

Lognes

Torcy

Bussy-
Saint-Georges

STERLITZ

Nogent-s-Marne

Nogent-
le-Perreux

Bry-s-Marne

(A4)

MARNE-LA-VALLÉE
CHESSY
(DISNEYLAND PARIS)

Joinville-
le-Pont

les Boullereaux

les Yvris

Villiers-s-M.
Plessis-Trévise

Emerainville-
Pontault-Combault

St Maur-Créteil

le Parc
de
St Maur

Champigny

la Varenne-Chennevières

Roissy-en-Brie

Sucy-Bonneuil

Ozoir-la-Ferrière

Choisy-le-Roi

Villeneuve-
Prairie

(A2)

BOISSY-ST-LÉGER

Gretz-Armainvilliers

t-de-Rungis
port d'Orly

les
Saules

Villeneuve-Triage

Orly-Ville

Villeneuve-le-Roi

ernelle

Ablon

VILLENEUVE-ST-GEORGES

Orly-Sud

Athis-
Mons

Montgeron-
Crosne

Yerres

Vigneux-
s-Seine

Brunoy

JUVISY

Viry-Châtillon

Boussy-St Antoine

GNY-
GE

Combs-la-Ville-Quincy

/-Centre

Ris-Orangis

Grand-Bourg

Orangis-
Bois de l'Epine

Evry

Lieusaint-Moissy

Evry-Courcouronnes

CORBEIL
MALESHERBES (D4)

MELUN (D2)

SEINE

TOURNAN-EN-BRIE

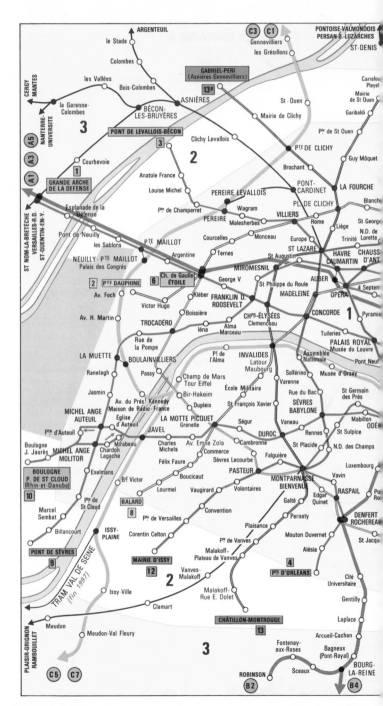

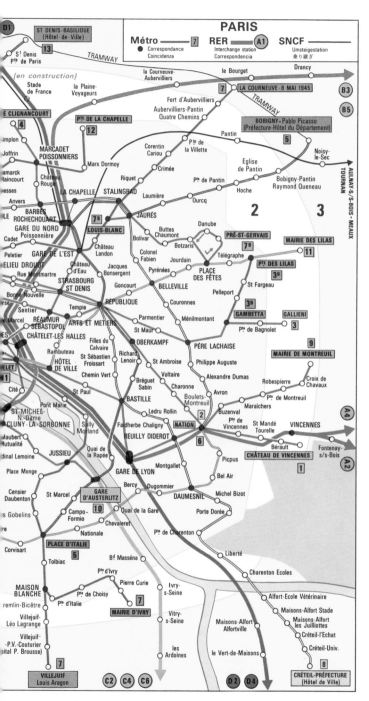

PARC DES EXPOSITIONS DE PARIS
(PORTE DE VERSAILLES)

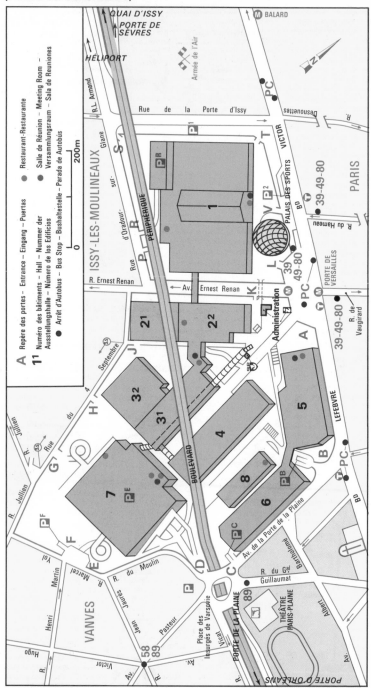

A Repère des portes – Entrance – Eingang – Puertas

11 Numéro des bâtiments – Hall – Nummer der Ausstellungshalle – Número de los Edificios

● Arrêt d'Autobus – Bus Stop – Bushaltestelle – Parada de Autobús

● Restaurant-Restaurante

● Salle de Réunion – Meeting Room – Versammlungsraum – Sala de Reuniones